KB206327

# 한국 재벌 흑역사 1

## 삼성·현대

이완배
지음

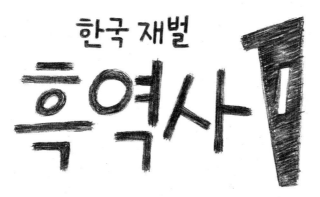

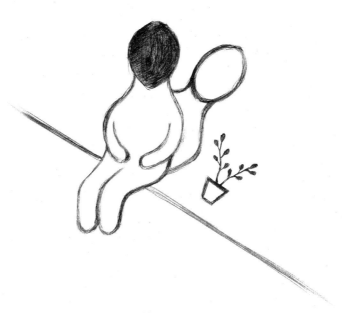

민중의소리

# 한국 재벌 흑역사 1

**1쇄 발행** 2025년 3월 20일

**지은이** 이완배
**편집** 이동권
**교정교열** 이정무
**디자인** MJ Design Center
**경영지원** 김대영

**펴낸이** 윤원석
**펴낸곳** 민중의소리
**전화** 02-723-4260
**팩스** 02-723-5869
**주소** 서울시 종로구 삼일대로 469 서원빌딩 11층
**등록번호** 제101-81-90731호
**출판등록** 2003년 1월 1일

값 22,000원 ⓒ민중의소리 ISBN 979-11-93168-12-7(04300) 979-11-93168-10-3 (세트)

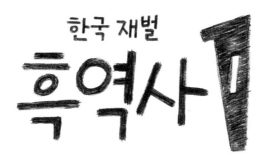

# 한국 재벌
# 흑역사 1

## 삼성·현대

민중의소리

# 재벌이 남긴 어두운 발자취를 기록하는 까닭

내가 기자, 혹은 작가라는 타이틀을 달고 글을 쓰는 일을 직업으로 삼은 데에는 나름대로 우여곡절이 좀 있었다. 가장 먼저 닥친 시련은 1989년 재수생 시절에 벌어졌는데, 당시 나름 문학소년이었던 나는 베스트 프렌드의 생일을 맞아 자작시를 가득 채운 시화집을 선물로 준비했더랬다. 그런데 그 시화집을 받아들던 나의 절친은 한참을 말을 잇지 못하더니, 비수와도 같은 한 마디를 나의 가슴에 꽂았다.

"완배야, 시간 낭비 참 많이 했겠구나."

사실 그때 내가 주제 파악을 좀 제대로 하고, "다시는 글 따위를 쓰지 않으며 결코 시간 낭비도 하지 않겠다!"고 결심했더라면 나의 직업은 충분히 바뀔 수도 있었다. 하지만 나는 '글을 쓰는 행복'을 결코 포기하지 못했고, 그 결과 지금도 주제넘게 기자와 작가라는 이름으로 여전히 글을 쓰며 살고 있다.

기자記者, 기록을 하는 자라는 뜻이다. 나는 기자가 역사를 기록하는 현대의 사관이어야 한다고 믿는다.

한국 재벌들의 어두운 역사를 기록해 보자는 '사소한' 아이디어에서 출발한 이 책은 내가 그 동안 시중에 내놓았던그리고 참패를 면치 못했던 몇 권의 책들보다도 압도적으로 힘든 과정을 요구했다. '글을 쓰는 것은 즐거움이요, 행복이다.'라는 소신을 가지고 있는 나조차도, 이 책의 마지막 원고를 끝내고 나서 가장 먼저 한 일이 깊은 한숨을 내쉬는 것이었다. 그만큼 이 책의 원고 작업은 힘들었고, 아직도 그 고통이 머릿속에서 쉽게 떠나가지 않는다.

이 책 원고 작업이 그토록 힘들었던 이유는나의 무능을 잠시 용서해준다면, 재벌들의 어두운 역사에 대한 기록이 현저하게 부족했기 때문이었다. 대부분 재벌들은 자신의 생애를 담은 여러 형태의 자서전을 내놓는다. 하지만 재벌을 칭송하는 이런 종류의 저서를 빼면, 그들이 저질렀던 심각한 해악에 대한 기록은 찾아보기가 정말 어려울 정도였다.

나는 재벌들의 행태가 오로지 한국 현대사에서 나쁜 영향만을 끼쳤다고 생각하지 않는다. 그들에게도 분명히 공과功過가 있을 것이다. 과오도 있고, 공도 있다는 이야기다.

하지만 그들의 공功에 대한 역사는 너무도 상세히혹은 지나칠 정도로 과장된 채 기록된 반면, 그들의 과過에 대한 역사는 너무도 부실하게 남아 있다.

이것은 불공평하다. 옳은 일도 아니다. 역사란 공과를 모두 냉정히 담아, 그것을 반면교사로 삼을 수 있어야 한다. 하지만 한국 재벌들에 대한 기록은 오징어, 텅스텐을 팔던 가난한 한국을 오늘날 부유한 국가로 만든 '신적인 경영자'로 기록돼 있을 뿐이었다. 감히 내가 그 작업을 할 자격이 있는 사람인지를 잠시 논외로 한다면, 재벌의 과에 대한 새롭고 정교한 기록을 하는 작업은 한국의 미래를 위해서라도 누군가가 반드시 했어야 하는 일이라고 나는 믿는다. 그것이 기록하는 자, 즉 기자의 소명이라고 확신한다.

작업 도중 무척 다행스럽게 느꼈던 일이 한 가지 있었다. 1970년대 후반 삼성 재벌에 관한 정교한 비판의 목소리가 당시 〈동아일보〉에 비교적 상세히 기록돼 있었다는 사실이다. 지금이야 〈동아일보〉가 삼성 가문과 사돈지간이 돼, 삼성그룹을 비호하는 일에 〈중앙일보〉보다도 앞장서는 형국이지만 당시 〈동아일보〉는 그렇지 않았다.

물론 당시 〈동아일보〉가 패기만만하게 최대 광고주였던 삼성그룹에 대해 비판의 목소리를 드높였던 이유는 따로 있었다. 삼성의 계열사인 〈중앙일보〉가 석간신문 시장에서 〈동아일보〉와 최대 라이벌 관계를 유지했기 때문이었다. 당시 두 신문의 피 튀기는 경쟁을 세간에서는 '석간 전쟁'이라고 부를 정도였다. 하지만 이 석간 전쟁 덕에 우리는 지금 1970년대 삼성의 현실을 제대로 살펴볼 수 있었다. 적어도 나에게 1970년대 〈동아일보〉는 거대 재벌 삼성을 해부하는 가장 충실한 기록이었다.

역사의 기록이란 그런 게 아닌가 싶다. 누군가가 막강한 권력을 지니고 있더라도, 사관은 그들의 공과를 모두 제대로 기록할 수 있어야 한다. 역사 기록의 첫 단추는 바로 그 시스템을 구축하는 일이 아닐까 한다. 동기가 순수했건 순수하지 않았건, 1970년대 삼성에 맞섰던 〈동아일보〉의 기록이 한국 현대사에 중요한 사료로 남아 있는 이유가 바로 이것이다.

그로부터 수십 년이 지난 지금 우리는 어떤 시스템 속에서 살고 있을까? 이제 그 누가 있어 삼성과 현대차, LG와 SK, 롯데와 한화 등 유수의 재벌을 비판하고 그것을 기록으로 남길 수 있을지 걱정이 되는 것이 우리의 현실이다. 신문의 지면은 이미 재벌이 컨트롤하는 광고에 종속됐고, 더 이상 누구도 감히 나서 재벌의 어두운 역사를 제대로 기록하지 않는다.

이것은 기자 개개인의 용기의 문제가 아니다. 재벌이 가둬 놓은 사회 시스템 속에서, 강자의 횡포를 기록하는 것이 중요하다는 걸 사회적으로 합의하느냐 마느냐의 문제다.

지금보다도 더 권력이 한 곳에 집중됐던 조선 시대에도 '사관'이라는 직업이 있어 왕의 일거수일투족을 기록했다. 아무리 왕이라 한들 사관이 적은 글을 함부로 볼 수 없었다. 기록의 객관성을 중시했기 때문이었다.

심지어 철권통치 시대라 불렸던 태종 시대의 사관 민인생은 왕에 대한 제대로 된 기록을 위해 얼굴을 감추고 왕의 사냥에 따라 나섰고, 정승들만이 참석하는 연회에 잠입하는 일까지 마다하지 않았다. 태종이 말에서 낙마한 뒤 이 사실을 사관에게 알리지 말라고 청탁하자, 사관은 아예 왕의 청탁 사실까지 역사의 사료로 남겼다. 제대로 된 역사의 기록을 남기자는 조선 시대의 이 사회적 합의 덕에 우리는 그 시절 역사의 모습을 그나마 제대로 엿볼 수 있는 것이다.

감히 이 원고가 재벌의 어두운 면을 제대로, 그리고 성실하게 기록했노라고 자부하지는 못하겠다. 이 책이 현대의 사관 노릇을 제대로 했노라고 주장할 용기도 없다. 부족한 사료 탓도 있겠지만, 무엇보다 나의 무능력이 이같은 부실한 결과물의 큰 원인이었을 것이다. 늘 그러했듯, 한 권의 책을 마치고 다시 고개를 숙이며 자성한다.

하지만 이 책의 시도가 '공과의 객관적 기록'이라는 역사 적기의 기본을 상기하는 작은 역할만이라도 해내길 나는 간절히 소망한다. 나보다도 훨씬 더 뛰어난 필진들이, 나의 부족했던 이 작업의 여분을 채워 주기를 간곡히 바란다. 100년 뒤 우리 후손들이 1950~2010년대 한국 사회의 핵심 세력이 었던 재벌들의 역사를 제대로 읽을 수 있기를 소원한다. 그것이 나를 비롯한 '글 쓰는 자'들의 소명이라는 사실이 인정되는 사회가 되기를 바란다.

책의 서문에 '고맙습니다'라는 헌사를 남발하는 것이 몹시 촌스럽다고 생각한 적이 있었다. 하지만 막상 이 원고 작업을 마치고 나니 그 촌스러움을 사용하지 않을 수 없을 정도로 고마운 사람들이 있어 감히 감사의 말을 남긴다.

먼저 원고의 첫줄부터 끝줄까지 꼼꼼히 읽고, 질타와 격려를 아끼지 않았던 벗 정혜연 님에게 감사의 말씀을 드린다. 나는 사실 정치와 외교남북문제를 포함해 분야에 대해 심각한 수준의 무식자인데, 정혜연 님은 나의 이런 부족한 점을 채워 준 소중한 스승이었다.

〈민중의소리〉 김동현 뉴미디어팀장은 이 작업의 출발점이 된 아이디어의 제공자였다. 김동현 팀장은 내 옆자리에서 "형님, 잘 되가십니까?"라며 원고 마감을 독촉하는 독촉맨 역할도 겸했는데, 사실 늘 아이디어와 활기로 가득 찬 그의 이 독촉은 나에게 큰 힘이 돼 주었다. 특히 그가 늦둥이로 본 귀여운 쌍둥이 두 아들의 동영상과 사진은, 지친 나의 마음에 크나큰 힐링이 돼 주었다. 각별히 감사의 말씀을 전한다.

편집과 디자인, 제본과 마케팅 등 책 출간의 거의 전 과정을 도맡은 이동권 님은 나에게 미스터리한 존재다. 가끔 나는 동권 님이 사람인지 일하는 기계인지 헷갈릴 때가 있는데, 그 정도로 동권 님은 탁월한 업무 능력을 자랑했다. 졸고를 마다하지 않고, 어려운 편집과 제작 과정을 모두 지휘해 준 이동권 님에게 진심을 다해 고개를 숙인다.

민중의소리 이정무 편집국장그가 노안이어서 그렇지 이 국장은 나보다 한 살 아래다은 원고의 모든 내용을 꼼꼼히 검수하고, 가르침을 준 고마운 스승이었다. 스토리 라인을 잡지 못해 내가 끙끙댈 때마다 어김없이 이 국장이 나타났고, 도저히 풀 수 없을 것 같았던 문제도 그의 손을 거치면 말끔히 해결돼 있었다. 마음 깊은 곳에서 감사의 뜻을 전한다.

나는 누구 말마따나 40대 중반에 '전향'해서, 〈민중의소리〉라는 진보 매체에 몸을 담고 다시 기자 생활을 시작했다. 안국동에 위치한 〈민중의소리〉 사무실은 왠지 모르게 나에게 따뜻한 힐링을 제공한 소중한 장소였다. 10년 종합지 기자 생활을 마치고 '타이핑 노동자'로 살던 내가 감히 다시 기자라는 직업을 선택할 수 있었던 데에는, 〈민중의소리〉 모든 구성원들의 열정과 따스함이 매일 매시간 느껴졌던 덕분이었다. 지나가는 빈말이 아니라, 진심으로 〈민중의소리〉 모든 구성원들에게 뜨거운 감사의 말씀을 드린다.

부디 이 졸고가, 단 몇 분의 독자만에게라도 한국 재벌이 남긴 어두운 역사의 기록을 되찾아 주는 소중한 기억으로 남기를 진심으로 소망한다.

이완배

2015년 10월 마지막 날, 찬바람이 불기 시작하는 안국동 〈민중의소리〉 사무실에서

# 차례

008 **서문** 재벌이 남긴 어두운 발자취를 기록하는 까닭


## 1부 **삼성**


018 술꾼, 도박꾼, 투기꾼이었던 청년 이병철, '사업보국'이라는 신조어를 만들다

028 이병철과 조홍제 **효성**

038 이병철이 민중의 굶주림을 대하는 태도

050 사카린 밀수 사건

060 용인에 등장한 거대한 별장 용인자연농원

072 미원을 향한 이병철의 집념

084 "막내딸아, 절대 결재 서류에 사인하지 마라"

096 취미는 취미로 끝났어야 했다

110 모든 인재는 철저히 관리한다!

120 안기부가 도청한 X파일 속의 삼성, 그리고 〈중앙일보〉

138 삼성의 비자금, 하지만 이건희는 건재했다

160 이재용, 단돈 60억 원으로 삼성그룹을 삼키다

176 벌처 펀드의 공격에 드러난 삼성의 민낯

## 2부 현대

194 '무데뽀 정신'의 전통을 세운 정주영, 그리고 그의 추종자가 남긴 족적

206 정주영을 살린 박정희, 8.3 사채 동결 조치

218 현대조선 폭동과 식칼 테러

238 "부동산으로 보수를 지배하라"

252 포니에서 기아차까지……

264 "모름지기 기업은 시류를 따라야 한다"

278 정치권력 위에 서고자 했던 경제권력의 욕망과 좌절

296 정주영의 소떼 방북……

310 아비도, 형제도 몰라본 가족들의 이전투구

326 족보 싸움으로 얼룩진 현대

340 재벌 2세 정몽준이 헬조선에서 사는 법

354 정의선에게 현대차를 지배할 자격이 있는지 묻는다

# 1부

# 삼성

술꾼, 도박꾼, 투기꾼이었던 청년 이병철, '사업보국'이라는 신조어를 만들다 – 삼성그룹의 출범

이병철과 조홍제 – 인연으로 시작해 악연으로 끝나다

이병철이 민중의 굶주림을 대하는 태도 – 삼분폭리 사건과 제일제당

사카린 밀수 사건 – 이맹희를 야인으로 내몰다

용인에 등장한 거대한 별장 용인자연농원 – 땅 투기와 편법 증여의 도구였을까?

미원을 향한 이병철의 집념 – CJ그룹의 태동

"막내딸아, 절대 결재 서류에 사인하지 마라" – 신세계 그룹의 무책임, 무노조 경영의 태동

취미는 취미로 끝났어야 했다 – 이건희의 자동차 사랑과 삼성자동차의 몰락

모든 인재는 철저히 관리한다! – 삼성이라는 틀 안에 갇힌 한국 사회

안기부가 도청한 X파일 속의 삼성, 그리고 〈중앙일보〉 – 삼성 X파일 사건

삼성의 비자금, 하지만 이건희는 건재했다 – 삼성에게 면죄부만 안겨준 비자금 특별검사

이재용, 단돈 60억 원으로 삼성그룹을 삼키다 – 에버랜드 전환사채 편법 증여 사건

벌처 펀드의 공격에 드러난 삼성의 민낯 – 삼성물산 제일모직 합병

# 술꾼, 도박꾼, 투기꾼이었던 청년 이병철, '사업보국'이라는 신조어를 만들다

## – 삼성그룹의 출범

### 도박에 빠진 금수저 청년

중일전쟁이 한창이던 1942년 대구. 일제의 강점으로 온 국토가 피폐했고, 중일전쟁을 빌미로 일제의 찬탈이 극심해지면서 국민들의 삶은 표현이 어려울 정도로 처참했다.

그런데 이 시절 대구에서는 '밤의 황태자'로 불릴 만큼 시내 요정을 휩쓸고 다닌 한 청년이 있었다. 대구에서는 이 청년이 국수가게와 양조장 경영으로 돈다발을 깔고 앉았다는 소문이 자자했다.

통신시설이 잘 발달되지 않았던 시절이지만, 넓은 대구 시내에서 이 청년을 찾는 일은 너무나도 쉬웠다. 그저 해가 지고 어둠이 깔리면 대구 시내에서 좀 잘 나간다 하는 요정을 찾으면 됐다. 기생을 끼고 앉아 부어라 마셔라 하는 이 걸쭉한 술판에는 어김없이 이 청년이 있었다. 바로 이 30대 초반 청년이 삼성그룹의 창업주 이병철이었다.

한국 재벌들의 역사를 살펴보면 창업주들의 뿌리는 크게 두 가지로 분류

경남 의령군에 위치한 이병철의 생가 ⓒ 의령군 제공

된다. 하나는 정주영 유형으로 가진 것이라고는 몸뚱이 하나밖에 없었던 사람들이다. 다른 하나는 이병철 유형이다. 전형적인 지주 집안 출신으로 속칭 금수저를 물고 태어난 사람들이다.

　이병철은 1910년 경상남도 의령에서 태어났다. 아버지는 당시로도 어마어마한 1,000석의 농지를 소유한 대지주였다.농지개혁 직전 한국에서 1,000석 이상을 소유한 대지주는 905명뿐이었다. 2남 2녀의 막내로 태어나 당시 기준으로는 형제도 그다지 많지 않았다. 이병철은 태생적으로 아버지로부터 물려받을 것이 매우 많은 처지였다.

그가 얼마나 풍요로운 집안에서 태어났는지를 잘 드러내는 일화가 있다. 이병철은 10대 청소년 시절 당시 대부분의 지주 집안 자제들이 그랬던 것처럼 일본 유학길에 오른다.

이병철의 일본 유학에 대한 꿈은 매우 열렬했던 모양이다. 자서전에 따르면 이병철은 부모님의 반대로 유학 경비를 마련하지 못했다. 그런데 10대 청년인 이병철은 당돌하게도 옆 동네 만석꾼 지주 집안 아들이었던 조홍제를 찾아 유학 경비 500원을 빌린다. 이 조홍제가 바로 이병철과 동업을 했고, 나중에 사업을 분리하며 효성그룹을 창업한 인물★이다.

당시 일본 중산층 가정의 한 달 생활비가 50원 정도였으니 500원의 거금을 선뜻 주고받은 이 두 금수저 집안 10대 청년의 재력이 어느 정도였는지 짐작이 간다. 어떤 이유에서였는지 이병철 집안에서도 유학 이후 꼬박꼬박 생활비를 보내줬는데, 송금된 금액이 한 달에 무려 200원이었다. 요즘 말로 하면 이병철은 초호화 사치 유학생이었던 셈이다.

이병철은 19세였던 1929년 와세다 대학 정치경제학과에 입학했다. 하지만 그는 곧 일본 생활에 싫증을 느끼고 귀국을 결심한다. 마침 각기병을 앓으면서 건강도 악화된 상태였다.

한국으로 돌아온 이병철의 생활은 그야말로 무위도식이었다. 돈은 많고 할 일은 없었던 갓 스물을 넘긴 이 청년은 '골패'라는 도박에 빠진다. 이병

---

★ 이병철과 조홍제의 동업 및 결별에 관해서는 다음 장 '이병철과 조홍제, 인연으로 시작해 악연으로 끝나다'에서 자세히 설명할 예정이다.

철 스스로조차 "밤새 노름에 빠져 달그림자를 밟으며 돌아오는 날이 많았다."고 할 정도였으니 그의 도박 중독이 어느 정도였는지 짐작하고도 남음이 있다.

이병철은 스스로 "어느 날 도박을 마치고 집에 돌아와 보니 평화롭게 잠들어 있는 세 자식이 보였다. 허송세월을 마치고 어서 빨리 뜻을 세워야 한다고 결심했다."고 회고한다. 도박꾼이 도박을 끊은 계기 치고는 너무 싱거운 참회였는데, 실제 그가 어떤 계기로 도박을 멀리했는지에 대해서는 알길이 없다. 아무튼 이병철은 20대 중반 길고 긴 도박꾼 생활을 접고 사업을하기로 결심한다. 사업에 들어가는 돈은 당연히 천석지기 아버지로부터 나왔다. 이병철의 아버지는 "어차피 너에게 300석을 물려줄 참이었다."며 선선히 초기 투자금을 내 주었다. 그래서 그가 1936년 마산에서 처음 차린 가게가 협동 정미소였다.

## 원조 밤 문화의 황제?

이병철의 정미소 사업은 한 마디로 대실패였다. 그는 정미소를 차린 뒤 1년 만에 자본금의 3분의 2를 까먹었다. 오히려 이병철을 재기의 길로 인도한 것은 정미소가 아니라 운수업과 땅 투기였다. 운수업으로 어느 정도 재력을 갖춘 이병철은 황당한 계획을 세운다. "김해평야에서 경작이 가능한모든 전답을 한 평도 남기지 않고 모조리 매입한다."는 것이 그 계획이었다.

이병철을 미화하는 대부분 문헌들은 그가 이 결정을 마치 사업적 전망을 기반으로 내린 것으로 적어 놓았다. 하지만 이는 당시 문화로 볼 때 매우 사악하고 치졸한 땅 투기였다. 1930년대만 해도 땅은 민중의 생활 터전이었고, 어머니의 품과도 같은 것이었다. 수 백 만 민중의 목숨이 걸린 김해평야 일대를 모조리 매입하겠다는 발상을 했다는 자체가, 청년 이병철이 얼마나 일제의 수탈에 고통 받던 민중들의 삶에 무관심했는지를 드러내 주는 반증이다.

게다가 이병철은 땅 투기 자금을 모두 은행에서 빌렸다. 요즘으로 치면 레버리지 바이 아웃LBO쯤 되는 투기 기법이다. 그가 왜 일제 말기부터 '돈병철'로 불렸는지 이해가 갈 정도의 뛰어난 이재理財이기는 했다.

하지만 이병철의 땅 투기 행각은 몰락으로 마무리된다. 중일전쟁의 여파로 일제가 비상조치를 내린 것이다. 은행 대출은 즉각 중단됐고 이병철이 '헐값에 사 모았다.'고 믿었던 땅은 똥값이 됐다. 이병철은 전 재산을 털어 겨우 빚을 청산했다. 훗날 이병철은 당시를 회고하며 "교만한 자치고 망하지 않는 자가 없다는 교훈을 얻었다."고 술회했는데, 사실 그의 실패는 교만 탓이 아니라 그냥 투기 대상을 잘 못 잡은 탓이었다.

역사에 제대로 기록됐다면 '이병철, 김해평야 대* 투기 사건'쯤으로 남아 있었어야 할 이 엽기적 부동산 투기는 이렇게 실패로 마무리된다. 하지만 그때 이병철 집안의 재력은 여전히 막내아들의 실패를 어느 정도 커버할 정도가 됐던 모양이다. 부도를 낸 사업가 이병철이 처참한 몰골로 패가망신한 게 아니라 만주와 중국으로 '머리를 식히러' 두 달 간 여행을 떠났다는 기록이 있으니 말이다.

이병철은 이 여행에서 유통업의 미래를 보았다. 당시 만주에는 과일과 건어물이 턱없이 부족했던 반면, 그가 나고 자란 경상도 해안가에는 건어물과 과일이 비교적 풍족했다.

1938년 이병철은 대구에서 터를 잡고 삼성상회를 설립했다. 이것이 바로 오늘날 삼성그룹의 모태가 된 회사다. 그가 대구를 터전으로 삼은 이유는 대구가 사과의 유명 산지이기도 했지만, 포항에서 들여온 건어물을 기차에 실어 제 때 보낼 수 있는 도시가 대구였기 때문이기도 했다. 무역업으로 짭짤한 수익을 낸 이병철은 곧 국수를 만드는 사업을 시작했는데, 이게 다시 대박을 쳤다. 일제의 식량 수탈로 배를 곯은 민중들에게 국수는 허기진 배에 한 끼를 채워줄 유용한 음식이었다.

약간 곁도는 이야기지만, 세 개의 별을 뜻하는 '삼성三星'이라는 이름의 유래를 살펴보면 이렇다. 이병철은 삼성이라는 이름에 대해 "삼三은 큰 것, 많은 것, 강한 것을 나타내는 숫자로 우리 민족이 가장 좋아하는 숫자다. 성星은 밝고 높고 영원히 깨끗이 빛나는 것을 뜻한다."고 설명했다.

그런데 사실 삼三이라는 숫자를 기업 이름에 쓴 것은 일제의 영향이 없지 않았나 하는 추측도 가능하다. 왜냐하면 당시 일본 유수의 기업들 중 숫자 삼三을 쓴 이들이 적지 않기 때문이다. 그 시절 일본의 3대 재벌은 미쓰이, 미쓰비시, 스미토모였는데 이 중 미쓰이三井와 미쓰비시三菱가 숫자 삼三을 기업명으로 사용했다.

부모의 반대를 뚫고서라도 일본 유학을 열망했고, 일제 강점기 전형적인 착취 계급이었던 지주 출신이었으며, 젊은 시절 도박과 술로 허송세월<sup>이병철</sup><sup>의 표현이다</sup>을 보낸 사실을 미루어 볼 때 이병철은 항일抗日이나 반일反日 정서를 가졌다기보다 철저히 체제 순응적인 삶을 살았던 듯하다.

이병철은 국수 사업의 성공을 바탕으로 양조장 사업에 뛰어든다. 당시 일제는 전쟁 물자를 마련하기 위해 쌀과 기름 등 주요 생필품을 철저히 통제하고 있었다. 하지만 술만은 예외였다. 허가를 받은 양조장은 일제가 대놓고 밀어주는 업종이었다. 전비를 마련하기 위해서는 세금이 제대로 걷혀야 하는데, 양조장이야말로 일제가 세금을 뜯어가기에 더 없이 좋은 사업장이었기 때문이다.

양조 사업의 성공으로 1940년대 들어 이병철은 대구 일대에서 알아주는 부호가 됐다. 넘치는 돈을 주체하지 못한 갓 서른을 넘긴 이 열혈 청년은 다시 한 번 방탕한 생활을 시작한다. 이때가 바로 이병철이 대구의 요정이란 요정은 모조리 휩쓸고 다니던 시기였다. 넘치는 건 돈이요, 남는 건 시간이었다. 대구의 요정을 싹쓸이한 이병철은, 슬슬 대구 요정 출입이 지겨워지기 시작했다. 새누리당 전 국회의원 주성영이 "화끈한 대구의 밤 문화" 운운할 정도의 도시가 대구이지만, 이병철은 반복되는 대구 요정 문화에 싫증을 내고 말았다.

이병철은 더 화끈한 밤 문화를 찾아 원정길에 올랐다. 부산 동래에서도 그의 모습을 볼 수 있었고, 서울에서도 그의 모습을 볼 수 있었다. 방탕한 이병철은 '조선의 밤 문화'에 도저히 만족을 못했는지 일본 규슈의 벳푸나 교토까지도 원정을 다녔다. 이 희대의 밤 문화 탐닉 행각은 장장 5년 동안 이어진다. 1945년 조국이 해방되기 직전까지 그는 여자를 끼고, 상다리가 부러질 정도의 안주를 벗 삼아 술을 마시고 또 마셨다.

심지어 그는 1941년 모친상을 치렀는데도 요정 출입을 끊지 않았다. 후에 그는 "암담한 정세 속에서 찾아드는 말할 수 없는 허전한 심정이 밤마다 발길을 주석으로 돌리게 했을 뿐이다."라고 회고했는데, 암담한 정세 속에서 광복의 희망을 찾아 피 흘리고 싸운 수많은 독립투사들이 들으면 코웃음도 아까운 방탕이었다.

## 내가 사업을 잘해야 나라가 잘된다는 돈병철의 사업보국 신념

이병철은 일제 강점기와 해방 초기 사업을 크게 일으켰던 인물이다. 그런데 어떤 기록을 찾아봐도, 당시 그가 애국심을 바탕으로 국가와 사회에 기여한 사례는 나오지 않는다. 이병철은 그저 그 혼란기를 틈타 돈을 쓸어 모은 철저한 사업가였다.

본인도 이런 행각이 쑥스러웠는지, 이병철은 훗날 자서전에서 사전에도 없는 사업보국이라는 신조어를 만들어 낸다. 쉽게 말하면 "내가 사업을 열심히 하는 게 나라 발전에 이바지하는 길이다."라는 뜻이다.

이병철은 자못 진지한 어조로 "사업을 시작한 것이 제1의 각성이었다면, 사업보국의 신념을 굳힌 것은 제2의 각성"이라고 회고한다. 요즘 생각으로도 사업가가 돈을 많이 버는 게 왜 보국保國의 길인지 논리적으로 전혀 와 닿지 않는데, 당시는 오죽했을까?

비슷한 시기에 사업을 일으킨 정주영에게는 '돈주영'이라는 별칭이 없었지만, 이병철에게는 '돈병철'이라는 별칭이 항상 따라 다녔다. 당시 세상 사람들 역시 이병철의 '사업보국'의 진심을 이해하지 못했던 것이다. 오죽했으면 이병철은 스스로도 "(사업보국이라는 기업관이) 사회일반의 이해를 제대로 얻지 못하고, 때로는 돈벌이주의자라는 비난까지 사면서 고난의 길을 가는 출발점이 되기도 했다."고 말할 정도였으니 말이다.

하지만 "국민들이 사업보국의 신념을 이해하지 못해 고난의 길을 걸었다."는 그의 말은 다소 과장이 있다. 그가 말하는 고난의 길이라는 것이 정확히 무엇인지 알 수 없지만, 알려진 사건을 종합하면 탈세와 부정축재, 사카린 밀수 등으로 경영권을 빼앗길 위기에 처한 사건들이 '고난의 길'에 해당할 가능성이 높다. 그런데 이건 국민들이 그의 사업보국의 신념을 이해하지 못했기 때문에 생긴 일이 아니라 그냥 그가 범죄를 저질렀기 때문에 생긴 일들이었다.

아무튼 이병철은 이후 사업보국의 기치를 높이 들고 '돈병철'의 위세를 드높인다. 그의 사업은 한 마디로 승승장구였다. 그가 초창기 사업을 이토록 번성케 할 수 있었던 것은 철저히 안전 위주로 사업을 진행한 그의 사업철학 덕이었다.

이병철은 결단코 모험을 즐기는 스타일이 아니었다. 젊은 시절 김해평야 투기 사건의 실패가 그를 더욱 안전 위주의 사업가로 탈바꿈시킨 듯하다. 그는 쉽사리 제조업에 뛰어들지 않았고, 이문이 보장된 유통업에 집중했다. 제조업에 뛰어들 때에도 철저히 의식주 위주의 사업에 집중했다.

대구를 떠나 서울 혜화동에 안착한 이병철은 삼성물산공사라는 회사를 세우고 동남아시아에 오징어를 수출하는 동시에 무명실을 수입하는 무역업을 시작했다. 이후 무역 품목을 넓히며 재봉틀과 실 등 생필품을 비롯해 수백 가지 물품을 수입했다.

그가 최초로 뛰어든 제조업은 생필품에 속하는 설탕 제조업<sup>1953년 제일제당 설립</sup>이었다. 두 번째 뛰어든 제조업도 역시 생필품 사업인 모직<sup>1954년 제일모직 설립</sup>이었다. 박정희가 군사 쿠데타를 일으킨 후 "왜 삼성은 기술산업이나 중화학공업에 투자하지 않는가!"라며 이병철을 질타한 이유가 다른 데 있는 게 아니었다.

같은 시대를 살았던 정주영은 모험가에 가까운 사업가였다. 반면 이병철은 철저히 돈의 힘을 믿었고, 돈의 힘은 안전하게 관리돼야 한다고 확신했다. 정주영이 모험가에 가까운 기질이라면, 이병철은 장사꾼에 가까운 기질을 가지고 있었다.

하지만 이병철에게도 더 이상 안전한 삶만을 영위할 수는 없는 역사적 소용돌이가 한국 사회에서 시작된다. 그것이 바로 박정희의 군사 쿠데타였다. 박정희는 이병철을 변화의 소용돌이로 강제로 밀어 넣었다. 이병철은 박정희의 지휘 아래 피할 수 없는 모험을 새로 시작한다.

# 이병철과 조홍제 <sup>효성</sup>
## – 인연으로 시작해 악연으로 끝나다

### 고향 선배들과의 동업, 반목, 그리고 결별

경남 의령에 가 보면 경남개발공사와 코레일 부산경남본부가 집중적으로 밀고 있는 생뚱한 관광 코스가 하나 있다. 이름 하여 '부자 기氣 받기 코스'.

그들의 설명에 의하면 의령 남강에는 전설이 하나 있다. 정암의 솥바위를 중심으로 반경 30리 이내에 큰 부자 세 명이 난다는 것이 그 전설이다. 그래서 그 전설이 실현이 됐나 봤더니, 아니나 다를까 이병철을 비롯해 LG그룹 창업주 구인회, 효성그룹 창업주 조홍제가 모두 그 근처에서 태어났단다. 이 관광코스가 제대로 개발이 되기만 하면 중국 관광객들이 대거 부자들의 기를 받기 위해 몰려들 거라는 게 그들의 설명이다.

개인적으로 이에 대한 평가를 하자면, 2008년 이명박 정부가 대운하를 추진하면서 "대운하를 타고 박정희 생가, 구인회 생가를 둘러볼 중국 관광객만 연 1,000만 명"이라고 했던 말에 버금가는 헛소리라고 본다. 하지만 경남개발공사와 코레일의 헛소리가 이 책의 주제는 아니므로 여기서는 그냥 넘어가기로 하자.

이병철과 구인회, 조홍제가 '남강의 전설'을 실현한 초현실적 존재일 리는 당연히 없지만, 그들이 모두 경남 남강을 중심으로 옹기종기 인근에서 태어난 것은 분명한 사실이다. 이병철이 의령, 구인회가 진주, 조홍제가 함안 태생이다. 이 중 조홍제가 가장 연상으로 1906년생이고, 구인회가 가운데로 1907년생, 이병철이 가장 어린 1910년생이다.

세 사람은 이후에 어떻게든 사업으로 한 번씩 인연을 맺는다. 단순히 사업 제휴의 관계가 아니라 사실상 동업의 관계를 맺었던 것이다. 이들 외에도 이병철은 이북 출신으로 동양그룹을 창업한 이양구1916~1989와도 동업 관계를 가졌다.

재미있는 사실은 이병철과 한 번이라도 사업을 같이 했던 이 쟁쟁한 재벌들이 모두 이병철과 뒤끝이 좀 있는 결별을 했다는 사실이다. 이 중 이병철과 사돈지간이었던 LG 구인회는 자신의 몫이었던 동양TV를 이병철에게 통째로 넘겨주는 통 큰 양보를 했음에도, 결국 이병철이 자신들의 텃밭인 가전 사업에 진출하는 바람에 앙숙이 되고 말았다.

이병철과 결별의 경력이 있는 이들 3인방 중 삼성에 대해 가장 서운한 감정을 가지고 있는 쪽은 효성이다. 지금은 기업의 사이즈에서 너무 차이가 벌어졌지만, 효성은 여전히 이병철이 자신들의 창업주 조홍제의 뒤통수를 쳤다고 믿는다.

한 번은 이런 일이 있었다. 2006년 효성그룹 창립 40주년 행사에서 효성 측은 귀빈들을 상대로 슬라이드를 상영했다. 이 슬라이드에는 조홍제와 이병철의 동업 과정과 이병철의 배신 스토리가 실렸다. 그룹 40주년 행사에 참석한 외빈들에게 이 스토리를 소개할 정도면 효성의 한이 얼마나 컸는지 능히 짐작할 만하다.

그런데 마침 그 자리에 이건희의 아내 홍라희가 참석하는 바람에 분위기가 뻘쭘해졌다. 조홍제의 장남인 효성그룹 조석래 회장은 이후 "손님을 모셔놓고 욕을 먹인 모양이 돼서 상당히 곤란했다."고 당시 상황을 전하기도 했다.

효성의 앙금은 이듬해 발간된 『효성그룹 창립 40주년 기념 사사社史』에도 잘 나타나 있다. 이 책에는 효성 40주년 역사의 뒷이야기를 담은 '효성, 길라잡이를 만나다'라는 코너가 있는데 이곳에 조홍제와 이병철이 동업을 청산한 스토리가 상세히 소개돼 있다. 심지어 이 책에는 "삼성 역시 동업자와 의리를 배신한 아픈 과거가 있다."는 모 주간지의 과격한 문구까지 버젓이 인용돼 있다. 두 사람의 동업이 끝난 이유가 이병철의 배신이었다는 사실을 분명히 한 것이다.

사실 효성의 직원이 되면 가장 많이 듣는 회사의 역사 중 하나가 바로 조홍제와 이병철의 결별 스토리다. 조석래 회장도 "삼성과의 감정은 더 이상 없다."면서도 "하지만 임직원들이 회사의 역사는 분명히 알고 있어야 하기 때문에 기회가 있을 때마다 창업 초기 상황을 상기시킨다."고 말한다. 이 정

차관도입을 위해 민간경제 사절단으로 해외로 떠나는 이병철 회장과 조홍제 회장
ⓒ 원작 : 경향신문 / 제공 : 민주화운동기념사업회

도면 와신상담, 섶에 누워 쓸개를 씹으며 원한을 곱씹는 수준이다.

　반면 삼성이 기록한 역사를 보면 비슷한 사건이 언급조차 돼있지 않다. 특히 이 시기를 기록한 삼성의 공식 문건인 『호암자전』에는 조홍제라는 이름 자체가 많이 등장하지 않는다. 두 사람의 결별 과정에 대해 효성은 줄기차게 부당함을 주장하지만, 삼성은 입을 닫는 모양새다. 어느 쪽 말이 옳은지는 조홍제와 이병철만이 알 일이다. 하지만 통상 사람 사는 일들을 종합해보면, 억울한 쪽은 말이 많지만 이익을 본 쪽은 입을 닫는 일이 많다. 어느 쪽 주장이 진실일지는 이제 역사의 몫으로 남아 있을 뿐이다.

## 불행의 씨앗, 누구 돈이 더 많이 들어갔나?

앞 장에서 살펴보았듯 이병철과 조홍제는 어린 시절부터 절친한 사이였다. 이병철이 일본 유학을 결심했을 때, 유학자금을 선뜻 내놓은 이가 바로 함안 대지주 집안의 4년 선배 조홍제였다. 다만 두 사람의 청년기 성향은 다소 달랐던 듯하다. 이병철이 도박과 술로 방탕한 생활을 보내면서 조국의 독립에 대해 거의 관심을 보이지 않았던 반면, 같은 대지주 집안 출신 조홍제는 반일反日 정서가 분명한 청년이었다. 조홍제는 1922년에 중앙고등보통학교에 입학했는데, 재학 중이던 1926년 6·10 만세 운동 때 주모자의 한 사람으로 몰려 옥고를 치렀다. 결국 그는 퇴학을 당했고, 그로 인해 이병철과 함께 일본 유학길에 오른다. 대지주 아들로 태어나 일본 유학을 선택한 외형은 닮았지만, 그 속내는 다소 다른 두 사람의 10대 여정이었다.

앞 장에서 살펴봤듯이 이병철은 1948년 대구 생활을 청산하고 서울에 둥지를 틀었다. 지금의 YMCA 건물인 옛 영보빌딩 인근에 사무실을 내고 삼성물산공사를 설립한 것은 살펴본 바와 같다.

문제는 이 삼성물산의 창업 자금이다. 이병철의 기록에는 "내가 75%를 대고, 전무 조홍제와 상무 김생기 등 여섯 사람이 나머지 25%를 댔다."고만 짧게 나와 있다. 그리고 이후 "회사의 이익을 직원들에게도 골고루 나누기 위해 사원주주제를 실시했다."고 기록해 놓았다. "직원들에게 '내 회사'라는 주인의식을 심어주기 위해서였다."는 자랑도 덧붙였다.

하지만 이에 대한 조홍제의 기억은 전혀 딴판이다. 조홍제는 우선 삼성물산을 세울 때 이병철에게 사업자금 800만 원을 빌려주었다고 주장한다. 그리고 두 달 뒤인 이듬해1949년 200만 원을 추가로 보탠 뒤 이를 애초에 빌려준 800만 원에 합해 모두 출자금으로 전환했다고 기억한다. 이병철이 삼성물산 설립 때 낸 돈은 700만 원이었다.

이 정도 명쾌한 기억이라면 남은 것은 단순한 산수의 문제다. 나머지 작은 지분이 어떻게 쪼개졌는지는 몰라도, 적어도 조홍제의 기억이 맞는다면 조홍제 대 이병철의 지분 구도는 최소한 6대 4 정도로 조홍제가 우세했다. 조홍제 입장에서 불행은 주식양도 계약서나 출자전환약정서 등 정확한 문서를 작성하지 않았다는 점이었을 것이다.

1951년 이병철은 경리 책임자를 불러 "결산 결과를 보고하라."고 지시한다. 이 자리에 조홍제도 있었다. 그런데 올라온 결산 보고서에는 주주 지분이 이병철 75, 조홍제 25로 나와 있었다. 조홍제는 화들짝 놀랐지만 동업자 간의 의리를 생각해서였는지, 아니면 이병철을 굳게 믿어서였는지 더 이상 이의를 제기하지 않았다. 조홍제는 이후 당시 상황에 대해 "납득할 수 없었지만 더 이상 거론하지 않았다."고 회고했다.

두 사람의 동업은 한 동안 승승장구했다. 1953년 그들은 제일제당을 세웠고, 이듬해에는 제일모직을 설립했다. 조홍제는 1960년 제일제당 사장에 취임했다. 취임 당시 조홍제는 제일제당의 지분을 3분의 1가량 갖고 있었다. 조홍제가 회고록에서 밝힌 대로 당시 그가 가장 애정을 가지고 있던 기업이 바로 제일제당이었다.

## 옥고를 치른 조홍제, 구사일생 살아난 이병철

두 사람의 인생에 큰 변곡점으로 작용한 사건은 역시 1961년 발발한 박정희의 군사 쿠데타였다. 박정희는 군사정부의 정통성을 확보하기 위해 이전까지 기업을 경영하던 대부분의 경영자들을 부정축재자로 몰았다. 특히 재계 11위 안에 든 기업들은 '11명의 부정축재자'로 공식화됐다. 세간에서 '돈병철'이라고 불렸던 이병철이 이 그물을 빠져나갈 방법은 없었다. 궁지에 몰린 이병철은 한국도 아닌 일본 도쿄에서 기자회견을 열고 항복 선언을 한다.

이병철은 전 재산을 국가에 내놓겠다고 밝혔고, 자신이 쓴 재산 헌납 각서가 순전히 자의自意에 의해 작성됐다고 고백했다. 심지어 "한국 경제는 반半통제적으로 돼야 한다."고까지 말해 마치 사회주의자들이나 할 법한 발언도 토해냈다. 한 마디로 "전 재산을 낼 테니 살려만 달라."는 것이었다.

참고로 이병철은 살면서 모두 두 번에 걸쳐 "재산을 국가에 헌납하고 기업 경영에서 손 떼겠다."고 약속했다.

쿠데타가 발생한 직후 도쿄에서 했던 이 항복 선언이 첫 헌납 약속이었다. 그리고 이후 '한비 사건' 혹은 '사카린 밀수 사건'으로 알려진 1966년 밀수 적발 당시 두 번째 약속이 있었다.

하지만 두 약속 모두 제대로 이뤄지지 않았다. 나중에 자세히 설명하겠지만, 한비 사건 때에도 이병철은 버티고 버티다 한국비료 지분 51%를 내놓은 뒤 몇 년 뒤 다시 경영에 복귀했다.

아무튼 군사 쿠데타가 일어나면서 이병철은 명백한 부정축재자로 몰렸다. 박정희 정권은 "부정축재자들은 모조리 총살시켜야 한다."며 기업인들에게 겁을 단단히 주었다. 이병철은 수사 과정에서 "과거의 법에 따르다 보니 탈세를 안 할 수가 없었다."며 탈세 사실을 시인했다. 탈세 사실이 명확해진 이상 누군가가 책임을 져야 했다. 그런데 사태의 책임을 지고 옥고를 치른 이는 엉뚱하게도 이병철이 아니라 조홍제였다. 몸통은 살아나고 꼬리가 몸통을 위해 희생한 것이다.

## 버림의 미학? 물 흐리는 자손들

조홍제는 더 이상 이병철과 동업이 어렵다고 판단했다. 이미 그룹의 주요 실권은 이병철이 장악했다. 그리고 이병철은 이미 오래 전부터 조홍제를 몰아낼 계획을 진행하고 있었다. 조홍제의 기억에 따르면 쿠데타가 일어나기 전인 1958년부터 이병철은 "동업을 청산하자."고 줄곧 요청했다. 쿠데타와 조홍제의 구속이 도화선이 되긴 했지만, 이미 훨씬 전부터 두 사람의 결별은 기정사실이었다.

1958년에 결별 요청을 받은 조홍제가 1962년이 되어서야 삼성을 떠난 이유는 지분 정리가 제대로 되지 않은 탓이었다. 이 부분이 바로 효성 측이 삼성 측에 대해 가장 억울하게 생각하며 이빨을 가는 부분이다. 조홍제는 초기 자신이 투자한 지분을 계산해 본 뒤 자신의 몫을 더 가져가길 원했다. 하지만 이재理財에 밝은 이병철이 호락호락 알짜 자산을 내 줄 리가 없었다.

조홍제의 당시에 대한 기억은 "호암이병철의 호은 선명한 태도를 취하지 않고 이리저리 태도를 바꾸며 시간을 끌었다."는 것이었다.

조홍제가 동업을 청산하면서 가장 원했던 기업은 제일제당이었다. 하필 조홍제는 당시 제일제당에 대한 지분을 3분의 1 정도 가지고 있었다. 제일 제당의 사장직도 역임한 바 있다. 제일제당에 대해 누구보다 잘 알고, 가장 애정이 큰 사람이 자신이라고 믿었다. 두 사람은 격론을 벌인 끝에 제일제 당을 조홍제 몫으로 돌리기로 합의했다. 당시 삼성의 주력 계열사는 삼성물산, 제일모직, 제일제당 등 3사였는데 이 중 삼성물산과 제일모직을 이병철이, 제일제당을 조홍제가 갖는 것으로 교통정리를 한 것이다.

그러나 이번에도 이병철은 지분 정리 절차를 이유로 차일피일 제일제당 지분 양도를 미뤘다. 그리고 결국 이병철은 조홍제에게 부실기업으로 찍혀 은행 관리를 받던 한국타이어와 한일나일론 두 회사를 가져가라며 기존의 합의를 뒤집었다.

고민 끝에 조홍제는 이병철의 제안을 받아들였다. 조홍제는 이병철과 미련 없이 결별했고, 효성물산을 설립해 자기의 길을 걷기 시작했다. 일본 유학자금 500원을 주고받으며 우정을 과시했던 경남 남강의 두 지기知己는 이 사건으로 영원히 결별한다. 조홍제는 이후 이병철과의 결별 과정에 대해 회고록을 통해 이렇게 말했다.

(동업을 청산한 것은) 내가 70년을 살아오는 동안에 내리지 않으면

안 되는 수많은 결단 중에 가장 현명한 결단이었다. '때로는 버리는 것이 얻는 것이요, 버리지 않는 것이 곧 잃는 것이다.'라는 역설적인 교훈은 내 후배들에게도 큰 도움이 되리라 믿는다.

조홍제의 주장이 사실이라면 이에 대해 삼성 측은 별다른 반론을 내놓지 않았다 그는 재산에 연연치 않는 통 큰 기업인이었다. 하지만 안타깝게도 효성 가문은 후대로 내려올수록 조홍제가 보여준 '버림의 미학'을 잊고, "내가 더 많이 갖겠다."는 욕심으로 형제끼리 치고받기 시작했다. 2세 승계 과정에서 장남 이맹희과 3남 이건희 사이에 볼썽사나운 분쟁*을 벌인 삼성 가문과 별반 다를 것이 없었던 것이다.

아버지의 지혜 덕이었는지 효성그룹의 2세 승계 과정은 비교적 무난했다. 조홍제는 애초부터 장남인 조석래에게 효성을, 차남인 조양래에게 한국타이어를, 삼남인 조욱래에게는 대전피혁을 각각 맡기며 분쟁의 싹을 잘랐다. 하지만 가문의 평화는 3세에서 깨졌다. 조홍제의 손자, 그러니까 장남 조석래의 세 아들들이 피 튀기는 싸움을 벌였기 때문이다. 조석래의 아들 3형제 중 장남 조현준과 3남 조현상이 한 편이 되자 차남 조현문이 그룹과 결별을 선언했다. 그리고 2014년 차남 조현문은 형 조현준과 그룹 계열사 전 현직 임원을 업무상 배임과 횡령 혐의로 검찰에 고발하면서 분쟁은 법정 다툼으로 번졌다.

---

★ 이맹희의 축출 과정에 대해서는 이 책 1부 '사카린 밀수 사건, 이맹희를 야인으로 내몰다'에서 자세히 설명할 예정이다.

# 이병철이 민중의 굶주림을 대하는 태도
## - 삼분폭리 사건과 제일제당

### 〈경향신문〉과 이병철, 서울의 지가를 올리다

"낙양의 지가紙價를 올린다."는 말이 있다.

중국 진晉나라 시절 좌사左思라는 문인이 있었다. 알려진 바로 좌사는 외모도 추레하고 말까지 더듬었으나 필력 하나만큼은 요즘 표현으로 '쩔었던' 모양이었다. 좌사가 위, 촉, 오 삼국의 수려함을 묘사한 시집 『삼도부三都賦』를 펴냈는데 이 글이 그야말로 명문이었다.

수많은 엘리트들이 이 책을 베끼겠다고 나서는 바람에 진나라의 수도 낙양洛陽은 때 아닌 종이 품귀 현상을 겪어야 했다. 이후 글이 너무 뛰어나 책이 베스트셀러가 되면 흔히들 '낙양의 지가를 올렸다.'는 말을 관용적으로 쓰곤 했다.

한국전쟁 이후 낙양의 지가를 올렸던 대표적 작품을 꼽으라면 단연 정비석의 〈자유부인〉이 꼽힌다.

〈자유부인〉은 휴전 직후인 1954년 1월 1일부터 〈서울신문〉에 215호에 걸쳐 연재된 작품이었다.

연재 기간 동안 〈서울신문〉의 판매 부수가 급속도로 늘었는데, 연재가 종료되자마자 하루 만에 정기구독자 5만2,000명이 사라졌다는 이야기는 아직도 언론계에서 전설로 남아있다. 〈자유부인〉은 단행본으로도 역사상 최초로 10만 부 판매를 넘겨<sup>16만 부</sup> 신문과 출판계 모두에서 낙양의 지가를 올린 작품에 등극한다.

그런데 1964년 2월 1일 〈경향신문〉이 "낙양의 지가를 올렸다."고 하기에 감히 부족함이 없는 신문을 발행한다. 이날 〈경향신문〉의 1면은 온통 삼분 폭리三粉暴利 사건으로 메워졌다.

톱기사 제목은 '폭리 의혹 점차 확대, 특위구성 반대 위해 일부 의원 매수설 떠돌아'였고 이외에도 △설탕 제분이 거액 폭리 △압맥壓麥서 11억 원 이득 △삼분업자의 폭리 규명에 민정, 삼민서 서로 발뺌 △폭리업, 삼분 외에도 허다 △뉴스의 초점은 삼분 처리, 국감 문제로 옥신각신하는 운영위 등 모두 6건의 삼분 폭리 관련 기사로 1면이 도배됐다.

물론 좋은 특종 기사가 잘 팔리는 것은 업계의 상식이다. 또 당시 〈경향신문〉 기사가 충분히 충격적이고 대중의 관심을 끌만한 내용이기도 했다. 하지만 이 보도로 〈경향신문〉이 낙양의 지가를 올리게 된 데에는 다른 이유가 있었다. 〈경향신문〉이 뜻밖의 '큰 손' 고객을 만났기 때문이었다.

〈경향신문〉은 당시 삼분 폭리의 주범으로 삼성그룹을 지목했는데, 이병철과 삼성이 자신에게 불리한 내용이 실린 신문의 유포를 막겠다며 가판에서 〈경향신문〉을 싹쓸이 해버린 것이다. 『경향신문 50년사』는 당시의 상황을 이렇게 기록한다.

한 부 5원의 신문이 불티나게 팔렸으며, 문제의 삼성재벌은 이날 자 본지를 수십만 부 사들이는 바람에 〈경향신문〉 가판은 창간 이래 최대 부수가 팔렸다는 후문이다.

〈경향신문〉이 이병철을 겨냥한 특종 보도를 내고, 이병철은 신문을 싹쓸이 하는 것으로 화답한 이 어색한 콜라보레이션. 〈경향신문〉과 이병철은 이렇게 한국 신문 가판 시장에서 기록적인 판매를 올린 '낙양 지가 상승 사건'의 두 주인공이 된다.

## 태풍 셜리와 삼분 가격 폭등

삼분폭리三粉暴利 사건이란 1963년 벌어졌던 밀가루, 설탕, 시멘트 등 3대 제품 가격이 급등한 사건을 뜻한다. 밀가루, 설탕, 시멘트 모두 가루제품이어서 '삼분三粉'이라는 별칭이 붙었다.

그런데 이 사건을 제대로 이해하기 위해 이해 여름 큰 태풍이 한반도를 강타했다는 사실을 먼저 기억할 필요가 있다. 7월 4호 태풍 셜리가 한반도 남쪽을 덮치면서 무려 186명이 목숨을 잃은 것이다. 이재민 숫자는 6만 2,000여 명이었다.

당장 발생한 이재민도 이재민이지만, 더 큰 문제는 태풍에 이어 닥친 연

이은 호우로 농토가 엉망이 됐다는 사실이었다.

게다가 직전해인 1962년은 기록적인 흉년이었다. 시중에 식량이란 식량은 거의 동이 날 지경이었다.

그런데 '때마침' 밀가루와 설탕 가격이 폭등했다. 아무리 식량에 대한 수요가 컸던 시절이라 하더라도 상식적으로 이해가 가지 않을 정도의 가격 폭등이었다.

생필품이었던 밀가루는 정부가 고시가격을 정해 가격을 가이드 하는 제품이었는데, 당시 시중에서 거래되던 밀가루 가격은 포대 당 1,320원까지 치솟아 고시가격370원의 네 배를 넘었다. 제일제당이 국내 시장의 60%를 점유했던 설탕 도매가격도 3월 근 당 29원에서 5개월 만에 300원까지 열 배로 폭등했다. 뒤이어 시멘트 가격까지 덩달아 급등하며 '삼분 사태'는 최악으로 치달았다.

가격 폭등의 원인은 시장을 독점하다시피 했던 기업들이 제품 가격을 정부 고시가격보다 3배 이상 높게 책정해 팔았던 탓이었다. 시멘트는 몰라도 밀가루와 설탕은 없어서는 안 되는 식재료였다. 이 중 밀가루는 태풍 셜리의 여파로 굶주린 민중들에게 목숨과도 같은 제품이었다. 그런데 제조업체들이 곡물이 부족한 시중 상황을 역이용해, 가격을 말도 안 되는 수준으로 높여 폭리를 취한 것이었다.

내일이면 얼마나 더 오를지 모른다는 불안감이 국민들을 덮쳤다. 민중들은 있는 돈을 탈탈 모아 밀가루와 설탕을 구하러 다녔지만, 도매상들은 제품 가격이 더 오를 것을 예상하고 아예 제품을 모두 사재기 해버려 제품의 씨가 말랐다.

'오늘 사두면 내일 한몫 단단히 벌 수 있겠다.'는 투기 심리도 생겼다. 곗돈을 털어 밀가루를 구입하러 온 주부도 있었고, 월급을 몽땅 '설탕 투자'에 쓴 공무원도 나왔다.

태풍 셜리로 인한 피해액이 25억 원가량이었는데, 밀가루 업체가 취한 폭리는 43억 원, 설탕 업체가 취한 폭리는 25억5,000만 원에 이르렀다.

삼성그룹의 3대 계열사 가운데 하나였던 제일제당은 삼분 폭리 사건의 최대 수혜자였다.

제일제당은 설탕 시장을 60% 이상 점유했던 이 분야의 절대 강자였다. 제일제당은 스스로 앞장서 설탕 가격 상승을 주도했고 이 과정에서 15억 원이 넘는 이익을 챙겼다. 게다가 제분 시장에서도 제일제당은 곰표 밀가루를 앞세운 대한제분에 이어 2위를 다투는 주요 업체였다.

이 사건은 이듬해 야당 대표체인 삼민회* 박순천 의원이 정책 기조연설에서 언급하며 본격적인 정치 쟁점이 됐다. 역시 삼민회 소속 유창렬 의원은 '특정 재벌의 국민경제 파괴, 반민족 행위 조사를 위한 특별위원회 구성 결의안'을 제출하며 결의를 다졌다.

하지만 직전 해 박정희를 민선 대통령으로 만든 여당 공화당은 번번이 이 사건의 국회 조사를 막아섰다. 세간에는 "삼분 폭리로 재벌들이 얻은 이익

★ 삼민회는 야당인 민정당, 민주당, 자민당 3당이 구성한 단일 원내교섭단체였다.

을 박정희에게 대선 자금으로 갖다 바쳤다."는 소문이 파다했다.

이 시기 삼분 업체들이 박정희에게 갖다 바친 돈이 3,800만 달러<sup>당시 환율 기</sup>준약50억원라는 설이 나돌았는데, 이는 정부 예산의 15분의 1에 해당하는 금액이었다.

안타깝게도 삼분의 폭리가 박정희의 대선 자금으로 흘러들어갔는지는 결국 밝혀지지 않았다. 언급한대로 여당 공화당이 국회 차원에서 조사를 강력히 방해했고, 검찰의 수사 결과는 예상대로 솜방망이였기 때문이었다.

1964년 2월 7일 검찰은 아예 "삼분업자 사건은 공소시효가 소멸돼 검찰이 수사할 수 없으니 과세당국이 수사해 탈세나 밝혀내라."고 발을 뺐다. 여론이 악화되자 검찰은 18일 마지못해 전면 수사를 시작했다.

이해 6월 검찰은 수사 결과를 발표했는데 그 내용은 "삼분업체들이 폭리를 취한 점은 인정이 된다. 하지만 이들이 이미 증거를 인멸했고, 압수수색 등 강제력도 사용하지 못했다. 고시가격을 위반했다는 확증도 없다. 이 부분을 조사하려면 모든 유통과정을 다 조사해야 하는데 사실상 3,000만 국민 모두를 조사하는 셈이므로 처벌이 불가능하다."는 것이었다. 결국 검찰이 이들 삼분업체에게 가한 처벌은 고작 몇 천 만 원의 세금을 물리는 것뿐이었다.

## 굶주린 민중을 대하는 이병철의 자세

'낙양의 지가를 올린' 두 주인공 〈경향신문〉과 이병철은 1964년 피차 소송을 걸며 격렬히 맞섰다.

먼저 소송을 건 쪽은 이병철이었는데, 이병철은 삼성물산과 제일제당 명의로 〈경향신문〉을 제외한 각 신문 1면에 '경향신문 보도에 대한 해명서'라는 제목의 광고를 내며 여론을 자신의 편으로 바꾸려 했다.

그런데 주목할 만한 점은 광고에 실린 '강경한' 문구들이었다. 삼성은 '해명서'라는 제목의 이 광고에서 단순히 사실 관계를 해명하는 데에 그치지 않고 격렬한 어조로 상대를 비난하는 모습을 보인 것이다.

우선 삼성은 '삼성 재벌이 원조 달러를 이용하여 물가와 시장을 제압, 오늘의 경제 파탄을 초래케 했다'는 기사 내용을 부인하면서 "우리가 달러를 사용했다는 그 때 〈경향신문〉은 폐간 중이 아니었냐?"며 비아냥거렸다.

〈경향신문〉은 자유당 시절 칼럼 '여적'의 내용이 이승만 정권의 비위를 거스르는 바람에 1959년 폐간된 일이 있었다. 이듬해 4.19 혁명이 성공하며 〈경향신문〉은 361일 만에 복간됐는데, 삼성과 이병철이 이 사건을 두고 "폐간됐던 신문 주제에 뭘 안다고 나서냐?"며 비웃은 것이다.

또 삼성은 〈경향신문〉에 기사 소스를 제공했고, 삼분 폭리 의혹 파헤치기에 가장 열성적으로 나섰던 야당 의원 유창렬에 대해서도 "유 의원은 수년 전부터 우리 회사에 대해 부질없는 개인적 원한을 품고", "조잡한 동기에서라고밖에 볼 수 없는 논조로 우리의 명예를 훼손", "개인적 원한에 의해 특정인에 대한 위해수단으로 국회의원 의원의 직능을 행사" 등의 문구로 강도 높게 비난했다. "내가 뭘 잘못했느냐?"는 확신이 있지 않는 한 나올 수 없는 대담한 반격이었다.

이병철이 사건을 대한 이 같은 태도는 그가 얼마나 당시 민중들의 삶을 하찮게 여겼는지를 잘 입증해 준다. 검찰은 당시 수사 결과를 발표하며 "자본주의 체제 아래에서 기업의 폭리를 처벌할 방법이 없다."고 밝혔다. 이병철의 생각 역시 마찬가지였던 것으로 보인다.

시장 경제가 돌아가는 상황에서 수요가 있으니 비싸게 팔 수 있는 것이다, 그래서 내가 비싸게 팔겠다고 가격을 올렸는데 사겠다는 사람이 줄을 섰다, 비싸게 판 게 뭐가 잘못이냐? 바로 이런 태도였다.

태풍 피해를 입은 굶주린 이재민이 6만 명이 넘어도, 두 해 연속 흉작으로 국민들의 식량이 바닥나도, 이병철에게 그 상황은 오로지 돈 벌이에 최적화된 시장의 환경이었을 뿐이었다.

하지만 이병철이 잊고 지냈던 것이 있었다. 1963년 밀가루 가격 폭등 때 제일제당이 가공해 판매한 밀가루 가운데 4,500톤은 정부가 국민의 식량난을 해결하기 위해 외국에서 원조로 받아온 것이었다는 사실, 더 거슬러 올라가 보면 제일제당 자체가 국민들이 받아야 할 선진국의 원조를 기반으로 세워졌다는 사실이 그것이다.

제일제당은 설립에 필요한 18만 달러를 정부의 특별 외화 대부로 조달했다. 또 설탕 가공에 필요한 원당 공급의 대부분도 원조 자금에 의해 이뤄졌다.

한국이 원조에 의해 받은 원당은 1954년 57만4,000달러어치를 시작으

로 1958년 198만 달러까지 치솟았다. 그런데 이 중 상당량의 원당을 차지
한 회사가 제일제당이었다.

우리 국민 먹이라고 굴욕을 무릅쓰고 받아온 원당과 밀가루, 그것은 오로
지 제일제당과 이병철의 배를 불리는 데 쓰라고 도입된 것이 절대 아니었다
는 뜻이다.

태풍과 흉작으로 국민들이 배를 곯고 있다면, 원조 경제를 바탕으로 재벌
로 성장한 이병철은 사재를 내놓아서라도 국민들의 주린 배를 채우는데 '원
조'를 하는 것이 인간의 도리였다.

## 다시 생각해보는 식량의 공공성과 독점자본

1970년 남미의 칠레에서 살바도르 아옌데Salvador Allende가 대통령에 당선
된다.

소아과 의사였던 그는 누구보다도 어린이들의 건강에 관심이 많았다. 칠
레는 당시 식량 부족으로 고통을 받고 있었다. 칠레 유아들이 영양 결핍으
로 목숨을 잃는 비율은 세계 최고 수준이었다.

아옌데는 이 난국을 돌파할 수단을 우유에서 찾았다. 소아과 의사 출신답
게 단백질과 지방, 칼슘과 비타민이 고루 함유된 우유가 어린이들의 건강을
지켜줄 것이라고 믿었던 것이다.

문제는 칠레 국민들이 자녀에게 충분한 분유와 우유를 사 먹일 여유가
없었다는 것. 그래서 아옌데는 15세 이하의 모든 칠레 국민에게 매일 하루

한국 재벌 흑역사

0.5리터의 분유와 우유를 무료로 제공하는 제도를 만들어 이 문제를 풀기로 한다.

하지만 이 정책은 끝내 실패로 돌아갔다. 정책에 결사반대한 막강한 세력이 등장했던 탓이었다. 그 세력은 바로 당시 중남미에서 우유 시장을 완전히 장악했던 다국적 식품기업 네슬레였다.

네슬레는 단 한 잔의 우유도 칠레 정부에 팔 수 없다고 버텼다. 정부가 우유를 무상으로 나눠주면 자신들이 그동안 챙겨왔던 막대한 이익이 사라질 것이라는 논리였다.

네슬레는 미국과 유럽 정부를 상대로 강도 높은 로비 작업을 벌였다. 미국과 유럽 각 정부들이 네슬레의 입장을 반영해 아옌데 정부를 압박했다. 결국 아옌데의 무료 우유 배급 정책은 실시되지 못했다.

아옌데는 1973년 군사 반란으로 정권을 빼앗겼다. 그는 반란군에 맞서 스스로 총을 들고 항전했지만 결국 머리에 총을 맞고 목숨을 잃었다. 반란군의 수장은 독재자 아우구스토 피노체트였는데, 피노체트의 반란을 가장 열렬히 도와줬던 나라가 네슬레의 강력한 로비를 받았던 미국이었다.

삼성을 비롯한 재벌들은 삼분 폭리 사건에 대해 지금까지 거의 아무런 언급을 하지 않는다. 다만 그들의 시각을 엿볼 수 있는 몇 가지 코멘트가 기록에 남아있는데 대표적인 것이 1995년 〈매일경제〉에 보도된 제당협회 부회장 박상춘의 회고다.

그는 "당시 생필품에 대한 가격 폭등은 공업화 초기 수급 불균형에 말미암은 불가피한 사건으로 시장 논리의 교훈을 생생하게 남겨주었다."고 말했다.

삼분 폭리 사건은 대표적 공공 시장인 식량 시장에서 제일제당 등 독점기업들이 시장을 교란한 전형적 행위다.

이것은 '시장 논리의 생생한 교훈'과는 아무 상관이 없다. '수급 불균형에 말미암은 불가피한 사건'은 더더욱 아니다. 심지어 박정희는 삼분 파동이 났던 해 10월 대통령 선거에서 원조로 들여온 밀가루 20여만 톤을 선거 기간 동안 마구 뿌려 15만 표 차이로 겨우 당선됐다. 이때 박정희에게 붙은 별명이 '밀가루 대통령'이었다. 마음만 먹었다면 선거 기간이 아니라 진짜로 민중들의 배가 주렸을 때, 최소한의 양이라도 적정한 가격으로 밀가루를 유통할 수 있었다는 이야기다.

인간은 먹지 않으면 살 수 없다. 그것이 바로 식량이라는 상품이 갖는 대표적 특성이다. 아무리 식량 가격이 올라도 그것을 사지 않으면 죽는다는 현실, 그것이 바로 식량 시장을 독점자본에 맡겨서는 안 되는 이유다. 자유주의의 대부 애덤 스미스조차도 "정부가 시장에 개입해야 한다면 그것은 독점자본이 시장을 교란할 때"라고 말한다. 칠레 아이들의 운명을 네슬레 같은 독점기업에 맡길 수 없는 이유가 여기에 있다.

하지만 원조 물자와 원조 자금으로 사업의 기반을 닦은 이병철은 엉뚱하게도 '국민들의 먹을 권리'를 자신의 배를 불리는 데 사용했다. 이병철은 그 제일제당을 기반으로 삼성 재벌을 일으켰다. 지금 삼성이 쌓아놓은 그 수많

은 열매는, 밀가루 한 포대를 구하지 못해 곯은 배를 움켜쥐어야 했던 1963

년 민중들의 삶을 밑거름으로 열린 것이다.

# 사카린 밀수사건
## – 이맹희를 야인으로 내몰다

### 삼성정밀화학의 수상한 홈페이지 연혁

대기업의 홈페이지를 들어가 보면 자사의 이력을 주렁주렁 자랑하는 '연혁'이라는 페이지를 찾아 볼 수 있다. 보통 오랜 역사를 가진 기업일수록 그 연혁이 화려하기 마련이다. 정부로부터 받은 작은 훈장 같은 '소소한' 자랑거리도 빼놓지 않고 적어 놓는다. 마치 자기들이야말로 1960, 1970년대 한국 근대화를 이끈 주역이었던 것처럼 말이다.

그런데 삼성그룹의 주요 계열사 중 하나인 삼성정밀화학의 홈페이지 연혁은 다소 색다르다. 1964년 설립돼 50년이 넘는 유구한 역사를 가지고 있지만, 이 회사의 연혁은 조촐하기 짝이 없다. 1964년부터 1989년까지 25년 동안 연혁에 기록된 역사적 사실은 단 세 건뿐이다. 1964년 창업, 1973년 멜라민 공장 준공, 1980년 메틸아민 공장 준공 등이 그것이다.

누가 봐도 과거 자기들의 역사를 별로 내세우려 하지 않는 듯한 모습이다. 왜 그럴까? 해답은 바로 설립 당시 이 회사의 이름에 있다. 삼성정밀화학의 연혁에는 이렇게 기록돼 있다. '1964년 8월, 한국비료공업주식회사 설립'.

한국비료공업. 이 회사가 바로 1966년 '한비 사건' 혹은 '사카린 밀수 사건' 등으로 알려진 희대의 그 사건의 주인공이다. 삼성가家의 장남 이맹희와 차남 이창희를 역사 밖으로 밀어냈던 그 사건. 고 장준하 선생당시 《사상계》 사장이 사건의 배후로 박정희를 정조준하며 "박정희는 대통령이 아니라 밀수 두목이다."라고 말했던 그 사건의 주인공이 바로 삼성정밀화학의 전신 한국비료공업인 것이다.


## 한국비료의 사카린 수입과 누군가의 투서

알려진 대로 사카린 밀수 사건은 이맹희가 아버지 이병철에게 밉보여 2세 승계 과정에서 밀려난 결정적 계기가 된 사건이다. 사건의 요지는 이렇다. 이병철이 세운 한국비료는 1966년 5월 24일 경남 울산에서 공장을 짓고 있었다. 그런데 이 공장에 건설 자재로 들어오던 수입품 컨테이너 안에서 사카린이 대량으로 발견됐다. 한국비료가 건설 자재라고 속이고 사카린을 밀수해 국내에 은밀히 유통한 것이다.

〈경향신문〉의 특종9월 15일자으로 세상에 드러난 이 사건은 세간에 큰 파장을 불러 일으켰다. 정부는 사건 초기 이 사건을 어떻게든 무마하려 했지만, 각 언론사들이 일치단결해 사건을 심층취재하고 보도했다. 삼성이 바로 이전 해1965년 〈중앙일보〉를 설립하면서 언론 사업에 뛰어들자 이에 반감을 품은 기존 언론사들이 "잘 걸렸다."는 심정으로 집중적으로 후속 보도를 쏟아 낸 탓이었다. 그 해 9월 22일 무소속 국회의원 김두한은 대정부 질의 둘째 날 이 사건에 항의하며 국무위원들을 향해 똥물을 끼얹기도 했다.

이병철은 재계 은퇴를 선언했고 한국비료를 국가에 헌납하겠다고 약속 했다. 이것이 군사 쿠데타 이후 이병철의 두 번째 은퇴 선언이었다. 주모자 로 몰린 이병철의 차남 이창희당시 상무는 구속됐다. 기업의 경영권은 장남 이 맹희에게 넘어갔다.

이맹희가 아버지로부터 눈 밖에 난 것은 이후의 일이었다. 1969년 청와 대에는 한 장의 투서가 날아 들어왔다. 투서에는 이병철의 비리가 6개항으 로 나뉘어 조목조목 적혀 있었다. 제일모직과 제일제당의 탈세 등을 포함해 모두 삼성그룹과 이병철에게 치명적인 내용이었다.

이맹희의 주장에 따르면 아버지 이병철은 이 투서를 이맹희가 썼다고 굳 게 믿었다. 물론 이병철은 자신의 회고록에서 "맹희에게 회사를 맡겼더니 6 개월 만에 기업이 혼란에 빠졌다."며 그를 몰아낸 이유가 '이맹희의 무능' 이 라고 밝힌 바 있다. 하지만 이맹희는 자신이 밀려난 이유가 자신의 무능이 아니라 투서 탓이라고 반론했다. 2012년 맹희-건희 형제 간 재산 분쟁 소 송이 붙었을 때 이건희는 기자들 앞에서 "그 양반이맹희은 30년 전에 아버지 를 형무소에 넣겠다고, 청와대에, 그 시절에 박정희 대통령에게 고발을 했 다."고 말했다. 이 점을 미루어보아도 이병철 이건희 부자는 그 투서를 이맹 희가 썼다고 확신한 듯하다.

사카린 밀수사건으로 인해 사퇴성명을 하고있는 이병철  ⓒ 원작 : 경향신문 / 제공 : 민주화운동기념사업회

하지만 이맹희를 삼성그룹 경영권에서 멀어지게 한 그 투서를 누가 보냈
는지는 아직 명백히 밝혀지지 않았다. 이맹희는 자신의 자서전에서 "투서
는 동생 창희차남가 보낸 것인데, 아버지는 내가 보낸 것으로 오해한 것"이라
고 주장했기 때문이다.

### '누가 투서를 보냈나'보다 더 궁금한 사실

하지만 '고발자가 누구냐?'는 질문에 대한 최소한 하나의 팩트는 확인이
됐다. 이병철의 아들 중 누군가가, 더 좁혀 말하면 이맹희나 이창희 둘 중

한 명이 아버지의 비리를 낱낱이 적어 절대권력자인 박정희에게 고자질했다는 사실이다. 투서의 목표는 분명했다. 투서가 삼성그룹의 핵심 비리를 정조준하고 있었던 것을 보면, 고발자는 분명 아버지 이병철을 경영권에서 몰아내려고 했다. 그렇다면 여기서 생기는 궁금증은 하나다. 부자지간에 사이가 나빠져 아들이 아버지를 몰아내려 할 수는 있다. 한국 재벌의 역사를 살펴보면 이런 일은 새삼스러운 것도 아니다. 2015년 롯데그룹에서도 차남신동빈이 아버지신격호를 해임하는 희대의 불경스런 일이 벌어졌다.

문제는 누가 보냈느냐가 아니라 고발자가 왜 정상적인 고발 절차를 거치지 않고 투서를 대통령한테 보냈느냐는 것이다. 대통령에게 직접 밀고하는 것은 대단히 위험한 일이다. 막걸리 집에서 술 한 잔 걸치고 박정희 욕을 해도 남산으로 끌려가는 시대였다. 국민을 감시하는 데에 온 국가 정보력을 쏟아 붓던 박정희 정부였다. 투서를 누가 보냈는지 박정희 정부가 파악하는 것은 전혀 어려운 일이 아니었다. 그런데도 절대권력자에게 아버지의 비리를 투서로 보낸다? 만약 그 일이 대통령의 눈 밖에 나면 목숨이 오락가락할 수도 있는 일인데도? 이게 바로 아직도 풀리지 않은 미스터리다.

실제 박정희는 그 투서를 받고도 이병철을 내치지 않았다. 오히려 "아들이 아버지를 몰아내는 것은 안 된다."는 분명한 시그널을 줌으로써 이맹희, 이창희 형제는 삼성그룹으로부터 영원히 멀어졌다. 그때까지만 해도 별 주목을 받지 못했던 3남 이건희는 형들이 알아서 몰락해주는 바람에 왕좌를 차지했다. 도대체 왜 고발자는 그 투서를 박정희에게 직접 전달한 것일까?

## 밀수 뒷배 봐준 박정희 정권?

진실을 짐작하기 위해 먼저 알아야 할 사실은 한국비료의 설립 과정이다. 한국비료는 이병철의 자발적인 아이디어에서 나온 기업이 아니다. 박정희는 1961년 군사 쿠데타를 통해 집권했다. 앞에서도 설명했지만 그는 군사정부의 정통성을 확보하기 위해 많은 경영자들을 부정축재자로 몰았다. 이병철이 도쿄에서 기자회견을 통해 전 재산 헌납과 재계 은퇴를 선언한 바로 그 사건이 이때 벌어졌다.

박정희는 이병철을 한국으로 불러 만났다. 그리고 뜻밖에도 박정희는 이병철의 숨통을 끊는 대신 전경련을 설립한 뒤 그에게 회장직을 맡겼다. 물론 국가재건회의는 삼성으로부터 103억400만 환을 탈세 벌과금으로 받아냈지만, 삼성과 이병철의 목을 날리지는 않았다.

이유가 무엇일까? 박정희는 당시 '돈병철'로 불리며 재계를 대표했던 거부 이병철을 재계와 군부의 연결고리로 사용한 듯하다. 이병철을 독려해 투자를 늘리고, 군사정부를 이끌 돈줄을 확보하겠다는 심산이었던 것이다. 박정희는 이후 중화학공업이나 기술 산업이 아닌 소비재와 유통업에 집중해온 삼성에 대한 불만을 이야기했다. 이병철은 이에 즉각 한국비료를 설립하는 것으로 화답했다. 1967년 대선을 앞두고 한국 사회의 다수를 차지하는 농민들의 표를 얻기 위해 박정희는 반드시 비료공장이 필요했다. 즉 한국비료는 이병철 혼자의 작품이 아니라 박정희와 이병철의 합작품이었던 것이다.

그렇다면 한국비료가 왜 사카린을 밀수했을까 하는 의문이 남는다. 물론 표면적으로 드러난 사실은, 한국비료가 건설자재를 들여오는 척 하고 사카린을 밀수해 국내에 유통했다는 것이다. 그런데 삼성이 사카린을 밀수해 돈을 벌기로 작정했다면 꼭 한국비료를 이용할 필요가 없었다는 게 함정이다. 이미 식자재를 외국에서 수입하는 제일제당이 버젓이 있었기 때문이다. 사카린을 밀수한다 해도 한국비료가 아니라 제일제당을 이용하는 것이 삼성에게는 훨씬 간편한 일이었다.

이에 대해 장남 이맹희는 이렇게 말한다. 한국비료를 세우기로 한 순간, 박정희와 이병철 사이에 밀약이 존재했다고 말이다. 이병철은 비료회사를 세움으로써 박정희의 경제 재건에 힘을 보태는 대신 몇 가지 특혜를 요청했다. 박정희도 이병철에게 정치자금을 요구하면서 그 대가로 특혜를 베풀기로 했다. 이병철은 박정희에게 △국민, 정부, 언론이 비료공장 건설을 지원할 것 △정부가 10억 원을 책임지고 융자해 줄 것 △공장 건설에 필요한 인허가를 신속하게 내 줄 것 등을 요구했다.

이맹희에 따르면 이병철은 일본 미쓰이로부터 공장 건설에 필요한 차관 4,200만 달러를 들여오면서 100만 달러를 리베이트로 받았다. 이병철은 즉각 이를 박정희에게 보고했다. 박정희는 "그 돈을 여러 가지를 만족시키는 방향으로 쓰자."고 말했다. 쉽게 말하면 자신에게 그 돈을 정치자금으로 제공하라는 뜻이었다.

하지만 이병철은 일본에서 받은 현찰 100만 달러를 들고 한국에 들어오기가 쉽지 않다는 사실을 알았다. 그래서 생각해 낸 것이 밀수였다. 건설자재를 들여오는 척 하면서 사카린 등 다양한 밀수품을 국내에 반입해 이를 판 뒤 챙긴 이문을 박정희에게 바친다는 계획이었다.

이맹희는 "밀수 현장은 내가 지휘했다. 박정희 정권도 이를 은밀히 도와주기로 했다. 냉장고, 에어컨, 전화기, 스테인리스 강판, 사카린 원료 등이 밀수품으로 들어왔다."고 회고했다. 한국비료의 사카린 밀수에 박정희 정부가 뒷배를 봐줬다는 것이 그의 증언이다.

실제로 박정희 정권은 사건이 폭로된 초기 김정렴 재무장관을 동원해 "이 사건은 삼성계열의 한국비료와 무관하며, 한국비료 직원의 개인적 밀수"라고 주장했다. 사건을 땅에 묻어버리고 싶었던 것이다. 언론사들의 헌신적인 노력에 의해 사건이 전모가 확인되지 않았다면 박정희 정권은 이 사건을 영원히 묻어두었을지도 모른다.

## 삼성그룹 후계 구도의 격변

△한국비료는 박정희-이병철의 합작품이다. △박정희 정권은 한국비료의 밀수를 묵인, 혹은 방조하거나 도와줬다. 이 두 가지 전제가 성립한다면 우리가 애초 가졌던 의문점이 풀린다. 왜 고발자그것이 이맹희였건 이창희였건가 삼성의 비리를 적은 투서를 박정희에게 직접 보냈느냐는 그 의문 말이다.

고발자는 박정희가 자신의 편일 것이라고 믿었을 가능성이 높다. 왜냐하면 사건 직후 한국비료를 정부에 헌납키로 하고 각서까지 쓴 이병철이 헌납

을 차일피일 미루다가 급기야 박정희를 비방하는 일이 생겼기 때문이다. 생
돈을 국가에 내놓기 아까웠는지 이병철은 "사카린 밀수 사건은 정부와 일
부 과격한 언론의 조작극이며, 문제의 각서도 내가 스스로 쓴 것이 아니다."
라면서 박정희에게 정면으로 도전했다.

이병철의 반항에 박정희가 격노하면서 둘의 밀월은 깨졌다. 박정희는
"정부를 우롱하는 처사"라는 한 마디로 이병철을 짓밟았다. 삼성과 교섭을
맡았던 장기영 경제기획원 장관의 목이 단숨에 날아갔다. 결국 이듬해 10
월 이병철은 한국비료 주식 51%를 국가에 헌납하며 백기를 들고 만다.

이 절차를 보면서 고발자는 자신들의 투서가 먹힐 것이라 확신했을 가
능성이 높다. 이맹희는 밀수 현장을 지휘한 책임자였고, 이창희는 아비 대
신 사건의 책임을 지고 옥살이를 한 사람이었다. 박정희-이병철 밀월의 내
용을 누구보다 잘 알고 있으면서도, 박정희-이병철의 결별을 지켜본 두 아
들. 절대권력자인 박정희에게 "나는 사건을 잘 알고 있지만, 아비와 달리 당
신께 충성합니다."라는 사인을 줌으로써 박정희를 이용해 아비를 쳐내고자
했던 의도가 있었다는 것이다. 이 추정이 현재로서 당시의 미스터리를 풀
수 있는 가장 합리적인 것이다.

아무튼 이 사건은 삼성그룹 후계구도에 일대 파란을 몰고 왔다. 장남 이
맹희는 외형상 은퇴한 아버지를 대신해 그룹을 맡았다. 하지만 그가 그룹
전체의 경영권을 손에 쥔 기간은 고작 6개월에 불과했다. 이후 1969년 삼
성비리 청와대 투서 사건을 계기로 이맹희는 그룹과 가문에서 사실상 축출

된다. 마흔을 목전에 둔 1970년 이맹희는 길고 긴 야인 생활을 시작했다.

비록 이맹희가 1993년 삼성그룹의 계열 분리를 통해 삼성그룹 원조 3인 방삼성물산, 제일제당, 제일모직 중 하나인 제일제당을 아들이재현의 손에 쥐어주었지만, 그의 분慎은 끝내 다 풀리지 않았다. 2012년 상속 재산이 공정하게 분배되지 않았다며 이맹희가 동생 이건희와 볼썽사나운 다툼을 벌인 것이 그 방증이다.

차남 이창희는 사건 발발 이듬해인 1967년 징역 10년을 구형받고 구속됐다. 하지만 그는 요즘도 흔히 볼 수 있는 간단한 절차기업인 구속 → 갑자기 없던 병이 생김 → 병 보석으로 출감를 거친 뒤 같은 해 8월 석방됐다. 그는 1969년 청와대 투서 사건으로 그룹에서 축출된 뒤 1973년 미국 MMC와 합작으로 '마그네틱미디어코리아'라는 회사를 세우고 독립한다. 이 회사가 바로 새한그룹의 모태인 새한미디어의 전신이다. 하지만 이창희는 1976년 '사장족社長族 억대 도박 사건' 등 불미스러운 사건에 연루되며 세간의 입방아에 올랐고 1991년 혈액암으로 투병하다 58세의 나이에 고인이 됐다. 새한미디어의 경영권은 이창희의 장남 이재관에게 넘어갔다.

이후 삼성그룹은 1993년 그룹을 분리할 때 제일합섬을 이창희 일가의 몫으로 떼어 줄 듯 했으나, 이를 2년 동안 미루다 1995년에야 제일합섬을 넘겼다. 새한미디어는 제일합섬과 합병하며 새한그룹을 출범시켰다. 이재관이 이끌었던 새한그룹은 무리한 사업 확장 등의 여파로 외환위기를 넘기지 못하고 2000년 해체됐다.

# 용인에 등장한 거대한 별장 용인자연농원

## - 땅 투기와 편법 증여의 도구였을까?

### 어린이대공원과 창경원을 압도하는 거대한 놀이시설

1960, 1970년대 신문사 경찰기자들 사이에서 가끔 벌어졌던 해프닝. 이 시기만 해도 동물원은 국민들에게 매우 사치스런 휴양지였다. 창경원에서 코끼리나 하마 등이 새끼를 낳으면 그 사실이 신문 지상에 꽤 크게 보도가 되곤 했다. 그런데 신문기자들끼리 경쟁이 심해지면, 일부 기자들이 창경원 동물을 특종의 대상으로 악용하는 일이 종종 벌어졌다. 예를 들면 기사를 이런 식으로 써버리는 것이다.

창경원 코끼리, 드디어 임신!
본보의 단독 확인에 따르면 인도에서 한국으로 시집을 온 지 20년 된 창경원 코끼리26세가 드디어 임신을 한 것으로 밝혀졌다. 창경원 한 관계자는 "인도코끼리는 보통 20세가 되면 신방을 차려 새끼를 낳는데, 창경원 코끼리는 환경 탓인지 영 신방을 꾸미지 않다가 최근 드디어 신방을 꾸려 임신을 하게 됐다."고 밝혔다.

과연 이게 사실일까? 이 사건의 가장 큰 문제는 낙종을 한 기자들이 보도의 진위를 확인할 길이 없다는 점이다. 낙종 기자들이 "임신 사실을 확인해 준 창경원 관계자가 누구냐?"고 물으면 특종 기자는 "취재원 보호 차원에서 말 할 수 없다."고 시치미를 떼버린다. 낙종 기자들이 창경원으로 달려가 "코끼리 임신이 사실이냐?"고 닦달하면 창경원에서는 "아이고, 기자님. 저희가 거짓말을 하는 게 아니에요. 코끼리가 임신을 했는지 안 했는지 우리가 어떻게 압니까?"라며 곤혹스러워 한다.

코끼리의 임신 기간은 지구 생명체 중 가장 긴 650일이다. 특종 기사의 내용이 사실인지 아닌지 확인하기 위해서는 무려 650일을 기다려야 한다는 이야기다. 동물원에 초음파 기계가 있을 리도 없으니, 낙종 기자는 꼬박 650일 동안 물 먹은 기자로 살아야 하는 것이다. 650일이 지난 뒤 코끼리의 임신이 사실이 아니라고 밝혀진다 해도 낙종한 기자에게 그 사실이 위안이 될 리가 없다. 이런 사소한 사건조차 특종이 될 수 있었던 이유는 당시 국민들이 '창경원 코끼리의 임신 사실' 같은 동물원 뉴스에 큰 관심을 보였기 때문이었다. 동물원 자체가 워낙 희귀했던 시절, 우리는 창경원 코끼리의 확인 안 된 임신 사실을 놓고도 이렇게 투덕거리며 살아가고 있었다.

1976년 4월 17일, 마침내 용인자연농원이 문을 열었다. 용인자연농원의 등장은 "놀이기구는 어린이대공원, 동물원은 창경원"이라는 서울 시민들의 고정관념을 박살내는 그야말로 쇼킹한 사건이었다. 놀이기구 탑승과 진귀한 동물 구경을 한 장소에서 할 수 있다니!

용인시 처인구 포곡면 전대리 야산 450만 평 일대에 자리를 잡은 용인자연농원에는 놀이동산인 패밀리랜드와 동물원이 모두 갖춰져 있었다. 여기에 한국에서 최초로 시도된 사자 사파리가 등장했고 멧돼지 곡예쇼와 공작 공중쇼가 사람들의 눈길을 사로잡았다. 엄청난 규모의 식물원과 160여 종의 장미가 화려하게 꽃 핀 로즈가든까지……, 용인자연농원은 그야말로 국민소득 1,000달러 국가에서는 보기 힘든 화려한 테마파크였다.

## 정부까지 나설 정도의 바가지요금

사람들은 웅성거렸다. 겨우 극빈 국가에서 벗어난 한국에 이처럼 거대한 놀이시설이 과연 필요한 것인지에 대해 뒷말이 나오기 시작한 것이다. 실제 용인자연농원은 삼성그룹이 밝힌 "온 국민에게 편안한 휴식의 공간을 제공한다."는 개장 취지와 달리 초창기부터 높은 입장료로 눈총을 받았다. 당시 용인자연농원의 기본 입장료는 어른 600원, 어린이 300원으로 어린이대공원어른 200원, 어린이 100원의 3배나 됐다. 여기에 자연농원의 명물로 자리 잡은 사파리의 관람료는 입장료에 버금가는 어른 500원, 어린이 300원이었다. 제트열차어른 300원, 어린이 200원, 우주여행200원, 범퍼카200원 등 주요 놀이시설 요금도 모두 별도로 책정됐다. 〈경향신문〉은 "서울에서 4인 가족이 다녀오려면 점심, 음료수, 유흥비 등을 합쳐 1만 원은 넘게 가져가야 할 것 같다."고 보도했는데, 당시 구로공단 여공의 평균 하루 일당이 600원이었다.

자연농원이 얼마나 비싼 요금을 책정했는지 실감하기 위해 당시 구로공단에서 일했던 17세 여공의 실제 월급 명세서를 살펴보자. 그 시절 여성 노동자가 구로공단에 처음 견습공으로 들어가면 일당 300원을 받았다. 이렇게 한 3년 일을 하면 일당이 600원으로 뛴다.

17세 여공은 휴일 없이 30일 내내 일을 했는데, 초과 수당까지 약 2만 2,000원을 손에 쥐었다. 5,000원을 방세로 내고, 식비와 쌀값 등으로 1만 3,000원을 쓴 뒤, 전기와 수도 요금700원, 버스비2,100원 등을 내면 1,200원이 남는다. 이 1,200원을 3년 동안 한 푼도 안 쓰고 모으면 흑백텔레비전 한 대를 살 수 있었다.

"놀이동산 요금 좀 비싸게 받은 것이 뭐가 문제냐."고 할지도 모르겠지만, 당시 국민 정서는 그렇지 않았다. 그렇지 않아도 돈병철이라는 별칭으로 떵떵거렸던 이병철에 대해 세간의 시선은 전혀 곱지 않았다. 그런 판국에 국가 기간산업을 발전시키는 공장을 지은 것도 아니고, 이병철의 별장이 떡 하니 자리 잡은 용인 야산에 대규모 삽질을 해 댄 뒤 국민들에게 바가지를 씌우니 여론이 좋을 수가 없었다.

여론이 악화 일로를 걷자 급기야 정부가 나섰다. 자연농원이 개장한 지 한 달도 안 된 5월 11일 정부가 '한 고위층의 지시'에 따라 자연농원의 입장료를 어린이대공원과 같은 수준으로 내리도록 지시를 한 것이다. 이에 관한 당시 언론 보도를 살펴보면 정부 관계자의 코멘트는 이렇게 기록돼 있다.

"정부가 물가 안정에 역점을 두고 전국 지방물가 담당관 회의까지 소집해 고궁이나 유원지의 바가지요금을 단속하는 판에, 재벌 소유의 대규모 유원지 시설이 멋대로 비싼 요금을 받는 것은 용인될 수 없다. 값을 적정하게 내리도록 하되, 이를 따르지 않는다면 응분의 조처를 가할 것이다."

## 금석지감今昔之感인가, 반反사회적 기업인가?

이병철은 1986년 출간한 『호암자전』에서 "자연농원 개발 초기에는 자연 파괴, 반사회적 기업이라는 비판도 있었지만 10년이 지난 현재의 성과와 평가로 볼 때 금석지감이 없지 않다."고 술회한 바가 있다.

이병철이 굳이 자신의 회고록에 이런 말을 담은 이유가 무엇일까? 먼저 이병철의 이 발언에서 유추해 볼 수 있는 사실 하나는 자연농원 개발 당시 삼성과 돈병철을 향한 세간의 지탄이 이병철의 뇌리에서 사라지지 않을 정도로 강했다는 점이다.

요즘은 삼성그룹과 사돈가가 돼 삼성 비호에 목숨을 거는 〈동아일보〉조차 당시 이병철을 향해 "'돈을 벌 때에는 돼지처럼 벌더라도 쓸 때에는 부처같이 쓰라.'는 속담이 있는데, 용인자연농원의 개장 경위를 보면 (돈을 쓰는 행태가) 돼지 같기도 하고 승냥이 같기도 하고 여우 같기도 하다."고 비아냥거릴 정도였다. 유추해 볼 수 있는 또 다른 사실은 이병철조차 용인자연농원의 개장이 자연 파괴적이고 반사회적이라는 비판에 대해 금석지감, 즉 '세월의 흐름에 따른 감정이 달라진다.' 정도로밖에 설명할 수 없었다는 사실이다. 만약 이병철이 세간의 비판에 대해 당당했다면 "그때 자연농원의 개장은 절대로 반사회적인 것이 아니었고 자연 파괴 공사도 아니었다."고 반론했을 것이다. 그러나 그가 남긴 회고는 그저 "세월이 지나놓고 보니 그 때는 참 내가 욕 많이 먹었지." 정도였던 것이다.

용인자연농원에 대한 여론이 왜 이렇게 좋지 않았을까? 세간의 비판은 크게 두 가지로 요약된다. 하나는 앞에서 언급했던 '가진 자들만을 위한 값비싼 위락시설'과 바가지요금에 대한 반감이었다. 그런데 용인자연농원에 대한 보다 근본적 반감은 다른 곳에 있었다. 그것은 바로 삼성과 이병철이 용인자연농원 개발을 통해 땅 투기로 재산을 불렸다는 의혹이었다.

이에 관해 가장 먼저 살펴볼 점은 용인자연농원의 한 복판에 당시 이병철이 주말에 기거하던 별장이 있었다는 점이다. 공식적으로 이 별장은 대지 1만5,000평, 건평 120평으로 알려졌지만 실 건평은 144평이고 전체 주택의 가치는 10억 원이 넘는다는 소문이 파다했다. 자연농원 측은 이 건물을 단지 '한옥 가옥'이라고 소개했으나, 너른 인공호수가 보이는 이 명당을 이병철이 주말에 별장으로 이용한다는 사실은 모르는 사람이 없었다.

이병철의 서울 거처는 장충동에 있는 185평의 대저택이었다. 이병철은 박정희 군사정부가 들어선 이후 이 주택을 다른 일부 재산과 함께 1965년 '목숨을 건지기 위해' 기부를 했다. 그런데 이병철이 저택을 기부한 곳이 바로 삼성문화재단이었다. 이병철은 기부 이후 다시 삼성문화재단과 5,100만 원에 저택에 대한 전세 계약을 맺었고 그 후에도 상당히 오래 그곳에 머물렀다. 소유주가 삼성문화재단으로 옮겨졌으니 재산세 등 모든 세금은 재단에서 물었다. 쉽게 말하면 이병철은 자신의 집을 자기가 관리하는 문화재단 앞으로 옮긴 뒤, 그 집에서 세금도 내지 않고 편하게 살면서 이를 '기부'로 포장한 것이다.

이런 그가 주말에 기거하는 별장을 대규모 놀이동산으로 개발하고, 땅값을 천정부지로 뛰게 만들었으니 세간의 시선이 고울 수가 없었던 것이다.

하지만 별장 문제는 빙산의 일각이었다. 자연농원을 향한 세간의 시선은 이병철이 자연농원 일대의 땅을 싹쓸이한 뒤 개인적 치부에 이용했다는 쪽으로 향했다. 1966년 한비 사건으로 궁지에 몰린 이병철은 한국비료의 국가 헌납과 경영 은퇴를 약속하면서 초췌한 표정으로 "은퇴 후 농원農園으로 돌아가고 싶다."고 밝혔다. 물론 사람들은 그 유명한 돈병철이 "농원으로 돌아가고 싶다."고 한 말을 절대 믿지 않았지만, 그가 용인에 거대한 자연농원을 짓고 진짜로 '농원'으로 돌아갈 줄은 꿈에도 상상하지 못했다.

이병철이 용인자연농원을 구상한 것은 대략 1969년 12월경으로 알려져 있다. 〈동아일보〉에 따르면 이병철은 안양 컨트리클럽에 함께 드나들던 한 유력인사의 권유로 용인 일대의 땅을 사들일 뜻을 굳혔다. "이 지역이 땅값은 싸지만 영동고속도로와 가까워 투자 가치가 충분하다."는 권유에 이병철이 혹했다는 것이다.

세간의 눈총을 피하기 위해서였는지 이병철은 본인이 직접 땅을 매입하는 데 앞장서지 않았다. 대신 애초 땅을 천거했던 지인을 앞세워 용인군수와 경찰서장, 면장, 농협조합장 등 지역 유지를 동원했다. 이들 유지들은 '용인군 지역개발위원회'라는 단체를 조직했다. 땅을 천거한 지인은 이 단체의 위원장을 맡았다. 그리고 위원회는 지역 주민들에게 땅을 팔도록 권하는 바람잡이 역할을 했다.

군수를 비롯해 관내 기관장들이 대거 동원돼 "땅만 팔면 잘 살게 된다."고 부추겼다. 주민들 중 상당수는 일선 기관장들이 나서는 걸 보고 "국가사업을 하는 줄 알고" 순순히 땅을 내놓았다. 이병철은 이런 바람잡이들의 도움으로 임야는 평당 25원, 밭은 400~450원, 논은 500원 선에서 순조롭게 쓸어 담았다.

여담이지만 이병철과 땅을 천거한 지인 사이의 우호적 관계는 오래 가지 않았다. 1970년 삼성이 그 지인을 횡령 혐의로 고발했기 때문이다. 지인은 "횡령이 아니라 삼성에 배신을 당한 것"이라고 항변했다. 사용한 돈의 출처도 "땅을 안 팔려는 지주들에게 술대접도 했고, 특정 가문이 소유한 산을 매입할 때 가문의 유력 인사들에게 커미션조로 1인당 100~300만 원씩 주기도 했다."고 해명했다. 하지만 재판 결과 그는 2,400만 원 횡령 혐의로 결국 감옥살이를 해야 했다.

## 1990년에야 드러난 땅의 진짜 주인

용인자연농원을 이용한 땅 투기 의혹의 전모는 엉뚱하게도 그로부터 10여 년이 지난 1990년에 밝혀졌다. 삼성그룹이 자체적으로 작성한 '용인자연농원 토지대장 1988년 집계표'가 이때 처음으로 언론에 노출된 것이다.

개발 초창기부터 용인자연농원의 최대주주는 중앙개발이라는 삼성그룹 계열사로 알려졌다. 용인자연농원의 설립 및 운영 주체가 중앙개발이니 당연히 자연농원에 속하는 자산 또한 모두 중앙개발이 소유해야 정상이었다.

그런데 집계표를 살펴보니 중앙개발은 450만 평에 이르는 넓은 땅 중 고작 38만 평만을 갖고 있었다. 나머지 대부분의 땅 주인은 새로 삼성그룹 회장에 오른 이건희를 비롯해 이건희의 친인척들로 등기가 돼 있었다. 이건희 앞으로 등기가 된 땅은 무려 172만8,100평이었고, 고인이 된 이병철1987년 별세 이름으로도 24만8,700평의 땅이 남아 있었다. 이건희의 여동생이자 이듬해 신세계그룹을 물려받은 이명희는 1만6,100평을, 그의 아들인 정용진은 6만3,600평을 손에 쥐었다. 이건희의 매형이며 당시 중앙일보 부회장을 맡고 있던 이종기 앞으로도 1만5,900평이 등기돼 있었다.

그렇다면 애초 용인자연농원의 땅은 중앙개발이 아니라 이병철이 직접 매입했고, 용인자연농원 사업을 시작한 뒤에도 이를 이병철 개인 소유로 남겨두었다는 추정이 가능하다. 그리고 언제, 어떤 방식으로인지는 모르겠지만 이를 2세 승계 유력 주자로 떠오른 3남 이건희에게 증여했을 가능성이 높다. 흥미로운 점은 자연농원이 개장되기 1년 반 전인 1974년 12월 19일 조세감면규제법이 개정됐다는 사실이다. 개정된 이 법 3조 2항에 따르면 '산림개발법 규정에 의하여 새로이 조림한 산림의 상속 또는 증여에 있어서는 상속세 또는 증여세를 면제한다.'고 나와 있다.

참으로 기이한 우연 아닌가? 이병철은 용인 일대의 땅을 휩쓸었고, 나라는 법을 고쳐 "새로 조림한 산림은 증여세를 면제한다."고 밝혔다. 그리고

10여 년이 지난 뒤 등기를 살펴보니 그 땅의 대부분은 이병철의 아들 이건희가 가지고 있다는 사실이 말이다.

애초 이병철이 땅 투기를 기획했는지, 그리고 이를 편법 증여에 사용하려 했는지는 하늘만이 알고 있다. 삼성은 일관되게 용인자연농원의 개발을 "국토 되찾기 운동의 실천장"이라고 주장했다.

하지만 이병철이 땅을 샀고, 거액을 들여 용인자연농원을 개발한 뒤, 천정부지로 땅값이 올랐고, 그 땅을 아들과 친인척들에게 물려줬다는 사실은 변하지 않는다. 이 과정이 삼성의 주장대로 진정한 국토 찾기 운동의 실천장이었는지, 아니면 무언가 석연치 않은 땅 투기와 편법 증여라는 재벌 배불리기 과정의 일환이었는지에 대한 판단은 독자들의 몫이다.

## 못 다한 이야기, 자연농원의 비밀 통로

이병철이 "농원으로 돌아가고 싶다."며 은퇴를 약속한 뒤, 진짜로 지은 것이 용인자연농원이었다. 그런데 시설 이름은 농원이었으나, 막상 농원이 들어서고 나니 대대로 그 땅에서 농사를 짓고 살던 농민들은 터전을 떠나야 했다. 농토를 파헤친 뒤 들어선 시설의 이름이 '농원'이라는 아이러니는 1980년에 또 다른 뒷이야기를 낳는다. 용인자연농원과 제일제당이 합동으로 자연농원 인근 돼지 농장에서 돼지 분뇨를 무단으로 대거 방류한 사실이 드러났기 때문이다. 이것이 바로 '용인자연농원 돼지 분뇨 방류 사건'이다.

1980년 3월 18일, 용인자연농원 양돈장에서 돼지 6만 마리가 싸댄 하루

12만 킬로그램의 정화되지 않은 돼지 똥이 인근 경안천에 쏟아 부어졌다는 사실이 언론에 보도됐다. 경안천은 한강 팔당으로 유입되는 하천. 그러니까 이곳에서 뿌려진 돼지 똥은 서울 시민의 상수원인 팔당으로 흘러 들어갔다는 이야기였다. 사람들은 이 소식에 분노하면서도 새삼스러운 사실 하나를 깨달았다. "용인자연농원이 돼지도 키웠어? 진짜로 '농원'이긴 했던 모양이네!"

용인자연농원의 양돈장은 자연농원 개원과 비슷한 시기인 1976년 지어졌다. 자연농원은 이곳에 500여 채의 돼지우리를 지은 뒤 약 3년 동안 포곡면 마을 앞을 지나는 폭 1미터의 작은 하천에다 돼지 배설물과 비눗물을 마구 흘려보냈다. 악취가 코를 찌르자 주민들이 이에 항의했고, 자연농원은 문제를 해결하겠다며 경안천까지 직경 60센티미터의 토관을 만들어 분뇨를 처리했다. 물론 경안천 입구에는 어설프게 지어진 사방 80미터의 정화조가 있기는 했는데, 자연농원은 이를 거의 관리하지 않았다. 당연히 정화조는 돼지 똥으로 가득 찼고, 이후 흘러들어온 분뇨는 정화조를 '끼고 돌아서' 경안천으로 향했다.

언론 보도에 다르면 정화조 안에는 심지어 죽은 돼지 새끼 10여 마리가 분뇨 더미 안에서 그대로 썩고 있었다.

돼지는 많이 먹고 많이 싸는 동물이다. 하루 3킬로그램 정도의 사료를 먹고 2킬로그램 정도를 배설한다. 6만 마리가 쏟아내는 12만 킬로그램의 분뇨는 약 30만 인구가 쏟아내는 분뇨의 양과 맞먹었다. 자연농원이 서울시민의 식수원인 경안천을 말 그대로 '똥물'로 만들어 놓은 것이었다.

검찰이 수사에 착수하면서 황당한 사실들이 하나둘씩 발견됐다. 우선 도마에 오른 것이 자연농원의 뛰어난 위장술이었다. 자연농원이 분뇨처리장 하수구를 모래흙으로 막은 뒤 그 위에 잡초를 덮어 분뇨가 방류된 흔적을 보이지 않도록 은폐한 것이다. 또 검찰 수사가 진행되면서 자연농원이 돼지 분뇨를 흘려보내기 위해 땅에 묻은 '비밀 배출관'도 세 개나 발견됐다. 경안천 제방 인근 모래밭 깊숙이 죽은 돼지 20여 마리가 매장돼 있던 사실도 찾아냈다. 자연농원이 길렀던 돼지는 모두 제일제당이 관리하는 것이었다. 검찰은 이해 4월 2일 제일제당 양돈부 관리이사 등 3명을 환경보전법 위반 혐의로 구속했다.

삼성의 뛰어난 관공서 관리 능력도 여론의 도마에 올랐다. 악취를 견디지 못한 포곡면 일대 주민들은 용인군청을 찾아가 수차례 민원을 제기한 것으로 밝혀졌다. 하지만 그때마다 군청은 주민들의 민원을 묵살했다. 군청 차원에서 이뤄진 제대로 된 조사는 한 건도 없었다.

비밀 배출관과 잡초 위장, 땅속 매장과 관공서 관리 등 분뇨 배출 사실을 숨기기 위한 자연농원의 눈물겨운 노력이 속속 밝혀지자 세간에서는 "정성이 대단하다. 그럴 정성이면 정화조 시설을 보완하고도 남았겠다."는 냉소가 터져 나왔다. 이병철의 호화 농원 별장 뒤편에서 벌어진 경안천 똥물 사태는 삼성과 이병철에 대한 세간의 여론을 더욱 악화시킨 채 이렇게 마무리 됐다.

# 미원을 향한 이병철의 집념
## - CJ그룹의 태동

### 세상에서 마음대로 안 되는 것 중 하나

"세상에서 내 마음대로 안 되는 것이 세 가지가 있는데 자식과 골프, 미원이다." 살아생전 이병철이 했다고 전해지는 말이다. 자식 문제야 이미 장남과 차남으로부터 거센 도전을 받은 바 있는 이병철이니 충분히 할 수 있는 말이고, 골프는 타이거 우즈도 마음대로 안 되는 운동이니 충분히 이해할수 있는 대목이다. 하지만 MSG의 대명사 미원은 무슨 죄가 있어서 이병철의 눈 밖에 난 것일까?

미원은 이병철이 반드시 이기고자 했으나 끝내 꺾지 못했던 숙적이다. 단지 조미료 상품으로서 미원을 말하는 것이 아니다. 냉정하게 말하면 조미료 전쟁에서 이병철은 미원을 꺾은 적이 있었다. 하지만 숙적 미원과의 관계는 단순히 제품의 시장 점유율로만으로는 풀리지 않는 미스터리였다.

아버지대의 숙원은 자식대에서도 풀리지 않았다. 삼성그룹의 대권을 이어받은 이건희는 장남 이재용의 며느리로 미원의 주인인 대상그룹의 맏딸 임세령을 맞이하면서 두 가문의 악연을 끊는 듯 했다. 하지만 이재용과 임세령이 2009년 이혼하면서 삼성과 미원의 악연은 다시 부활하고 말았다.

재미있는 점은 아들의 이혼 소식을 들은 이건희가 "세상에서 내 마음대로 안 되는 것이 세 가지가 있는데 자식과 자동차, 미원이다."라고 한탄했다는 소문이 있다는 사실이다. 하지만 이건희가 했다는 이 말은 가십성 소문 정도로 넘기는 것이 바람직할 듯하다. 실제 이건희가 이런 말을 했다는 어떤 공식적인 기록도 없기 때문이다. 아마 이건희가 평생 안타까워했다는 자동차 시장의 참패와, 기껏 맺은 대상 가문과의 인연이 아들의 이혼으로 끊어진 사실을 빗대 세간에서 이건희의 말을 이병철의 말과 '라임을 맞춰' 지어 냈을 가능성이 높다. 아무튼 돈이면 안 되는 게 없는 자본주의 세상에서, '돈병철'로 불렸던 이병철조차 '세상에서 내 마음대로 안 되는 것 세 가지'에 꼽을 정도로 미원은 이병철에게 시련을 안겨준 존재였다.

## 50년 조미료 전쟁, 미원과 다시다

이병철의 경영 스타일은 돌다리도 두드려보고 지나가는 것이다. 이병철에 대한 찬가를 부르는 사람들은 그가 1960, 1970년대 미개척 시장을 진두지휘한 개발의 역군으로 묘사를 한다. 하지만 이는 사실과 전혀 다르다.

이병철은 철저히 돈이 되는 시장만을 공략한 안전주의자였다. 한 시장에서 선발주자가 성공을 거두면, 이병철은 후발주자로 그 시장에 뛰어들어 막강한 자본력을 바탕으로 시장을 장악한다. 유식한 말로 하면 이병철은 전형적인 패스트 팔로워fast follower였지, 결코 퍼스트 무버first mover가 아니었다. 이병철 시대에 퍼스트 무버라고 평가 받을 만한 일은 반도체 분야에 진출한 것이 거의 유일했다.

앞에서 언급한 대로 삼성의 초창기 3대 주력 계열사는 제일제당, 삼성물산, 제일모직이었다. 모직은 이미 일제 강점기부터 있었던 사업이고, 무역은 태고 이래로 존재했던 사업으로 당연히 이병철이 개척한 분야가 아니었다. 또 초창기 제일제당의 주력 상품은 '백설표' 브랜드를 앞세운 설탕과 밀가루, 식용유였는데 이 중 밀가루의 원조는 제일제당보다 한 해 먼저 설립된 대한제분의 '곰표 밀가루'였다. 제일제당은 1979년에야 백설표 식용유를 론칭했는데, 식용유의 원조 역시 백설표가 아니라 1960년대부터 시중에 판매된 해표 식용유였다. 따지고 보면 제일제당의 핵심 상품은 '식품'이라는 것 외에 공통점이 전혀 없는 품목들이었다. 밀가루와 설탕, 식용유와 조미료는 먹는 음식이라는 점 외에 공통점이 없다. 산업적으로도 제분, 제당, 유지, 화학 등으로 완전히 다른 산업으로 구분된다.

지금은 삼성전자가 삼성그룹의 주축이지만, 전자산업 역시 이 분야의 퍼스트 무버는 삼성이 아니라 금성전자, 즉 LG그룹이었다. 이병철은 금성전자의 성공을 보고 전자산업에 뛰어들었는데, 당시 금성전자의 오너였던 구인회는 이병철과 죽마고우였으며 심지어 사돈지간이었다. 구인회는 이병철의 전자산업 진출에 크게 실망한 나머지 이후 이병철과의 관계를 완전히 단절한다. 이처럼 이병철은 시장성이 확인된 분야라면 사돈의 사업 영역에도 뛰어들어 1위를 초토화시키는 전형적인 패스트 팔로워였던 셈이다.

남들이 잘되는 모습을 그냥 두고 보지 않는 이병철의 특성상 1956년 동아화성공업대상의 전신이 출시한 미원은 이병철에게 너무도 정복하고 싶은 먹잇감이었다. 당시 동아화성공업이 판매한 미원은 제품의 핵심 원료인 MSG를 일본으로부터 공급받았다. 그리고 동아화성공업은 1962년 회사 이름을 아예 '(주)미원'으로 바꾼 뒤 마침내 독자 기술로 미원을 생산한다. 미원의 가격이 빠른 속도로 떨어졌고, 서민 대중들은 이 하얀 조미료 한 숟가락으로 국과 찌개에 '감칠맛'이 더해지는 마법 같은 현상에 열광했다. 미원이 빠른 속도로 시장을 장악하자 네, 댓 개의 후발업체들이 이 시장에 뛰어들었는데 모두 미원의 상대가 되지 않았다. 당시 한국 사회에서 찌개에 넣어야 하는 하얀 가루는 오로지 미원뿐이었다.

이병철은 미원의 시장 장악을 참을 수 없었다. 국산화에 성공한 미원이 열풍을 일으키자 이듬해 바로 이병철은 원형산업이라는 조미료 회사를 인수해 '미풍'이라는 브랜드로 화학조미료 시장에 진출했다.

하지만 다른 후발주자들과 마찬가지로 미풍 역시 미원의 상대가 되지 않았다. 당시 신문 광고를 쭉 살펴보면 이병철의 미풍은 선두주자 미원을 따라잡기 위해 정말 별의별 짓을 다 했다. 1964년 미풍은 이름을 '여인표 미풍'으로 바꿨고, 1965년에는 '백설표 조미료 미풍'으로, 1968년 '국자표 미풍'으로 변신을 거듭했다. 하지만 국민들은 미풍을 미원의 짝퉁 정도로밖에 여기지 않았다. 제일제당의 미원 극복 프로젝트는 그야말로 처절했으나 번

번이 실패했다. 이병철이 왜 "마음대로 안 되는 세 가지" 중 하나로 미원을 꼽았는지 충분히 짐작이 갈 정도였다.

그런데 이병철의 참패로 끝날 것만 같았던 화학조미료 시장에 엄청난 변화의 바람이 불었다. 1980년대 한국 경제는 3저 현상과 노동조합의 활성화 등으로 대한민국 역사상 가장 풍요로웠던 시대라는 평가를 받는다. 그리고 급속한 경제적 팽창에 힘입어 국민들은 '건강'이라는 새로운 트렌드를 찾게 된다. 게다가 1980년대 초반 '화학조미료 유해론'이 등장하면서 마침내 제일제당에게는 미원을 넘어설 절호의 반격 기회가 찾아왔다.

화학조미료 시장에서 거의 시체에 가까웠던 제일제당을 살린 제품은 복합 조미료 다시다였다. 사실 다시다는 1975년에 이미 출시된 구닥다리 제품이었다. 누리끼리한 가루에 적응을 못한 국민들은 다시다를 외면했고, 미원은 다시다를 경쟁상대로 치지도 않았다. 만약 미원이 시대의 흐름을 읽고 1970년대 중후반 다시다의 유사 제품이라도 하나 만들어 놓았다면, 1980년대 이후 미원그룹이 이 시장에서 그토록 처참하게 다시다에 밀리지는 않았을 것이라는 평가도 있다. 하지만 미원은 그렇게 하지 않았다. 그만큼 미원은 자사 제품의 시장 장악력에 자신이 있었다.

화학조미료 유해론이 고개를 들자 쇠고기 다시다는 재빠르게 자신의 스탠스를 재정립했다. 다시다는 자신의 정체성을 '화학조미료'가 아니라 '천연 제품'으로 부각시켰다. 1980년대 초반 다시다의 광고 문구는 '천연의 맛이 듬뿍, 쇠고기 다시다'였다. 물론 화학조미료의 일종인 다시다가 '천연의

맛'을 낼 리는 당연히 없었다. 이 광고 문구는 보건사회부와 공정거래실로 부터 잇따라 과장광고 지적을 받았다. 제일제당은 결국 광고 문구를 바꿔야 했다. 그때 등장한 문구가 그 유명한 '쇠고기 국물 맛, 쇠고기 다시다'였다.

여담이지만 1974년 출시된 빙그레의 간판상품 '바나나맛 우유'는 원래 '바나나 우유'라는 명칭으로 출시될 예정이었다. 하지만 우유에 바나나가 1%도 들어있지 않은 제품을 '바나나 우유'라고 표기할 수는 없다는 정부의 지적에 결국 '맛'이라는 글자를 넣어야만 했다. 이 때문에 빙그레는 초창기 제품 명칭을 적을 때 바나나와 우유를 매우 큰 폰트로, 그 사이에 '맛'이라 는 글자는 아주 작은 폰트로 표시하는 꼼수를 부렸다.

반면 제일제당의 다시다가 과장 광고에 걸린 것은 제품에 쇠고기가 아예 안 들어갔기 때문은 아니었다. 다시다에 쇠고기 분말은 들어가 있었지만, 궁극적으로 합성 조미료를 천연 조미료인 것처럼 과대 포장했기 때문에 걸 린 것이었다. 1983년 공정거래실이 다시다에 문제를 삼은 대목은 "쇠고기 성분 함량을 표시하지 않은 채 마치 쇠고기가 주요 성분인 양 과대 광고했 다."는 점이었다.

이런 우여곡절을 겪은 제일제당은 1992년 신제품 '북어국 다시다'를 출 시하면서 좀 더 현명한 처신을 한다. "북어가 주요 성분인 것처럼 과대 광 고한다."는 지적을 피하기 위해 "북어도 꽤 많이 들었죠?"라는 애매한 광고 문구를 선택한 것이다.

다시다의 등장으로 한국 화학조미료 시장은 백색가루 미원과 핵산을 가

미한 종합 조미료 다시다로 양분된다. 게다가 사람들의 입맛이 변하면서 다시다는 전반적으로 미원을 누르고 화학조미료 시장 1등 브랜드로 올라선다. 비록 이병철은 백색가루 전쟁에서 미원을 누르지 못했지만, 화학조미료 시장에서 1위로 올라섰으니 반분이라도 푼 셈이다. 물론 제일제당은 이후 CJ로 변신해 이병철이 후계자로 지목한 이건희의 손을 떠나 자신과 그토록 갈등을 빚었던 장남 이맹희 가문으로 넘어가기는 했지만 말이다.

## 제일제당의 독립과 CJ의 변신

삼성그룹은 1991년 계열사 1차 분리를 단행했다. 이때 삼성그룹으로부터 떨어져 나온 그룹이 다음 장에서 살펴볼 신세계그룹과 전주제지였다. 이병철이 1987년 세상을 떠난 이후 그룹의 주도권은 빠른 속도로 이건희를 중심으로 재편됐다. 때마침 정부가 재벌그룹에 기조실 축소와 소유-경영 분리를 강요하던 상황이어서, 삼성으로서는 계열사 분리의 명분도 갖췄다. 또 전주제지와 신세계는 어차피 이병철이 살아생전에 장녀 이인희와 막내 이명희에게 나눠 주기로 정해놓은 상태였다.

그런데 특이한 점은 이 시기 제일제당이 삼성 그룹으로부터 분리되지 않았다는 점이다. 이병철은 자신과 갈등을 빚은 장남 이맹희에게 주력 계열사가 아닌 안국화재를 물려줄 생각이었다. 하지만 어떤 이유에서였는지 이건희는 형 이맹희에게 제일제당을 넘겼다. 그것도 1차 계열분리 때인 1991년이 아니라 2년을 더 끈 1993년에 지분 매각을 완료했다.

1993년의 제일제당은 조홍제가 탐냈던 1960년대의 제일제당이 아니었다. 삼성그룹의 핵심은 이미 전자와 금융으로 이동했고, 제일제당은 그저 그런 식료품 생산 업체일 뿐이었다.

제일제당을 넘기기로 한 뒤에도 이건희는 철저히 이맹희를 견제했다. 이왕 넘기기로 한 제일제당을 화끈하게 형한테 직접 내주지 않고, 이맹희의 아내, 그러니까 형수인 손복남에게 매각한 것이다. 회사를 내주더라도 형에게는 직접 줄 수 없다는 태도였다. 이에 대해 이맹희는 "선대 회장의 유언과는 전혀 다른 것으로 동생이 독단적으로 처리한 결과"라며 "사전에 동생과 의논한 바가 전혀 없었고, 언론에 발표된 이후에야 제일제당 분리 사실을 알았다."고 불쾌해 했다. 직접 주식을 건네받지 못한 이맹희는 평생 제일제당에서 아무 역할도 하지 못했다. 2015년 세상을 떠날 때 그의 직함은 제일제당과 아무 상관없는 '제일비료 전 회장'이었다.

제일제당을 넘긴 이후에도 두 회사 사이에는 몇 가지 해프닝이 발생했다. 지분을 넘긴 이듬해1994년 삼성그룹은 이건희의 핵심 측근이자 삼성화재 부사장을 맡고 있던 이학수를 뜬금없이 제일제당 대표이사 부사장으로 선임한 것이다. 이미 형제 간 재산 분할이 끝난 '남의 기업'에 자신의 핵심 측근을 부사장으로 임명해 보내는 것 자체가 불가사의였다. 이를 받아들인 제일제당의 태도 역시 이해하기 어려웠다. 게다가 이학수가 제일제당에서 맡은 역할은 '사업 구조 전반'이었다. "사실상 삼성이 다시 제일제당을 접수한 것이 아니냐?"는 소문이 나돌 수밖에 없었다.

이듬해가 돼서야 제일제당은 "삼성이 이학수를 보내 경영권을 빼앗으려 한다."고 반발했다. 삼성은 이에 대해 "단지 경영을 지원하기 위해서"라고 해명하면서 이학수를 철수시켜 사건은 해프닝으로 마무리됐다.

1995년에는 이런 일도 있었다. 당시 이맹희의 장남 이재현상무은 서울 한남동에서 살고 있었다. 그런데 삼성그룹이 이재현의 이웃집 옥상에 고성능 원격조정 비디오카메라를 설치해 이재현 집 정문을 감시한 것이다. 이미 사이가 틀어질 대로 틀어진 두 가문 사이를 감안하면 삼성이 이재현의 집에 도둑이 드는 것을 막아주기 위해 CCTV를 설치했을 리는 만무했다. 당연히 제일제당 측은 "이번 일 말고도 삼성이 줄곧 이재현 상무를 감시했다. 미행을 당한 일도 있었다."고 분개했다. 삼성은 "제일제당 측이 괜한 피해의식으로 말도 안 되는 소리를 한다."고 반론했지만, 며칠 뒤 "오해의 소지를 없애겠다."며 허겁지겁 CCTV를 철수했다.

제일제당은 1997년 공정거래위원회의 승인으로 공식적으로 삼성그룹으로부터 완전히 분리됐다. 1993년 경제적으로 분리된 이후 4년 만에 법적으로도 분가한 것이다. 2002년 제일제당은 사명을 CJ로 바꿨다. 이 해 이재현이 그룹 회장에 취임하면서 CJ는 삼성과는 전혀 다른 종합 엔터테인먼트 그룹의 길을 걷는다.


## "우리 회장님은 진짜 아파요"

CJ그룹은 한국 재벌들 사이에서 매우 독특한 스탠스를 가진 재벌이다.

보통 재벌이라 하면 대놓고 보수적인 성향을 보이는 경우가 대부분이다. 진보와 보수라는 잣대로 구분할 때 재벌 기업의 성향이 진보로 분류되는 일은 극히 드물다.

그런데 CJ는 묘하게도 진보적 이미지가 강하다. 2008년 이명박 정부 집권 이래 보수 정부가 연이어 집권하면서 CJ의 가장 큰 고민은 바로 진보적이라는 이미지였다. 진보라는 이미지 탓에 그룹 총수가 구속되고도 쉽게 풀려나지 못하고, 보수 정권에서 미움을 받는다는 것이 CJ그룹 수뇌부의 내심이었다. 내가 만나 본 CJ그룹 임원들 상당수가 "보수 정권에서 진보로 찍히는 바람에 경영을 하기 진짜 힘들다."고 털어놓았다.

사실 이재현을 중심으로 한 CJ그룹 수뇌부들의 인생과 성향을 살펴보면, 그들은 태생적으로 진보적이기 매우 어려운 사람들이다. 따라서 보수 정부 치하에서 'CJ는 진보적'이라고 오해 받는 것을 그들이 매우 억울해 할 수도 있다.

문제는 CJ가 다른 그룹들처럼 대놓고 보수적인 티를 내기가 어렵다는 점이다. CJ의 핵심 주력이 케이블 방송과 영화 등 젊은 층을 위주로 한 콘텐츠 사업이다. 그리고 CJ의 주요 고객인 20, 30대는 상대적으로 진보적 성향이 강하다. 이것이 CJ의 가장 큰 딜레마다.

CJ의 수장인 이재현은 2013년 7월 1,657억 원에 이르는 횡령·배임·탈세 혐의로 구속 기소돼 실형1심 재판에서 징역 4년, 2심 재판에서 징역 3년을 선고받았다. 그런데 같은 시기 이재현은 공교롭게도 만성 신부전증을 앓기 시작했다. 구속된 직후 이재현은 즉시 건강 악화를 이유로 구속집행 정지를 요청했다. 법원이 이를 받아들이자 이재현은 바로 아내로부터 신장을 이식받았다. 그리고 2015년 10월 현재 2년이 넘게 구속집행 정지 상태를 유지 중이다. 그의 거처는 구치소가 아니라 서울대병원으로 바뀌었다. 이는 한국 역사상 가장 긴 구속집행 정지 기록이기도 하다.

CJ의 임원들 중 상당수가 스마트폰에 휠체어를 탄 초췌한 이재현의 사진을 넣어 다녔다. 기자들을 보면 그들은 사진을 내밀며 "우리 회장님은 진짜로 아픈 거다. 지금 이 사진을 보라. 몸무게가 50kg도 안 나간다."고 호소했다. 이 호소에서 눈에 띄는 단어는 단연 '진짜로'라는 부사다. 그 동안 많은 재벌들이 감옥에 갈 때만 되면 휠체어를 타고 와병 쇼를 했다. CJ의 임원들은 이런 상황이 억울했던 것이다. 자신들의 회장은 쇼가 아니라 진짜로 아픈 거라고⋯⋯, 그들은 그렇게 호소하고 싶었다.

그리고 CJ측은 "이재현 회장이 석방돼야 그동안 미뤄왔던 투자가 활발해지고 경영도 정상화된다."고 주장했다. 하지만 CJ의 주장은 근본적으로 앞뒤가 맞지 않았다. 아버지 이맹희의 사망 때 빈소를 지키지도 못할 정도로 건강이 악화됐다는 이재현이, 구속에서 벗어나 석방이 되면 경영 일선에는 어떻게 나선단 말인가? 감옥도 아니고 병원에서 형 집행 정지 기간을 보낸 이재현이 석방만 되면 정상적인 경영 활동에 나설 수 있다고 주장하는 자체가 난센스다. 이 난센스를 가장 잘 설명하는 기사가 하나 있다. 2015년 9월 연합뉴스에 보도된 기사의 제목이 바로 그것이다.

한국 재벌 흑역사

이재현 상태는……CJ "심각하지만 재판 끝나면 회복 기대"
- 2015년 9월 13일 연합뉴스

이재현의 상태가 심각하기는 한데, 재판이 끝나 구속만 풀리면 회복을 기대할 수 있다는 것이다. 아무리 웃기려고 한 말이라고 이해한다고 쳐도, 너무 과한 개그 아닌가? 어쩌면 CJ는 "우리가 진보로 찍히는 바람에 이재현 회장이 다른 기업 총수들처럼 쉽게 풀려나지 못한다."는 불만을 가졌을지도 모른다. 하지만 그들의 불만은 사실이 아니다.

이재현이 구속된 것은 그들이 진보적인 이미지를 가져서가 아니라 그가 1,657억 원을 횡령했기 때문이다. 이재현의 휠체어 신scene이 국민들의 공감을 못 얻는 이유는 그들이 진보적인 탓이 아니라, 2009년 그가 대통령의 최측근 곽승준을 최고급 룸살롱으로 불러 여자 연예인 지망생들을 술자리에 앉혀놓고 흥청망청했다는 의혹이 있을 정도로 그의 도덕성이 의심받기 때문이다.

CJ는 한국 사회에 '공정이란 무엇인가'에 대해 매우 첨예한 논란을 제시한다. 그들은 "우리 회장님도 다른 재벌 총수들처럼 일찍 풀려나는 게 공정한 것"이라고 말할 것이다. 하지만 대부분의 국민들은 "1,600억 원 대 비리를 저지른 사람은 병원이 아니라 감옥에서 형을 마치는 것이 공정한 것"이라고 말할 것이다. 한국 사회의 '공정 기준'이 국민의 눈높이에서 적용되는지, 아니면 재벌의 눈높이에서 적용되는지는 '이재현의 옥살이가 어떻게 마무리되는가.'로 보다 분명해 질 것이다.

# "막내딸아,
# 절대 결재 서류에 사인하지 마라"
### - 신세계 그룹의 무책임, 무노조 경영의 태동

## 막내딸의 사부곡, 신세계 그룹의 씨앗이 되다

1979년 2월의 마지막 날, 삼성그룹 발發 빅뉴스가 터졌다. 38세의 3남 이건희가 마침내 부회장 자리에 올라 두 형을 제치고 황태자 자리에 공식적으로 등극한 것이다. 드물게 일찍 확정된 3남의 후계 확정, 도하 각 언론은 당연히 이 사실을 주요 기사로 다뤘다.

그런데 같은 날 〈매일경제〉 경제면 하단. 기사라고도 볼 수 없는 작은 크기로 삼성그룹의 임원 인사가 단신으로 실린다. 이 단신에서마저 한참 뒤쪽, 거의 보이지도 않는 구석에 신세계백화점의 신임 임원이 한 명 등장한다.

△이사 李明熙이명희신임.

지금은 롯데그룹과 함께 어엿한 한국 유통업계의 양대 강자로 성장한 신세계그룹 오너의 등장 치고는 너무도 초라한 등장이었다. 한 살 위 오빠가 그룹 총책임자라는 대관을 머리에 쓰는 동안 막내 동생 이명희는 신세계백화점 영업 이사로 처음 세상에 모습을 드러낸 것이다. 몇몇 경제 전문지를 제외한 종합지에서는 아예 이명희의 등장 사실을 단신으로도 전하지 않았다. 1979년의 언론 보도를 '이명희'라는 이름으로 검색해보면 신세계의 이명희李明熙보다 한국 주니어 여자 테니스 대표 선수 이명희李明姬의 이름이 훨씬 더 발견될 정도다.

아무리 장, 차남이 떨어져 나간 삼성그룹이지만 아직 남성 위주의 사회적 시선이 뚜렷한 시대였다. 이명희의 등장이 이처럼 초라했던 이유는, 위로 언니가 넷이나 있는 상태에서 막내 이명희가 신세계그룹을 물려받으리라 아무도 생각하지 못한 탓이었다.

이명희는 자신의 등장을 "아버지의 제안으로 39세에 현모양처의 꿈을 접고 신세계 경영에 뛰어들었다."고 표현한다. 1943년생인 이명희가 신세계 백화점 이사가 된 것이 1979년이니 이때 그녀의 나이는 36세, 아무리 한국 방식으로 나이를 계산한다고 쳐도 37세였다. 그런 이명희가 자신의 경영 참여를 39세로 기억하는 이유는 그녀가 시간을 착각했거나, 아니면 그녀가 39세 되던 해에 아버지로부터 경영 승계에 대한 의미 있는 언질을 들었거나 둘 중 하나이기 때문일 것이다.

이명희는 이병철이 살아 있는 동안 유난히 효심을 많이 발휘한 것으로 알려졌다. 이병철의 사후인 2005년 5월 신세계그룹 사보에서도 이명희는 아버지에 대한 절절한 사부곡을 실을 정도로 그녀의 부친에 대한 정은 살가웠다.

이명희는 신세계그룹에 입사한 이후에도 이병철이 측근들과 갖는 골프 모임 '수요회'에 꼬박꼬박 참가해 아버지의 뒷바라지를 했다. 아버지의 사무실에 과일이 올라오면 이명희는 꼭 그 과일을 들이기 전에 먼저 맛을 보고, 아버지가 충분히 좋아할 만한 당도인지를 확인했다. 당시 이병철 비서실 팀 직원들은 사무실 옆 간이 주방에서 꼼꼼하게 과일을 챙기는 깐깐한 그녀를 '이명희 감독관'이라고 불렀다.

막내딸 특유의 살가움에 기미상궁 역할도 마다않는 열성적 보좌 능력까지 두루 갖춘 이명희는 자연히 아버지의 귀여움을 독차지했다. 아들자식들에게 크게 데인 경험이 있는 이병철은 "명희가 남자였으면 삼성그룹을 이끌 재목이 됐을 것"이라는 말도 했다고도 전해진다. 그렇게 열성적으로 아버지를 따르고 보필하던 이명희에게 마침내 다가온 기회가 신세계그룹의 입사였다. 아버지를 향한 그녀의 지극정성이 5남 7녀 중 막내딸이라는 불리한 신분을 극복하고 한 그룹을 맡을 기회를 갖게 해 준 것이다.

아버지 이병철은 이명희의 입사를 앞두고 그녀를 불러 다양한 해석의 소지를 남길 수 있는 묘한 당부를 남긴다.

"딸아, 절대로 결재 서류에 사인하지 마라."


## 아버지를 꼭 빼닮은 신세계그룹의 노조 탄압

신세계그룹은 1991년 삼성그룹으로부터 분리됐다. 이명희는 1993년 이마트를 출범시켰고 1998년 신세계그룹 회장에 올랐다. 오빠인 이건희는 막내 동생 회사를 분리한 이후에도 유통업에 대한 욕심을 완전히 접지 못했다. 이명희가 회장에 오른 1998년 삼성플라자를 출범시키며 신세계와 상권 다툼에 나선 것이다. 하지만 적어도 유통업 분야에서 이건희는 이명희의 상대가 아니었다. 업계에서는 "삼성은 관리에 강하지만, 유통은 본질적으로 판매 현장에서 일어나는 상황에 대한 영업 순발력이 중요하다. 모든 것을 관리로 처리하려는 이건희의 삼성이 1970년대부터 유통에서 잔뼈가 굵은 이명희의 신세계를 당해내기는 역부족이었을 것"이라고 평가한다.

이후 삼성그룹은 할인마트를 영국 기업 테스코에 판매했고이것이 현재 홈플러스다, 삼성플라자마저 애경그룹에 매각하면서 유통업에서 백기를 들고 만다. 이때부터 이건희와 이명희 두 남매는 완전히 다른 길을 걷기 시작한 것이다.

오빠와는 갈라섰지만 이명희의 신세계에는 아직도 이병철의 그림자가 분명히 남아 있다. 그 그림자는 바로 이병철 시대부터 이어져온 "눈에 흙이 들어가도 노조는 안 된다."는 무노조 경영 원칙이었다.

신세계그룹에 노조가 처음 모습을 드러낸 것은 외환위기 직후인 1998년 10월 9일이었다. 삼성으로부터 독립한 지 고작 7년, 무노조 신화 삼성의 그림자가 여전히 강한 신세계그룹에서 노조가 등장한 것은 그야말로 충격적인 사건이었다. 외환위기가 닥치면서 체불 상여금이 300%에 이르렀고, 회사는 이에 대해 미안해하기는커녕 노동자에게 되레 상여금 포기 각서를 쓰도록 강요했다. 노동자들은 노동조합이 왜 필요한지를 절절히 느꼈다. 그리고 이 각성은 마침내 범 삼성그룹 역사에 첫 노동조합 설립 추진이라는 역사적 사건으로 이어졌다.

그런데 회사 측의 사후 태도가 눈부실 정도로 신속했다. 노조 설립필증이 나온 다음날, 사측은 눈물 없이는 볼 수 없는 절절한 호소문을 발표했다.

"사원 여러분의 의견을 좀 더 허심탄회하게 수렴하지 못해 발생한 이번 사태에 대해 진심으로 사과드립니다. 직원들에 대한 모든 처우를 차입을 해서라도 구제금융 이전으로 회복하겠습니다."

대한민국 유사 이래 경영진이 이처럼 노동자를 향해 넙죽 고개를 숙인 경우가 또 있을까 싶을 정도의 정중한 사과였다. 그리고 다음에 이어진 호소문에서 신세계는 자신들의 속내를 솔직하게 드러냈다.

"비노조 경영이념은 우리 신세계 가족 모두가 한 마음으로 가꾸어 온 우리의 경영 철학이자 신념으로, 온갖 어려운 여건 속에서도 반드시 지켜왔던 우리의 자랑스러운 전통입니다."

노조를 막을 수 있다면 노동자들에게도 얼마든지 머리를 숙일 수 있다는 이 간절함. 신세계와 이명희가 지키고자 했던 것은 노동자들의 삶이 아니라 이병철의 종교에 가까운 철학, 즉 '무노조 경영'이었던 것이다. 이후 회사는 끈질기게 노동자들을 회유했고, 노동조합은 끝내 다음달 3일 스스로 노조 설립 신고 철회서를 제출한다.

이명희의 무노조 철학은 노동자들에 대한 불법 감시와 정보기관을 방불케 하는 노조 파괴 공작으로 이어졌다. 이것이 2013년 드러난 '이마트 노조 파괴 공작' 사건이었다.

신세계에서 분리된 이마트 노동자들은 2004년부터 노조를 만들려는 움직임을 보였다. 그러나 이마트는 1998년의 실수를 답습하지 않겠다는 듯, 노조 설립 자체를 봉쇄하겠다는 강한 의지를 나타냈다.

검찰 수사를 통해 사건의 보다 상세한 전모가 밝혀졌다. 이마트는 노조 설립을 저지하기 위해 '기업문화팀'이라는 조직을 구성했고, 이 산하에 지원본부, 실체파악조, 현장대응조, 채증조, 미행조, 면담조, 자폭조 등을 뒀다. 이 중 실체파악조의 임무는 '노조의 사기 저하'였고 면담조의 역할은 노조원들을 면담해 탈퇴를 권유하는 것이었다.

각 점포에는 일명 '해바라기 팀'이라는 신선한 이름의 비밀 조직이 만들어졌다. 이 팀 산하에 씨앗조<sub>노조 실체 파악 담당</sub>, 울타리조<sub>집회·시위 대응 담당</sub> 등 특이한 이름의 팀들이 대거 포진했다. 신선한 이름의 팀 중 단연 코미디 대상을 받을만한 조직은 노조 홍보물을 수거하는 역할을 맡은 '제초조'였다.

노조를 와해하는 다양한 '선진적 기법'도 대거 동원됐다. △노조원이 1인 시위를 하면 집단으로 따돌린다 △시위 참가자들에 대해서는 인격 모독과 관련한 입 소문을 낸다 △주동자의 주변 인물 및 히스토리를 지속적으로 관리한다 등이 이마트가 도입한 첨단 기법이었다.

노조 설립을 주도한 노조위원장은 장거리 지역으로 발령해 불이익을 줬고, 사내 게시판에 회사에 관한 불만을 올린 직원은 지각 3회를 이유로 퇴사시키려 했다. 각 지점별로 해바라기 팀의 성과를 분석해 노조 탄압에 혁혁한 성과를 올린 지점에는 우수점포 시상금을 내려 보내기도 했다. 하지만 이마트는 "몇몇 직원이 실수로 이런 일을 저지른 것"이라며 발뺌했다. 이 사건으로 최병렬 전 이마트 대표가 받은 형벌은 고작 징역 10월에 집행유예 5월이었다.

## 결코 처벌받지 않는 '무결재 경영 시스템'

앞에서 살펴본 대로 이병철은 이명희에게 신세계를 물려주며 "절대로 결재 서류에 사인하지 말라."고 당부했다. 신세계그룹과 이명희는 이에 대해 "책임을 피하라는 게 아니라 전문경영인에게 맡기라는 뜻에서 하신 말씀"이라고 설명한다. 이병철의 용인 철학인 '의인물용 용인물의疑人勿用 用人勿疑', 즉 '의심이 가는 사람은 쓰지 말고 일단 사람을 썼으면 의심하지 말라'를 실천하라는 뜻이었다는 이야기다. 동업자이자 은인이었던 조홍제를 버렸고, 심지어 장남과 차남도 내친 이병철이 이런 인재 철학을 가지고 있었다는 점은 다소 앞뒤가 맞지 않는다는 생각이 든다.

게다가 이병철은 이건희에게는 "결재 서류에 사인하지 말라."는 유지를 남기지 않았다. 그가 '의인물용 용인물의'의 가치관을 자녀들에게 전해주고 싶었다면 가장 먼저 그룹의 핵심을 이어받은 이건희에게 이를 주입시켜야 했다. 그런데 이병철은 이 철학을 오로지 이명희에게만 남겼다.

그래서 여러 사람들이 이명희에게 전해진 이 당부를 다소 다른 각도로 해석한다. 유난히 딸을 아끼는 마음에서였는지, 아니면 딸의 경영 능력이 의심스러워서였는지는 몰라도, 이병철은 막내딸이 경영상 책임질 일을 하지 않기를 원했다는 해석이다.

실제 이병철은 5.16 군사 쿠데타 이후 사카린 밀수 사건 등으로 군사정부에 호되게 몇 차례 당하면서 책임질 일을 절대로 피해왔다. 이병철 재임 시절 삼성그룹의 모든 문서에는 '회장 결재' 칸이 아예 없었다. 이명희 역시 아버지의 당부를 잊지 않았다. 신세계그룹의 문서에도 아예 회장 서명 칸이 없다.

2012년에는 이런 일이 있었다. 당시 재계 17위였던 신세계그룹은 재벌의 골목상권 침해에 반대하는 드높은 여론에도 신세계SVN이라는 회사를 통해 피자와 제빵 사업에서 기세를 높였다. 데이앤데이D&D, 에브리데이 D&D, 슈퍼프라임피자, 베끼아에누보 등의 브랜드는 신세계백화점과 이마트가 낮은 판매 수수료를 책정한 덕에 백화점과 마트 안에서 초저가 제품을 출시할 수 있었고 이를 통해 급성장했다.

재벌의 골목상권 침해에 대한 여론이 악화되자 공정거래위원회가 칼을 뽑았다. 공정거래위원회는 신세계백화점과 이마트가 신세계SVN 브랜드에게 1%라는 말도 안 되게 낮은 수준의 입점 수수료업계 통상 수수료는 5%를 물린 것을 부당거래라고 판단했다. 그리고 이 부당한 내부거래는 정용진 당시 신세계 부회장의 지시에 의한 것이라는 사실도 밝혀냈다. 신세계SVN은 정용진의 동생 정유경이 40%의 지분을 가진 회사였다.

그런데 부당 지원 사실도 밝혀졌고 총수 일가가 개입한 사실도 드러났는데, 검찰은 정용진을 기소하지 못했다. 신세계의 의사결정에 정용진이 개입한 정황만 있을 뿐, 정상적인 결재 라인에 그의 이름이 없었기 때문이다. 이 사건으로 기소가 된 사람은 전문경영인인 허인철 전 이마트 대표였다.

실제로 신세계그룹의 역사를 살펴보면 이명희는 물론, 정용진이나 정유경 등 그룹을 지배하는 일가들은 결코 회사의 등기임원에 이름을 올리는 법이 없다. 그룹의 중요한 의사결정이 모두 그들로부터 나온다는 사실을 모르는 이가 없는데도, 그들은 회사의 과오에 대해 책임질 위치에 오르지 않는다.

그들은 그저 부회장, 회장 등의 직함만 가질 뿐 경영상 책임을 지는 등기임원의 자리는 항상 거부한다. 이명희나 정용진이 등기임원이 아니라는 이유로 그룹에서 그들의 말을 거역할 사람은 아무도 없다. 누릴 수 있는 권리는 그대로 가지고, 법적 책임은 회피하는 자세, 신세계그룹은 그것을 '신뢰 경영'이라고 부르는 반면 세간에서는 그것을 '무책임 경영'이라고 부른다.


## 떳떳한 증여? 떳떳하기는 했나

2006년 5월, 중국 상하이에서 신세계그룹의 경영 전반을 관리하던 전문경영인 구학서 사장이 기자 간담회를 열고 꽤 충격적 내용을 발표했다. 요지는 "신세계그룹의 경영권은 정용진 부사장에게 시간을 두고 넘어갈 것이며, 정 부회장은 증여세를 정확하게 내고 떳떳하게 기업을 물려받을 것"이라는 내용이었다.

'떳떳한 증여', 이 말은 신세계그룹이 지금까지도 자신들이 이뤄낸 가장 큰 성과 가운데 하나로 꼽을 정도로 자랑스럽게 여기는 대목이다. 물론 법대로 세금 내는 게 특별한 자랑 거리일 수는 없다. 그게 정상인 거다.

하지만 이재용, 정의선 등 숱한 재벌 3세들이 온갖 편법으로 그룹을 상속받는 시대에 "우리는 떳떳하게 세금 낼 것 다 내고 승계한다."는 신세계만의 자부심은 충분히 인정을 해 줄만한 대목이기는 하다.

그런데 신세계가 '떳떳한 증여'를 표방하기 직전, 묘한 일이 하나 있었다. 구학서의 발표가 있기 두 달 전인 3월, 신세계그룹이 국세청으로부터 세무조사를 받은 것이다. 약 한 달 동안 진행된 이 세무조사에서 국세청은 실소유주가 이명희로 보이는 상당한 금액의 주식이 계열사 임원들 앞으로 명의신탁된 사실을 밝혀냈다.

이 말이 무슨 뜻인가? 보통 오너들이 자신의 주식을 임원들 앞으로 돌려 놓는 이유는 하나뿐이다. 임원들은 언제든지 오너가 "그때 준 거 다시 내놔." 하면 내 놓을 사람들이다. 즉, 명의신탁이란 주식으로부터 발생하는 세금을 피하기 위해 잠시잠깐 임원들의 이름을 빌려 그들에게 맡겨 놓는 것이다. 해방 직후 토지개혁이 공표되자 지주들이 자신들의 땅을 마름들에게 명의신탁한 것과 비슷한 이유라고 보면 된다.

얼마의 주식이, 어떤 경로로 명의신탁됐는지는 공개되지 않았다. 확인된 것은 이명희가 자신의 주식 중 상당수를 임원들에게 명의신탁했다는 사실이다. 그것도 시장가격으로 넘긴 것이 아니라 헐값인 액면가5,000원에 주식을 넘겼다. 이 사실은 이듬해에야, 그러니까 신세계그룹이 '떳떳한 증여'를 하겠다고 발표한 다음해2007년에야 드러났다.

이 사건을 시계열 순서대로 다시 한 번 정리하면 이렇다.

3월 국세청은 세무조사를 했고, 4월 이명희의 차명주식이 발견됐다. 국세청은 이 사실을 공개하지 않았다. 대신 조용히 차명계좌 조성에 따른 세금만 수 백 억 원 물렸다. 당연히 검찰 고발도 이뤄지지 않았다.

그로부터 한 달 뒤 신세계그룹은 갑자기 '떳떳한 증여'를 선언했다. 이듬해인 2007년 당시 민주노동당 의원이었던 심상정이 국정감사에서 이 사실을 공개하지 않았다면 이 사실은 영원히 베일에 가려졌을 뻔 했다.

신세계그룹은 왜 하필 세무조사에서 차명계좌로 인한 탈세 사실이 적발된 직후에 '떳떳한 증여'를 선언했을까? 뭔가 다른 편법을 사용하려 했다가 적발되자, "어차피 두드려 맞을 세금, 차라리 떳떳하게 내는 척이라도 하자."고 방향을 전환한 것이 아닌가 하는 의혹이 충분히 생길 수 있는 대목이다.

이런 추정이 가능한 또 다른 정황은 '떳떳한 증여'를 선언한 신세계그룹이 이후에도 또 다시 주식 명의신탁을 통해 무언가를 도모한 적이 있다는 사실이다. 신세계와 이마트는 2015년 다시 한 번 세무조사를 받는데, 이때에도 전직 임직원 이름의 차명주식이 1,000억 원어치나 발견됐다. 2014

년 조세범 처벌법이 개정되면서 차명주식에 대해 5년 이하의 형사처벌을 하도록 법이 바뀌었다. 그런데도 국세청은 "단지 차명주식이라는 사실만으로는 범죄가 되지 않는다."는 입장을 고수했다.

신세계와 이마트, 그룹의 중추인 이 두 기업은 2006년부터 2015년까지 딱 두 번 세무조사를 받았다. 2006년에는 두 회사가 하나였고 2015년에는 두 회사가 분할된 상태에서 조사를 받았다.

그런데 이 두 번의 조사에서 모두 상당한 규모의 차명계좌가 발견됐다. 이런 정황은 '신세계가 우연히 한 번 차명계좌를 만들었는데 재수가 없어서 걸렸다.'는 추정보다, '신세계는 늘 어떤 이유로 차명계좌를 만들어 유지했고, 그래서 조사를 할 때마다 한 건씩 걸린다.'는 추정을 더 합리적으로 보이게 만든다.

초범이 아니라 재범, 그것도 조사를 할 때마다 발각되는 신세계의 차명계좌 문제는 그들이 과연 '떳떳한 증여'라는 말에 스스로 떳떳할 수 있는지에 대한 의문을 제기한다. 신세계그룹이 그토록 자랑스러워하는 '떳떳한 신세계'는 아직까지 전혀 완성되지 않은 미완성 작품인 셈이다.

# 취미는 취미로 끝났어야 했다
### – 이건희의 자동차 사랑과 삼성자동차의 몰락

### 이건희의 목숨을 건 질주

용인시 처인구 포곡읍 에버랜드 정문 건너편에는 에버랜드를 자주 다니는 사람들도 잘 모르는 특별한 장소가 있다. 에버랜드와 캐리비언베이 주차장 입구까지 이어진 메인 도로 건너편을 말하는 것인데, 도로 주변에 워낙 드높은 메타세쿼이아 나무가 줄지어 있어 굳이 차에서 내려 나무를 헤치고 살펴보지 않는다면 그곳에 무엇이 있는지 알기가 여간 어렵지 않다. 이곳은 가끔 여름 성수기에 에버랜드 고객을 위한 임시 주차장으로 사용될 때가 있는데, 이때서야 겨우 이곳의 존재를 아는 고객들도 적지 않다.

바로 이곳의 공식 명칭은 '삼성에버랜드 스피드웨이 자동차 경기장'. 경기장 도로 길이만 4.5㎞로 국제 대회를 너끈히 치를 수 있는 크기다. 규모로만 보면 충분히 대한민국 모터스포츠 역사의 중심지가 될 만한 곳인데, 의외로 이곳에 대한 세간의 인식은 '이건희의 놀이터' 정도에 머물러 있다.

2009년 4월 에버랜드는 안전상의 이유로 이곳 스피드웨이를 잠정 폐쇄했다. 에버랜드는 이에 대해 "안전진단을 받아봤는데 노면과 부대시설 등에서 문제가 발견됐다. 안전 수준이 선진국과 현격한 차이가 있다는 진단을 받아서 이를 보완하기 위해 폐쇄한 것"이라고 설명했다.

그런데 이처럼 안전에 문제가 많다는 이유로 폐쇄된 스피드웨이에 같은 달 30일 이건희가 등장했다. 이건희는 직전 해 삼성 비자금 사건에 대한 책임을 지고 그룹 회장 자리에서 물러나 공식적으로는 무직자였던 상황이었다.

이건희가 등장하자 람보르기니, 페라리, 벤츠, 포르쉐 등 10여 대의 최고급 차량이 경기장 안에 줄지어 들어섰다. 이건희는 이 중 람보르기니를 골라 시원스런 속도로 서킷을 10바퀴가량 돌았고, 이후 포르쉐911터보로 차를 교체해 다시 레이스에 나섰다. 삼성그룹이 "심각한 안전 결함으로 폐쇄했다."는 곳에서 그룹의 총수가 스피드를 즐긴 것이다.

이건희가 안전 결함을 무시하고 '목숨을 건 질주'를 한 것인지, 애초 스피드웨이 폐쇄의 목적이 무직자가 된 이건희의 전용 놀이터로 사용하기 위함이었는지는 확인할 길이 없다.

이건희가 스피드웨이에 출몰하면 어김없이 10여 대의 최고급 차량이 어디선가 등장해 이건희의 탑승을 기다렸다고 한다. 차들이 보관된 '어딘가'는 바로 스피드웨이와 인접한 삼성교통박물관이었다. 그러니까 스피드웨이는 이건희의 놀이터, 삼성교통박물관은 이건희의 주차장쯤 되는 셈이다.

이건희의 자동차 사랑은 이미 세간에 널리 알려져 있다. 이건희에 대한 세간의 대표적 두 가지 소문이 그가 스피드광이라는 점과 마약 중독자라는 점인데, 『삼성을 생각한다』의 저자 김용철 변호사는 이건희의 마약 중독 소문에 대해 "과장된 것"이라고 일축한 바 있다.

반면 이건희의 자동차 수집 취미와 스피드광 취향 소문에 대해서는 세간에서도 이견이 없다.

이건희의 자동차 사랑을 짐작케 하는 사건들은 수도 없이 많다. 2008년에는 한 증권가 찌라시에서 이건희의 벤틀리 매장 방문 에피소드를 소개한 바 있다.

당시 이건희는 벤틀리 매장을 방문해 차를 몇 대 구입했는데, 이건희를 알아보지 못한 매장 직원이 이건희에게 "리스로 구입하는 게 유리하다."고 권했고 이건희는 이를 승낙했다.

그런데 마침 벤틀리와 리스 연계 계약을 맺은 곳이 삼성캐피탈이었다. 매장 직원은 이건희를 앞에 두고 태연히 삼성캐피탈에 전화를 걸어 "저희 고객이신데요, 이건희 씨 신용정보 조회 좀 부탁드립니다."라고 요청했다. 삼성캐피탈에서 난리가 났음은 말할 필요도 없다.

2015년 9월 한 주간지가 국토교통부의 자료를 근거로 이건희의 자동차 보유 대수를 공개한 적이 있다. 이 자료에 따르면 이건희가 갖고 있는 1억 원 이상 수입차는 모두 124대였다. 124대의 가격 총합은 477억2,428만 원이었고, 이 중 가장 비싼 부가티 베이론9SA15의 가격은 26억6,337만 원이었다.

## 취미와 기업 활동을 구분하지 못한 이건희

이건희 또한 자연인인 이상 그가 어떤 취미를 가지고 있는지는 시비할 바가 결코 아니다. 물론 그의 재산 축적 과정에서 심각한 도덕적 결함이 여러 곳에서 발견됐지만, 그것과 스피드웨이에서 최고급 자동차를 모는 취미와는 별개의 문제다. 스피드웨이의 소유 주체가 에버랜드인 한 그 시설의 문을 언제 닫고 여는지도 간여할 바 아니다. 이건희가 스피드웨이에서 벤틀리를 몰건, 조기축구를 하건 문제가 될 일이 아니라는 뜻이다.

정작 문제는 자동차 광 이건희가 취미를 취미생활에서 그치지 않고 기업 활동과 연계시키려 했다는 점이다. 한국 기업 역사상 희대의 만용혹은 세기의 대실패? 중 하나로 기록된 삼성자동차 몰락 사건은 이건희의 유별난 자동차 사랑에서부터 출발했다.

삼성의 창업자 이병철이 세상을 떠난 때는 1987년 11월 19일. 이건희가 그룹 회장에 오른 것은 그로부터 약 열흘 뒤인 12월 1일이었다. 그런데 그해도 넘기기 전에 이건희가 그룹 회장으로서 비서실에 지시를 내린 사항은 "승용차 사업 진출 방안을 수립하라."였다. 돌다리도 두드리는 사업 스타일의 이병철 살아생전에는 입 밖에 꺼내지도 못했던 그 판도라의 상자가 마침내 열린 것이다. 이건희가 취임 후 한 달 만에 자동차 사업 진출을 지시했다는 사실은 그가 얼마나 자동차에 집착하고 있었는지를 잘 드러내는 반증이었다.

삼성이 자동차 사업에 진출한다는 소문이 들리자 업계의 반응은 크게 두 가지로 나뉘었다. "그래도 삼성인데, 한다면 하는 것 아니냐."는 긍정론과 "애초부터 될 일이 아니다."라는 부정론이 그것이었다.

"그래도 삼성인데"라며 긍정적 의견은, 그때까지만 해도 특정 분야에 진출해서 실패한 적이 없는 삼성의 저력을 믿는 쪽이었다. 반면 "애초부터 될 일이 아니다."라는 부정론은 자동차 산업에 대해 잘 아는 전문가들 사이에서 많이 나왔다.

앞에서 한 번 언급한 대로 삼성은 전형적인 패스트 팔로워fast folloewr였다. 1등 따라잡기에는 워낙 일가견이 있었던 삼성인지라, 자동차 산업에서도 일단 그들이 뛰어들기만 하면 막대한 자본을 기반으로 어느 정도 성장할 것이라는 예상이 충분히 가능했다.

하지만 자동차 전문가들의 견해는 달랐다. 패스트 팔로워 전략이 먹히는 곳이 있고, 안 먹히는 곳이 있는 법이다. 자동차는 소비재이면서도 생산을 위해 엄청난 기계 장비가 동원되는 장치 산업이다. 게다가 TV나 컴퓨터 같은 소비재와 달리 탑승자의 생명이 걸린 무거운 책임을 어깨에 진 제품이기도 하다.

이 때문에 자동차 산업에서는 기술력 못지않게 브랜드 가치가 중요하다. 벤츠, 아우디, 포드, GM 등 서구 유수의 브랜드들이 100년 넘는 역사와 전통을 자랑하는 것은 우연이 아니다. 그들의 브랜드는 곧 '소비자들의 신뢰' 였던 것이다.

또 다른 장애물도 있었다. 현대차와 기아차당시 두 기업은 소유주가 달랐다, 대우자동차 등 3개 브랜드가 경쟁하고 있는 국내 승용차 시장에서 과연 제4의 자동차 브랜드가 필요하냐는 사회적 의구심이 그것이었다. 이 의구심은 결국 정부가 삼성그룹의 자동차 산업 진입을 허용해 주느냐의 문제로 직결됐다. 이건희가 그토록 열망했던 자동차 회사의 설립이 그의 지시가 내려진 지 7년이 지난 1995년에야 가능했던 것도 정부가 쉽사리 허가를 내 주지 않았던 탓이었다.

삼성자동차를 승인한 것은 김영삼 정부였다. 김영삼 정부 또한 삼성의 자동차 분야 진출에 처음부터 긍정적인 것은 아니었다. 실제 이건희는 김영삼이 집권한 이후 여러 차례 삼성자동차의 승인을 받기 위해 면담을 신청했지만, 김영삼은 번번이 이를 거절했다.

삼성은 김영삼을 설득하기에 매우 적절한 새로운 전략을 세웠다. 자동차 생산 기지를 김영삼의 정치적 고향인 부산에 세우기로 한 것이다. 부산의 여론은 삽시간에 "반드시 삼성자동차가 부산에 생겨야 한다."는 쪽으로 기울었다. 삼성은 이 여론을 적극적으로 활용했다.

김영삼이 마음을 바꿔 삼성자동차의 설립을 허가해 준 데에는, 이른바 '나이키 조깅 사건'이 큰 영향을 미쳤다는 분석도 있었다.

김영삼은 1994년 11월 필리핀을 방문했다. 조깅 광이었던 김영삼은 그곳에서 나이키 운동화를 신고 조깅을 했는데 이 장면이 TV에 보도되고 말았다.

부산은 원래 신발 산업으로 흥했던 지역이지만 1990년대 중반 신발 산업이 쇠퇴하면서 극심한 경제적 위기를 맞았다. 이런 판국에 지역 출신 대통령이 외국에서 외제 운동화를 신고 조깅을 하는 모습이 방영되니 부산의 여론이 좋을 리가 없었다.

〈한겨레신문〉의 보도에 따르면 당시 부산지역 경제인들은 "대통령이 부산에 관심이 없어도 너무 없다. 그렇게 무관심하니 삼성의 승용차 사업을 승인할 리가 있느냐."라고 반발했다고 한다. 이미 부산지역에서는 삼성의 자동차 진출 허용을 요구하는 100만 명 서명 운동이 진행되는 중이었다. 김영삼은 고향 사람들의 이 같은 반응에 크게 충격을 받았고, 때마침 삼성이 오랫동안 진행했던 로비도 위력을 발휘했다. 김영삼은 마침내 이 해 12월 7일 삼성의 자동차 사업 진출을 승인한다. 이건희의 오랜 숙원이 이뤄진 것이다.

## 부채만 4조3,000억, 답이 보이지 않았던 이건희의 만용

하지만 취미를 사업과 연계시키려 했던 이건희의 시도가 터무니없는 만용이었음이 드러나기까지 많은 시간이 걸리지 않았다.

1995년 3월 삼성자동차가 공식 출범했다. 삼성자동차는 4월에 부산 신호공장을 기공하면서 부산 시민의 응원에 화답했고, 이듬해 11월 공장 준공을 마쳤다.

1997년에는 이른바 '신수종 보고서'라는 이름의 삼성의 내부 문건이 공개되면서 삼성은 여론의 집중포화를 맞았다. 이 보고서에는 '정부와의 긴밀

한 협조를 바탕으로' 삼성이 기아자동차를 인수하고 통신사업에 진출한다는 복안이 실려 있었다. 이 때문에 당시 급작스런 경영 악화를 맞은 기아차의 위기 원인이 삼성의 배후조정 탓이 아니었느냐는 의혹도 제기됐다.

실제 2005년 MBC뉴스데스크가 폭로한 삼성X파일에는 1997년 삼성이 기아자동차 인수를 시도하면서 기아자동차가 은행에서 대출받은 수천억의 자금을 일거에 상환하도록 정치권에 로비를 했다는 내용이 실려 있었다. 이로 인해 기아차가 부도 위기에 몰렸고 그것이 결국 외환위기를 불러왔다는 것이다.

회사를 세운 지 3년 만에 마침내 삼성자동차의 첫 작품 SM5가 선을 보였다. 하지만 하늘도 무심했는지 삼성의 첫 작품이 출시된 시기가 좋지 않았다. 출시일이 마침 외환위기가 절정을 향해 치닫던 1998년 2월이었던 것이다.

지하철역에 노숙자가 산더미처럼 쏟아지던 시절이었다. 국민들은 신차 구입은커녕 당장의 생계도 제대로 유지하지 못할 판이었다. 결국 삼성자동차는 김대중 정부가 주도한 빅딜, 즉 재벌들 간 비주력사업 맞교환 대상에 올랐고 사실상 퇴출 수순을 밟았다.

사실 삼성자동차의 실패는 어찌 보면 예견된 것이었다. 삼성은 공장 건설에 박차를 가하기 위해 다른 업체 자동차 공장에 비해 무려 4배나 되는 돈을 공장 건설에 쏟아 부었다. 제대로 된 기술자가 없으니 현대나 기아, 대우에서 기술자를 빼와야 했다. 삼성은 이 인력 빼가기 시장을 주도하며 고정

비용을 잔뜩 높여 놓았다.

게다가 1990년대 중후반 한국 경제는 1980년대 화려한 성장을 뒤로 하고 황혼의 문턱에 접어든 시기였다. 이런 판국에 RV를 생산하는 쌍용차까지 포함하면 무려 4개의 브랜드가 경쟁하는 한국에서 삼성자동차의 출범은 누가 봐도 무리한 과도한 중복투자였다.

여기서 주목할 점은 삼성이 왜 이처럼 무리한 투자를 밀어붙였느냐 하는 점이다. 왜 이 대목이 중요하냐면, 이런 불도저 식의 경영은 사실 삼성의 스타일과 전혀 맞지 않았기 때문이다.

'밀어붙이기'는 삼성이 아니라 현대와 정주영의 전매특허였다. 반면 삼성은 선대 이병철 시대부터 돌다리도 쾅쾅 두드려보고야 움직이는 안전제일주의 스타일이었다. 그런데도 삼성은 수 조 원의 그룹 자산을 아낌없이 투자했고, 동종업체보다 4배나 비싼 비용을 들여 자동차 공장을 허겁지겁 지었다.

빅딜이 추진될 당시 삼성차의 부채는 무려 4조3,000억 원이었다. 이 정도 부채는 절대 공짜로 빌릴 수 있는 것이 아니다. 누군가가 보증을 서거나 담보를 제공해야 한다. 이 보증과 담보는 모두 삼성의 우량 계열사들이 떠맡았다. 그야말로 전 그룹 차원의 융단폭격 식 지원이었던 것이다.

전혀 '삼성스럽지' 않았던 이 같은 투자는, 사실 오너의 애착이 없었다면 결코 생길 수 없는 일이었다. 이건희의 자동차에 대한 광적인 애착이 삼성자동차의 무리한 중복투자를 부추긴 것이다. 1998년 한국 외환위기의 골을 더 깊게 만들었던 삼성자동차의 처절한 실패는 결국 이건희의 그릇된 취미 생활에서 시작한 셈이다.


## 삼성차의 몰락과 '비용과 이익의 불일치' 현상

삼성자동차가 빅딜로 깔끔하게 정리가 됐다면 한국 경제가 감당했어야 할 부담은 훨씬 적었을지도 모른다. 하지만 빅딜은 전혀 깔끔하게 정리가 되지 않았다.

빅딜의 상대방이 대우그룹이었다는 게 문제였다. 대우그룹이 자금 여력이 충분했다면 그나마 빅딜이 쉬웠을 텐데, 대우는 사실 고름이 터지지 않아서 문제였지 이미 두 발로 서 있을 여력조차 없는 만신창이 상태였다.

대우는 삼성자동차의 부채를 쉽게 감당할 상황이 아니었다. 자연스럽게 삼성차의 4조3,000억 원에 이르는 부채를 누가 얼마나 부담할 것인지가 첨예한 논란의 대상이 됐다. 두 회사 사이에 논쟁이 격해질수록 빅딜의 가능성은 점차 옅어졌다. 마침내 이건희가 칼을 빼 들었다.

1999년 7월 1일 이건희는 삼성자동차의 법정관리 신청을 지시했다. 당시 삼성의 발표에 따르면 삼성은 △삼성자동차를 법정관리에 넘기는 대신 △4조 원이 넘는 부채를 갚는 방법으로 이건희가 삼성생명 주식 400만 주를 내놓고 △계열사들이 1조2,000억 원을 부담해 빚을 완전히 청산하기로 했다. 삼성은 이때 이건희의 삼성생명 주식을 주당 70만 원으로 계산해 400만 주의 가치를 2조8,000억 원이라고 발표했다.

하지만 이 계산법은 이기적이어도 심하게 이기적인 계산법이었다. 이건희는 1999년 초까지만 해도 삼성생명의 지분을 단 10%만 갖고 있었다. 그런데 법정관리를 신청했던 1999년 7월 1일, 이건희의 삼성생명 지분은 26%로 늘어나 있었다. 그러니까 이건희는 단 6개월 만에 삼성생명 지분 16%약 298만 주를 집중적으로 사들인 것이다.

당시 삼성생명 주식은 비상장 상태였다. 그렇다면 이건희는 300만 주에 가까운 비상장 주식을 어디서 사들였을까. 이건희는 이들 주식의 대부분을 삼성그룹의 퇴임 임원들로부터 매집한 것으로 알려졌다.

이에 대해 다음과 같은 추정이 가능하다. 임원들이 가지고 있던 주식은 원래 이병철의 것이었다. 아버지 이병철은 애초부터 삼성생명 주식을 이건희에게 편법적으로 증여할 생각으로 임원들에게 주식을 잠시잠깐 맡겼다. 즉, 재벌들이 흔히 사용하는 '임원들을 차명주주로 등재하는 방식'을 썼다는 것이다.

물론 삼성의 임원들이 이병철로부터 정당하게 삼성생명 주식을 사들였을 가능성도 논리적으로 없는 것은 아니다. 하지만 1980년대 어느 대기업 임원이 오너에게 "삼성생명 주식을 나한테도 좀 파세요."라고 말할 용기가 있었을까? 결국 임원들이 보유했다가 이건희에게 넘긴 주식은 편법 증여를 위해 잠시 파킹parking됐던 차명주식일 가능성이 높다는 이야기다. 실제로 삼성생명의 차명주식은 이후에도 이건희의 형 이맹희가 소송을 통해 문제를 삼았던 일도 있었고, 2007년 '삼성 비자금 사건'에서 특별검사팀이 수사를 통해 삼성생명 차명계좌 존재 사실을 밝힌 일도 있을 정도로 여러 차례 문제가 됐던 주식이었다.

그런데 문제는 '그 주식이 차명이냐 아니냐.'만이 아니었다. 이건희가 단 7개월 만에 16%나 불린 삼성생명 주식그것이 차명주식이었건 정당한 거래를 통한 것이었건의 매입 단가가 얼마였느냐는 점이 더 큰 문제였다. 1999년만 해도 비상장 주식 거래에 대한 명확한 규제가 없던 시절이어서 이건희의 매입 단가는 지금까지도 정확히 알려지지 않았다.

하지만 매입 단가를 추정할 만한 충분한 단서는 있다. 삼성자동차가 법정 관리를 신청하기 직전 해, 그러니까 1998년에 에버랜드가 삼성생명의 주식 340만 주를 대거 매입했는데 이때 주당 매입 단가가 고작 9,000원이었다.

1998년 에버랜드가 9,000원에 사들인 주식을 1년 뒤 이건희가 그보다 비싼 가격에 매입했을 가능성이 얼마나 될까? 비싸게 샀다고 해봐야 1,000~2,000원 차이였을 것이다. 그리고 모르면 몰라도 오너인 이건희는 에버랜드가 매입한 가격인 9,000원보다 훨씬 싸게 샀을 가능성이 더 높을 것이다.

그렇다면 이런 결론이 도출된다.

이건희는 삼성자동차가 법정관리에 들어가기 전에 삼성생명 주식 약 300만 주를 주당 9,000원 정도에 사들였다. 그리고 삼성자동차 경영 실패의 책임을 지겠다며 자신의 주식 400만 주를 내놓았다. 그런데 이건희는 주식을 내놓을 때 주당 가격을 70만 원으로 책정했다. 그래서 자기가 보유한 삼성생명 주식 400만 주의 가치가 2조8,000억 원이나 되니, 이 주식을 내놓는 것으로 삼성자동차 문제를 퉁치고 끝내겠다고 주장한 것이다.

3개월 전에 30만 원에 산 비상장주식을 70만 원에 쳐달라고 해도 "이런 미친놈을 보겠나." 소리를 들을 판이다. 그런데 이건희는 고작 9,000원 안팎에 매입한 주식을 몇 개월 만에 80배에 가까운 가격으로 쳐달라고 떼를 썼다.

삼성은 이에 대해 "주당 70만 원이라는 계산은, 삼성생명이 실제로 상장됐을 때 받을 수 있는 가치를 계산해서 나온 것"이라고 주장했다. 물론 이 말이 맞는다면 이건희가 출연한 삼성생명 400만 주의 가치는 2조8,000억 원이 될 수도 있다.

하지만 이 경우에는 또 다른 문제가 생긴다. 이는 이건희가 법정관리 신청 불과 3, 4개월 전에 주당 70만 원짜리 주식을 주당 9,000원에 사들였다는 이야기가 되기 때문이다. 2조1,000억 원어치를 약 270억 원이라는 헐값에 매입했다면 대충 계산해도 1조 원이 넘는 증여세가 나와야 한다. 그래서 이건희는 그 세금을 냈다는 말인가? 안타깝게도 이건희가 이 거래에 대해 증여세를 냈다는 이야기는 단 한 번도 들리지 않았다.

경영학에는 '비용과 이익의 불일치 현상'이라는 용어가 있다. 이는 한국 재벌들에게 특히 통용되는 비정상적인 경영 상황을 가리키는 용어다.

한국의 재벌 오너들은 사업이 크게 성공하면 이익을 충분히 누린다. 그렇다면 상식적으로 사업에 크게 실패했을 때, 그 비용 역시 오너가 물어야 하는 것이 마땅하다. 이것이 도덕적 섭리에도 맞고, 경영학 이론에도 맞다. 비용과 이익이 일치해야 정상이라는 것이다.

하지만 한국의 재벌들은 성공의 이익은 충분히혹은 과대하게 누리는 반면, 실패에 따르는 비용은 거의 내지 않는다.

이건희의 취미생활에서 촉발된 삼성자동차의 실패는 한국 기업 역사상 다섯 손가락 안에 들 만한 엄청난 경영 실패였지만, 이건희는 이 사건으로 거의 아무런 내상도 입지 않았다.

삼성은 4조 원이 넘는 부채 중 대부분을 비상장 주식을 뚝딱뚝딱 거래해 9,000원짜리를 70만 원으로 포장하는 방식으로 처리했다. 남은 부채 1조 원 가량은 모두 삼성 계열사들이 물었다. 이건희는 이후에도 한국 제1의 재벌 총수 자리를 굳건히 지켰다. 사고는 이건희가 치고, 책임은 그룹 전체와 한국사회가 나누어 짊어진 꼴이었다.

삼성자동차의 몰락은 한국 재벌의 의사결정 구조가 얼마나 후진적인지를 단적으로 드러내 주는 사건이었다. 하지만 세월이 흘러 사건은 잊혔고, 이건희가 부채를 퉁치겠다며 낸 삼성생명 400만 주의 출처는 아직도 밝혀지지 않았다. 삼성자동차는 그렇게 역사 속으로 사라지고 말았다.

# 모든 인재는 철저히 관리한다!
## - 삼성이라는 틀 안에 갇힌 한국 사회

### 삼성증권이 여의도에 없는 이유

한강의 하중도河中島인 여의도는 묘한 곳이다. 섬의 중심인 여의도 공원을 중심으로 북서쪽에는 정치의 중심지 국회의사당이, 남동쪽에는 금융의 본산인 KRX한국거래소가 자리를 잡고 있다. KBS와 MBC도 여의도에 남았거나 여의도 시대를 거쳤다. 단일 교단으로는 국내 최대라는 순복음교회가 있는 곳도 이곳이다. 고작 8.35㎢ 정도의 작은 넓이의 섬에 한국의 정치, 경제, 문화의 핵심이 다 모여 있었던 것이다.

특히 '여의동부'로도 불리는 공원 남동쪽은 '한국의 월 스트리트'라고 불려도 손색이 없을 정도의 금융 중심지다. KRX한국거래소뿐만 아니라 대부분 증권사들의 본사가 바로 이곳에 있다.

여의도가 한국의 월 스트리트가 되기 전까지 국내 대부분의 증권사들은 명동에 있었다. 명동이 사채업의 본토로 꼽히는 이유가 달리 있는 게 아니다. 1979년까지 증권거래소는 명동에 있었고, 증권은 물론 사채업을 포함한 대부업도 대부분 이곳에서 이뤄졌다. 당연히 대부분 증권사 본사도 이곳에 있었다.

1979년 9월 증권거래소가 여의도로 옮기면서 증권가의 명동시대가 저물었다. 대형 증권사들이 하나 둘씩 여의도로 본거지를 옮기기 시작한 것이다. 이는 단순히 거래소 건물이 여의도에 둥지를 텄기 때문만은 아니었다. 당시 거래소는 여의도에 전산시스템을 갖춘 건물을 구축했다. 이 전산시스템을 원활히 활용하기 위해서라도 증권사 본사들은 명동을 버리고 당시로는 황무지에 가까웠던 여의도로 이전해야 했다.

그런데 재미있는 사실이 하나 있다. 국내 대부분의 증권사가 본사를 여의도에 뒀는데, 증권업계의 톱3로 분류되는 삼성증권과 신흥 강자로 분류되는 미래에셋증권의 본사가 여전히 4대문 안에 있다는 사실이다. 그리고 두 회사의 공통점이 바로 풍수지리를 지독히 밝힌다는 소문이 있다는 점이다.

미래에셋그룹의 박현주 회장은 원래부터 풍수지리에 대단히 민감한 인물이었다. 2000년 미래에셋그룹이 서울 강남에 사옥을 마련할 때 박현주는 직접 지관과 함께 땅을 보러 다녔다. 미래에셋그룹 본사가 여의도로 이전할 때에도 박현주는 강바람이 가장 덜 들 만한 으슥한 곳을 골랐다. 여의도가 유난히 강바람이 세서 방송국이나 교회처럼 기가 센 곳은 몰라도, 증권사처럼 기가 약한 회사들은 견딜 수가 없다는 지관들의 조언에 따른 것이다.

실제 여의동부 지역은 증권거래소 이전 이후 '한국의 월스트리트'라는 칭호를 얻었지만, 수많은 증권사들이 명멸을 거듭한 비운의 땅이기도 하다.

공기업이었던 한국투자신탁과 대한투자신탁은 강바람이 가장 거셌던 여의도공원 근처에 본사를 둔 탓에 경영 악화로 민영화의 길을 걸었고, LG증권, 고려증권, 쌍용증권굿모닝증권 등 숱한 회사들이 몰락의 길을 걸었다. 이 모든 것이 거센 강바람 탓이었다는 게 풍수지리 전문가들의 설명이었다.

삼성은 증권사를 세우면서 '땅과 바람의 저주'를 철저히 피하려 했다. 그 풍수지리에 민감했던 미래에셋도 한 때 여의도에 둥지를 텄지만, 삼성은 단 한 번도 여의도에 입성하지 않았다. 여의도가 한국의 월스트리트로 활짝 꽃 피웠을 때에도 삼성증권 본사는 여전히 종로를 벗어나지 않았다.

옛 삼성증권 본사였던 종로타워는 재미있는 모양을 하고 있다. 밖에서 보면 건물 상층부가 뻥 뚫려 있는 것이다. 그 땅에 화기禍氣, 즉 재앙의 기운이 워낙 강해 이를 빼내기 위해 삼성이 설계 당시부터 건물에 구멍을 뚫었다는 소문이 자자했다.

## 삼성 인재경영의 바탕은 '영발 경영'

'영靈발 경영.' 삼성이 무속을 얼마나 예민하게 생각하는지를 꼬집을 때 쓰는 말이다. 신령할 영靈에 '기도발'의 '발'을 붙여 만든 '영발 경영'은 풍수지리는 물론, 인재를 선발할 때도 관상을 중시하는 삼성 특유의 문화를 잘 설명하는 말이다. 이 말을 처음 사용한 이는 한국학자 조용헌 박사였다.

물론 이를 조 박사 개인의 의견으로 치부할 수도 있다. 그런데 조 박사의 주장을 제일 먼저 세상에 널리 알린 곳이 바로 〈중앙일보〉였다. 삼성에 관한 한 가장 유리한 기사와 칼럼만을 싣는 〈중앙일보〉가 이병철의 '관상 면접'에 대한 조 박사의 칼럼을 2003년 11월 지면에 소개한 것이다. 이 사실만 봐도 삼성이 '관상 면접'이나 '영발 경영'에 대해 자랑스러워하면 자랑스러워했지, 별로 부끄러워하는 기색은 없는 것이 확실해 보인다.

실제로 이병철이 신입사원 면접 때 대동했던 인물은 당시 희대의 관상가이자 역술인으로 이름을 떨친 일명 함양의 박 도사, 박재현이었다. 이병철은 박재현의 재주를 매우 아낀 것으로 알려졌다.

박재현은 1970년대 초반 이병철을 처음 만났는데 첫 만남에서 이병철이 복채로 부산 국제시장에 점포 한 채를 내 줄 정도였다. 또 박재현은 1970년대 무려 연봉 6,000만 원을 받고 삼성그룹의 고문을 7년이나 지냈다. 500만 원이면 중소도시의 집 한 채를 살 수 있었던 시절임을 감안하면 박재현이 이병철로부터 얼마나 극진한 대접을 받았는지 충분히 짐작할 수 있다.

박재현은 7년의 고문 기간을 마친 뒤에도 이병철의 요청이 있으면 언제나 달려가 자문을 해 주었다. 그래서 박재현은 이병철이 세상을 뜨기 전까지 옛 삼성 본관 28층 이병철 방을 언제나 자유롭게 드나들 수 있는 거의 유일한 인물로 꼽혔다.

박재현에 따르면 그가 삼성에 직간접적으로 추천한 인재가 무려 1,700명이나 된다고 한다. 삼성을 이끌었던 주역들 중 '영발 경영'의 수혜자가 얼마나 많았는지는 충분히 상상하고도 남음이 있다.

## 힘 있는 인재는 누구나 관리하는 삼성의 네트워크

삼성의 인재 선발 기준이 '영발'이건 아니건 사실 이는 중요한 문제가 아니다. 이병철이 관상과 역술을 중시했는지 여부도 전적으로 그의 개인 취향 문제이지 사회적으로 거론할 대상일 수 없다. 그런데 삼성의 특이한 인재관이, 자신들이 뽑은 인재를 관리하는 방식에 머무르는 것이 아니라 전 사회적인 지배 시스템을 구축하려 한 것이었다면 이야기는 완전히 달라진다.

삼성의 특징을 한 마디로 표현하기에 가장 적절한 용어는 '관리의 삼성'이다. 그리고 삼성은 '관리의 삼성'답게 전 사회적인 인재 관리에 나섰다. 사회에 힘이 있는 사람들이라면 무조건 삼성의 터울 안에 가둬놓는 잡식 공룡 같은 거대한 식성, 힘 있는 자만이 아니라 '힘이 생길 가능성'이 있는 자들까지 모두 포섭하는 무서운 정보력, 삼성이 그 숱한 비리와 편법을 저지르고도 아직도 무사히 살아남은 이면에는 바로 그들의 대對 사회관리 시스템이 자리를 잡고 있다.

삼성의 인재 관리가 표면적으로 드러난 것은 2005년, 안기부의 X파일 녹취록이 공개됐을 때다. 노회찬 당시 민주노동당 의원이 공개한 X파일에 따르면 녹취가 진행됐던 시절 중앙일보 사장이었던 홍석현은 "회장께서 지시하신 거니까"라는 명목으로 명절 때마다 일부 검사들에게 떡값을 돌렸다.

노회찬이 공개한 7명 떡값 검사들의 명단은 그야말로 쟁쟁했다. 최경원, 김두희 전 법무부장관, 안강민 전 대검 중수부장, 김진환 전 서울지검장, 홍석조 전 검찰국장, 한부환 전 법무부차관 등 이름만 들어도 서슬이 시퍼런 주요 법조 인사들이 포함됐다.

재미있는 점은 노회찬이 공개한 7명의 떡값 검사 중 X파일★이 공개될 당시 법무부 차관이었던 김상희가 포함됐는데, 홍석현이 김상희에 대해 "김상희 들어 있어요? 그럼 김상희는 조금만 해서 성의로써, 조금 주시면 엑스트라로 하고……."라며 그를 '쩌리' 취급을 해버렸다는 사실이었다.

떡값 검사의 명단이 공개된 것도 파장이었지만, 그 와중에 검사들 사이에서도 '떡값의 레벨'이 존재했다는 사실은 국민들에게 신선한 충격이었다. 명색이 법무부 차관이었던 김상희는 명단이 공개돼 망신, 엑스트라 취급을 받아 망신, 그야말로 2중 망신을 톡톡히 겪었다.

2년 뒤인 2007년 삼성그룹 전직 법무팀장 김용철 변호사가 공개한 〈회장 지시 사항〉이라는 문건에는 삼성의 사회 인재 관리가 얼마나 섬세하게 진행됐는지 더 잘 나와 있다. 2003년 겨울 이건희가 지시한 것으로 알려진 이 문건의 한 대목을 살펴보자.

> 호텔 할인권을 발행해서 돈 안 받는 사람추미애 의원 등에게 주면 부담
> 없지 않을까? 금융관계, 변호사, 검사, 판사, 국회의원 등 현금을
> 주기는 곤란하지만 호텔 할인권을 주면 효과가 있는 사람들에게 적
> 용하면 좋을 것임. 와인을 잘 아는 사람에게는 와인을 주면 효과적
> 이니 따로 조사해 볼 것. 아무리 엄한 검사, 판사라도 와인 몇 병 줬

★ X파일 사건은 '안기부가 도청한 X파일 속의 삼성, 그리고 〈중앙일보〉' 편에서 자세히 다룰 예정이다.

다고 하면 나중에 문제가 되지는 않을 것임.

그룹 총수가 얼마나 섬세한지, 그냥 "관리해라."도 아니고 "와인이나 호텔 할인권으로 꼬셔 봐라."며 매우 구체적인 로비 지침까지 알려주고 있다. 가히 '관리의 삼성'이라 부를만한 대목이다.

2003년 한 주간지에 실린 청와대 행정관의 고백은 더 놀랍다. 〈시사저널〉 보도에 따르면 노무현 대통령이 당선자 시절 인수위 경제분과에서 일을 했던 이 행정관은 "민주당 선배가 식사나 하자고 해서 갔더니 삼성 정보맨이 나와 있었다. 그가 며칠 후 생일이라고 도서상품권을 보내왔다."라고 털어놓았다. 또 같은 기사에서 한 재경부 고위 관리는 "서기관 시절 미국에 유학 갔을 때 조깅을 하다 만난 중년 남자가 유학 생활에 여러 번 도움을 준 적이 있었다. 그런데 유학에서 돌아와 몇 년이 지난 후 그 삼성 직원은 내 담당자가 되어 회의에서 가끔 만나고 있다."고 고백했다.

사실 사건의 정황이 나중에 구체적으로 드러나서 그렇지, 삼성의 대 사회 인재 관리 시스템이 막강하다는 소문은 훨씬 오래 전부터 있었다. 이 문제에 대한 나의 개인적인 경험도 있다.

내가 〈동아일보〉 경제부에서 일했던 2000년대 초반, 삼성그룹 모 계열사 홍보팀 관계자와 저녁을 함께 한 적이 있었는데 그 홍보팀 직원이 나에게 "취미가 무엇이냐? 골프도 안치는 걸로 나와 있고……, 뭐 특별히 관심 있는 분야가 있으시냐?"고 물은 것이다.

내가 "나와 있다니, 나에 대해서 어디에 그렇게 나와 있다는 말이냐."고 되묻자 그는 "회사 데이터베이스에 그렇게 기록돼 있다."고 실토했다. 고작 경력 5, 6년차 젊은 기자였던 나조차심지어 별로 유능하지도 않았다도 '영광스럽게도' 삼성이 관리하는 인재 풀pool에 포함아마 가장 낮은 급으로 분류됐겠지만됐던 것이다.

술이 좀 거해졌을 때를 틈타 이에 대해 보다 자세한 정보를 그로부터 들을 수 있었는데, 이 홍보팀 직원에 따르면 삼성 데이터베이스에는 웬만한 기자들의 출신지역, 출신고교, 관련된 동문 등이 다 저장돼 있다고 했다. 특히 비고란에는 그 기자의 취미가 무엇인지, 골프를 좋아하는지 와인을 좋아하는지, 아니면 룸살롱에서 여자 끼고 술 마시는 것을 좋아하는지 등도 기록이 돼 있다는 것이었다.

## 영발 경영에서 포섭 경영으로 진화한 삼성

이병철의 '영발 경영'은 이건희 대에 이르러 마침내 '포섭 경영'으로 확대됐다. 이병철은 영발을 통해 삼성에서 일할 인재를 얻었지만, 이건희는 포섭을 통해 한국 사회 모든 영역의 인재들을 삼성 편으로 만들려 했다.

삼성의 포섭 경영은 거침이 없었다. 그들의 식견은 절대 짧지 않았다. 당장 급한 문제부터 해결하려 하지 않았다는 뜻이다. 그들의 포섭은 멀리 보고, 길게 보고, 넓게 보는 특징이 있었다. 당장 이익이 되지 않더라도 '언젠가 이익이 될 사람'들이라면 어김없이 삼성의 레이더망에 걸려들었다.

2007년 공개된 〈회장 지시 사항〉을 조금 더 들여다보자. 삼성의 인재 식

탐은 법조, 언론, 시민단체, 교수 등 한국 사회의 주요 오피니언 리더를 모두 아우른다는 사실을 쉽게 알 수 있다.

우선 시민단체에 대한 이건희의 섬세한 지시.

참여연대 같은 NGO에 대해 우리를 타깃으로 해를 입히려는 부분 말고 다른 것에 대해서는 몇 십 억 정도 지원해보면 어떤지 검토해 볼 것.
- 2003년 10월 22일 도쿄

다음은 광고를 통해 언론에 압박을 가하는 삼성의 스킬.

〈한겨레신문〉이 삼성에 대해 악감정을 가지고 쓴 기사를 전부 스크랩해서 다른 신문이 보도한 것과 비교해보고 이것을 한겨레 쪽에 보여주고 설명해 줄 것. 이런 것을 근거로 광고도 조정하는 것을 검토해 볼 것.
- 2003년 10월 18일 도쿄

일선 경제 기자들과 대학 교수들이 빠지면 섭섭하다. 이들을 동원해 언론을 조작하는 삼성의 능력.

LG가 해외에서 덤핑을 일삼는다 하는데, 국가적으로 손해고 전부 같이 망할 수도 있다는 여론을 만들어 볼 것. 경제담당 기자나 교수를 시켜서 비교해 홍보하고 이게 얼마나 손해인지 여론을 조성해 볼 것.

- 2003년 12월12일 보광

실로 눈부신 사회 관리 시스템이다. 삼성은 이 같은 포섭 경영을 통해 한국 사회를 삼성이라는 거대한 덫에 가둬 놓았다. 삼성은 이 덫의 위력을 믿고 거침없이 비자금을 조성했고, 거침없이 편법 승계를 감행했다. 한국 사회는 삼성의 우산 아래 숨만 죽이고 있는 어린 아기와 같았다.

하지만 삼성이 모든 언론을 장악했고, 삼성이 모든 법조인들을 떡값으로 관리했던 것은 아니다. 언제나 그렇듯 사회의 한 구석에서는, 권력자들이 막아 놓은 거대한 우산 밖으로 뛰어나가 진실을 밝히고자 노력하는 선의의 의지가 있기 마련이다.

2000년대 중반까지 포섭 경영으로 승승장구했던 삼성은 한 방송사 기자의 용기 있는 보도와, 삼성 출신 한 변호사의 거침없는 폭로로 인해 X파일 사건과 비자금 사건이라는 창사 이래 최대의 시련을 맞게 된다.

# 안기부가 도청한 X파일 속의 삼성, 그리고 〈중앙일보〉

## - 삼성 X파일 사건

### 2001년 세무조사 정국의 기억

2001년 6월과 7월은 한국 언론 역사에 길이 남을 격동의 시기였다. 한국 역사상 처음으로 '언론개혁'이라는 화두가 사회에 던져진 때였기 때문이다. 그 해 6월 국세청이 〈조선일보〉, 〈중앙일보〉, 〈동아일보〉, 〈한국일보〉, 〈국민일보〉, 〈대한매일〉 등 6개 신문에 대해 세금을 추징하고, 탈세 혐의로 사주社主 혹은 법인을 검찰에 고발하면서 언론과 정부의 격돌은 시작됐다.

원칙적으로 신문은 자신의 입장을 지면을 통해 밝힌다. 언론사에게는 '지면'이라는 공간이 있기에 별도의 성명이나 입장을 밝히는 경로를 갖고 있지 않다. 대기업들이 자신들의 입장을 대외적으로 밝히는 홍보실을 갖고 있는 반면, 신문사에는 홍보실이 없는 이유가 여기에 있다. 홍보를 하거나 대외적으로 자신들의 입장을 밝힐 일이 있으면 그냥 지면을 이용하면 되기 때문이다. 그런데 이 사건에 대한 각 언론사의 태도는 달랐다. 지면을 통해 싸우는 것으로는 부족했는지 정부의 압박에 대응하는 별도의 방식이 등장한 것이다. 그것은 바로 일선 기자들의 성명서였다. "정부의 탄압에 맞서 우리 언론사를 반드시 지키겠다."는 일선 기자들의 목소리는, 사주의 이해관계와 100% 일치한 것이었다.

가장 먼저 들고 일어난 곳은 〈조선일보〉 평기자들이었다. 이 신문 평기자들은 28일 조선일보 본사에서 긴급 기자총회를 열었다. 그리고 회의가 시작된 지 단 15분 만에 '언론탄압에 맞서 분연히 싸우겠다.'는 내용의 성명서를 발표했다.

성명서에는 "조선일보 기자들은 지금, 사방에서 언론을 옥죄어오는 권력의 살기殺氣를 절감하고 있다.", "김대중 대통령이 말한 언론개혁이 비판언론 압살 작전에 다름 아니었음을 확인하고 있다.", "비판언론을 압살하려는 권력의 음모가 명확히 드러난 이상, 우리 조선일보 기자들은 그 음모에 분연히 맞서 싸우지 않을 수 없다.", "이 투쟁에서 반드시 이겨 언론자유와 조선일보를 지킬 것이다." 등 격렬한 저항 의지가 담긴 문구가 가득했다.

다음으로 나선 것은 〈중앙일보〉 평기자들이었다. 〈중앙일보〉는 기자들 명의의 성명서를 발표하지는 않았지만 노보, 즉 노조가 발행하는 공식 신문의 사설을 통해 자신들의 입장을 밝혔다. 당시 〈중앙일보〉 노조에는 평기자들만 가입했기 때문에 노보의 사설은 평기자들의 공식 입장으로 해석돼도 전혀 무리가 없었다.

중앙 노조는 '보도의 성역을 없애자—초유의 언론 사태를 바라보며'라는 제목의 사설에서 "세무조사는 정권 재창출을 달성하기 위한 방편으로 공권력을 동원해 신문시장을 재편하려는 시도", "그동안 정권의 비리 등을 알고도 정권의 압력 때문에 부분적으로나마 타협할 수밖에 없었던 잘못된 관행을 고쳐야 할 것", "청와대 등 권력의 성역 부분에 대해서도 비리가 있으면 더욱 과감히 보도하는 자세가 필요하다."며 일전불사의 의지를 강조했다.

반면 조중동의 한 축인 〈동아일보〉 평기자들만은 성명서를 내지 않았다. 나는 당시 이 신문사에 근무했던 덕에 그때의 정황을 비교적 정확히 기억한다. 〈동아일보〉 평기자들 역시 7월 2일 기자총회를 열고 정권의 탄압에 맞서는 기자들의 성명서를 채택하려 했다. 하지만 몇몇 기자들이 이에 격렬히 반대하며 결국 성명서 채택이 무산됐다. 성명서에 반대했던 기자들은 기자총회에서 "언론사는 사주의 전유물이 아니다. 기자는 사주의 부속품이 아니라 사회의 진실을 밝히는 도구여야 한다. 1999년 〈중앙일보〉 사태 때 그 신문사 기자들이 걸었던 그 오명의 길을 우리도 따라 걸을 수는 없다."고 주장했다. 지금과 달리 〈동아일보〉가 그나마 괜찮았던 시절이었다.

## 언론 역사에 남을 명장면, "사장님 힘내세요!"

언론사 기자들 사이에서 '1999년 〈중앙일보〉 사태'는 기억조차 하기 싫은 치욕의 순간으로 남아 있다. 독재정부 시절 기자들이 군부의 총과 칼이 무서워 세상과 타협한 적은 있었다. 하지만 기자들 스스로 자신의 정체성을 사주의 부속품으로 전락시킨 사례는 많지 않았다. 1999년 〈중앙일보〉 사태는 기자라는 직업이 '펜으로 사회의 어둠을 밝히는 등불'이 아니라 '사주가

한국 재벌 흑역사

주는 월급을 받는 직장인'이라는 사실을 극명하게 드러낸 사건이었다.

이 사태는 당시 〈중앙일보〉 사장이면서 보광그룹 최대주주였던 홍석현이 보광그룹에서 약 25억 원을 탈세한 혐의로 검찰 수사를 받으면서<sub>이후 구속</sub> 시작됐다.

분명히 다시 말하지만 이 사건은 〈중앙일보〉의 탈세가 아니라 보광그룹 탈세 사건이었다. 그런데 〈중앙일보〉 기자들은 이를 자신들에 대한 언론 탄압으로 규정했다. 9월 27일 〈중앙일보〉에는 '언론 장악 분쇄 비상대책위원회'가 구성됐다. 비대위는 "정권의 모든 압력을 분쇄하겠다."며 전의를 드높였다. 편집국 부장들도 창사 이래 처음으로 집단 성명서를 냈다. 평기자들은 연일 공채 기수별로 성명서를 발표했고, 노조도 특보를 발행했다.

30일 오전 10시, 홍석현이 검찰 조사를 받기 위해 대검찰청 청사 마당에 모습을 드러내자 언론 역사상 영원히 기억될 그 장면이 연출됐다. 40여 명의 〈중앙일보〉 평기자들이 홍석현의 모습을 보고 이렇게 외쳤던 것이다.

"사장님, 힘내세요!"★

## 삼성의 기관지, 〈중앙일보〉의 흑역사

"사장님, 힘내세요!"라는 기자들의 외침에서도 알 수 있듯이, 〈중앙일보〉는 유난히 사주에 대한 보호 본능이 강한 신문으로 평가를 받는다. 〈중앙일보〉가 왜 이런 전통을 갖게 됐는지를 이해하기 위해서는 그들의 역사를 먼저 살펴볼 필요가 있다. 〈중앙일보〉의 강력한 '사주 중심주의'의 전통은 이병철이 〈중앙일보〉를 창간한 이유 및 그의 아들 이건희가 주도한 〈중앙일보〉 개혁에서 비롯됐기 때문이다.

〈중앙일보〉는 1965년 창간했다. 사실 이병철이 언론 사업에 진출한 것은 그의 일생에서 내린 몇 안 되는 독특한 선택이었다. 1960년대 신문이 막강한 권력을 갖기는 했어도, 적어도 신문 사업이 '돈이 되는' 사업은 아니었기 때문이었다. 그런데도 이병철이 신문을 창간한 것은 5.16 군사 쿠데타 이후 절감한 '권력의 막강한 위력' 탓이었던 것으로 보인다. 이병철이 『호암자전』에서 직접 밝힌 〈중앙일보〉 창간 배경을 살펴보자.

"나는 4.19와 5.16을 거치며 단 한번 정치가가 되려 생각한 적이 있다. 경제인의 힘의 미약함과 한계를 통감한 것도 정치가가 되려고 한 동기였다. 그러나 1년여를 숙려한 끝에 정치가로 가는 길은 단념했다. 올바른 정치를 권장하고 나쁜 정치를 못하도록 하며 정치보다 더 강한 힘으로 사회 조화와 안정에 기여할 수 있는 방법은 없을까를 생각한 끝에 종합매스컴의 창설을 결심했다."

★ 본질과는 별 상관이 없지만, 이 장면에 대해 '사소한' 논란이 하나 있다. 당시 이 사건을 보도한 〈한겨레신문〉은 〈중앙일보〉 기자들의 외침을 "사장님, 힘내세요!"라고 적었지만, 2001년 〈중앙일보〉 노보는 "'사장님, 힘내세요!'가 아니라 '홍 사장, 힘내세요!'였다. 일부 언론이 말까지 바꿔가며 기자들을 사주의 충복으로 전락시켰다."고 반박했다. 그러니까 〈중앙일보〉 노보의 주장은 기자들이 홍석현을 '사장님'이라고 부르지 않았고 '홍 사장'이라고 불렀다는 것이다. 따라서 '님'을 붙이지 않았으므로 그 장면이 세간에 알려진 만큼 굴종적인 모습은 아니라는 게 그들의 주장이었다. 하지만 보통 언론사에서 상관의 직책을 부르는 관행이 무엇인지 알고 있다면 노보의 주장은 터무니없는 핑계임을 쉽게 알 수 있다. 언론사 내부에서는 직책을 부를 때 '님'을 붙이지 않는다. 이 관행은 거의 2000년대 중반까지 이어졌다. 아랫사람이 부장을 부를 때에도 "부장님"이라고 하지 않고 "부장"이라고 부른다는 뜻이다. 언론사 내부에서는 '직책 명칭에 이미 존칭이 들어 있으므로 님을 붙일 이유가 없다.'는 관행이 오랫동안 유지됐다. 따라서 〈중앙일보〉 기자들이 홍석현을 '홍 사장'이라고 불렀건, '사장님'이라고 불렀건 그들이 사주에게 굴종적 모습을 보였다는 팩트에는 아무런 영향을 미치지 않는다.

기공식에서 시삽을 하는 이병철 삼성회장과 이건희 부회장, 홍진기 중앙일보 회장
ⓒ 원작 : 경향신문 / 제공 : 민주화운동기념사업회

이병철의 머릿속에 자신을 탄압한 박정희의 정치는 '나쁜 정치'였고, 이 나쁜 정치를 못하도록 막는 방법은 '정치보다 더 강한 힘'을 갖는 언론사 설립이었다는 이야기다. 그래서 세상에 모습을 드러낸 〈중앙일보〉는 중앙지로서 갖는 '정치보다 더 강한 힘'을 이용해 어떤 활동을 벌였을까? 그들은 이병철의 바람대로 '사회 조화와 안정에 기여'했을까? 안타깝게도 〈중앙일보〉는 '정치보다 더 강한 힘'을 '사회 조화와 안정'이 아니라 사주인 이병철을 위해 사용했다. 가장 대표적인 예가 1966년 사카린 밀수 사건 때 드러난 〈중앙일보〉의 보도 태도다.

사건이 터지자 〈중앙일보〉는 9월 16일자 3면에 '사카린 밀수보도 사실과 다르다'는 제목의 기사를 실었다. 기사는 이 사건이 "직원 개인의 비행이며, 불미한 행위를 회사에서는 몰랐다."라고 보도했다. 17일자 사설에는 "이번의 사카린 원료 밀수 사건도 정확한 경위가 이미 관계기관에 의해 발표됐거니와 왜곡되거나 무분별한 흠이 없지 않은 세론이 비생산적이고 인심을 쓸모없이 자극하는 방향으로 흐르지 않게 되기를 바라마지 않는다."고 주장했다. 〈중앙일보〉에게 사카린 밀수 사건은 '척결해야 할 사회악'이 아니라 '비생산적이고 인심을 쓸모없이 자극하는' 사건이었다는 이야기다.

1980년 〈중앙일보〉는 삼성-현대의 자존심 대전大戰 때에도 삼성의 기관지 역할을 충실히 다한다.

삼성과 현대가 이 시기에 벌였던 일전一戰의 본질은 두 회사의 수장 이병철과 정주영 사이에서 벌어진 자존심 싸움이었다. 비록 그 시기 삼성이 뒤

늦게 중화학공업 분야에 뛰어들어 기존 주자였던 현대와 대결 구도가 성립되긴 했어도, 두 그룹의 전체적인 사업 구조는 전혀 달랐다. 따라서 두 그룹은 부딪치지 않으려 마음만 먹었다면 전혀 부딪칠 필요가 없는 상황이었다.

그런데 현대가 중화학공업과 자동차 산업을 기반으로 30년 동안 재계 1위를 지켰던 삼성의 턱밑까지 추격해오자 이병철과 정주영 두 수장의 심사가 피차 꼬이기 시작했다.

먼저 정주영은 1977년 모 신문 칼럼에서 재벌의 언론 소유, 즉 삼성이 〈중앙일보〉와 〈동양방송〉을 운영하는 데에 대해 날 선 비판을 가했다.

이병철이 이에 크게 노하자 삼성 소유의 〈동양방송〉이 반격의 선봉에 섰다. 정주영의 조카가 대학에 불합격한 사실을 이 방송사가 무려 네 번이나 다룬 것이다. 〈매일경제〉의 보도에 따르면 1980년 2월 이병철은 생일을 맞아 100여 명을 초청해 만찬을 열었는데 정주영을 초대하지 않았다. 그리고 이 자리에서 이병철은 현대와 정주영을 싸잡아 공격하며 인신공격까지도 서슴지 않았다. 두 수장의 사이가 나빠지자 〈중앙일보〉가 현대 공격 선봉에 나섰다. 〈중앙일보〉는 1980년 2월 이후 연일 현대건설의 해외 공사에 각종 비리와 문제가 있다는 점을 지적했다.

이에 대해 현대는 〈중앙일보〉를 제외한 3월 15일자 각 신문에 '중앙매스콤회장 이병철의 사실과 다른 집중 과장보도에 대해 해명합니다'라는 제목의 광고를 실으면서 반격했다. 하지만 이 광고가 실린 날에도 〈중앙일보〉는 1면과 사회면에 현대가 맡은 공사의 부실을 크게 보도했다. 하지만 두 재벌의 싸움에서 우위를 점한 것은 아무래도 삼성이었다. 삼성에게는 〈중앙일보〉라는 입이 있었지만, 현대가 그에 대응할 수단은 광고 정도밖에 없었다.

이외에도 〈중앙일보〉가 삼성의 입이 되어 삼성을 비호하거나, 삼성의 비리를 최대한 축소 보도하며 삼성을 옹호한 사례는 셀 수 없을 정도로 많다. 삼성의 편법 경영승계나 X파일 사건, 김용철 변호사의 삼성그룹 비자금 폭로사건 등은 〈중앙일보〉에서 언제나 최대한 작게 보도됐다.

〈중앙일보〉가 "삼성과 완전히 분리됐다."고 주장한 이후 발생한 2007년 태안지역 기름 유출사고 삼성중공업 예인선이 충돌 당사자였다 때 〈중앙일보〉는 사고의 원인과 책임에 관한 보도를 거의 하지 않았다.

## 역사의 죄인 홍진기와 그의 후견을 입은 이건희

삼성과 〈중앙일보〉의 밀월은 2대에 이어 계속됐다. 〈중앙일보〉 1세대를 이끈 것이 이병철과 홍진기였다면, 2세대를 이끈 것은 이건희와 홍석현 홍진기의 아들이었다. 이 씨 가문과 홍 씨 가문은 서로 필요할 때 도움을 주고받으며 거대한 '보수 카르텔'을 구축했다.

이병철과 홍진기가 처음 만난 때는 4.19혁명 직후였다. 사실 잘 알려지지 않아서 그렇지 한국 현대사에서 홍진기만큼 중대한 역할을 한 인물은 몇 되지 않는다.

홍진기는 일제 강점기인 1940년 고등문관시험 사법과에 합격해 법조계에 투신했고 1943년 전주지방법원 판사가 됐다. 누가 봐도 친일 관료였던

128

셈인데, 이런 전력 탓에 홍진기는 2009년 민족문제연구소가 펴낸 〈친일인 명사전〉에 이름을 올린다.

하지만 홍진기가 '진짜 자신의 모습'을 유감없이 드러낸 때는 일제 강점 기가 아니라 이승만 정부 시절이었다. 그는 1954년 법무부 차관이 된 뒤 이 듬해 법무부 장관에 오르며 승승장구했다. 당시 언론은 홍진기를 "이승만 이 가장 아끼는 장관"이라고 표현할 정도였다.

1959년 2월 〈경향신문〉이 '여적餘滴'이라는 칼럼을 통해 다수결의 원칙과 공명선거의 정신을 강조하며 이승만 정부를 우회적으로 비판한 일이 있었 다. 그러자 법무부 장관이었던 홍진기는 이승만, 이기붕의 지시를 받아 〈경 향신문〉을 아예 폐간시키기에 이른다. 홍진기는 같은 해 7월 죽산 조봉암 선생의 처형 명령에 최후로 서명하며 이승만 독재를 뒷받침하기도 했다.

1960년 4.19 혁명이 일어났다. 서울을 가득 메운 민주 시민들의 함성에 이승만 정부는 경무대로 통하는 효자동 입구에 바리케이드를 치고, 학생들 에게 마구잡이로 총을 쏘아댔다. 이 발포로 민중들의 투쟁은 더욱 격화됐 고, 4.19혁명이 마침내 성공했다.

혁명이 성공한 이후 당연히 서울에서 발포를 최종 명령한 사람이 누군지 에 대한 검찰 조사가 시작됐다. 사망자만 약 100명에 부상자만 450여 명이 었다. 민중들을 폭도로 몰아 총질을 명령한 책임자를 찾는 일은 혁명의 뒤 처리에 매우 중요한 사안이었다. 그런데 검찰 수사 결과 경찰의 발포 최종 명령자가 바로 홍진기로 밝혀졌다. 1960년 8월 검찰은 홍진기에게 사형을 구형했고, 5.16 군사 쿠데타 이후 들어선 군사법정마저 홍진기에게 사형을 선고했다.

하지만 어떤 이유에서였는지 홍진기는 항소심에서 무기형으로 감형을 받았다. 그리고 1963년 8월 홍진기는 광복절 특사로 풀려났다. 홍진기가 목숨을 건지고 특사로 풀려난 데에는 홍진기를 '평생의 동지'로 여겼던 이병철의 역할이 컸다고 알려져 있다. 이병철이 어떤 방식으로 홍진기를 감옥에서 '꺼냈는지'는 알려지지 않았지만, 이병철이 홍진기를 첫 만남 때부터 매우 마음에 들어 했고 그를 출소시켜 자신의 곁에 두기 위해 많은 노력을 들였던 것은 거의 확실해 보인다.

1967년 이병철은 자신의 3남 이건희를 홍진기의 장녀 홍라희와 결혼시키며 두 가문은 사돈관계를 맺는다. 그리고 홍진기는 1968년 〈중앙일보〉의 사장에 오른 뒤 평생을 그 신문사에서 일하며, 〈중앙일보〉가 '생명의 은인' 이병철을 위한 신문이 되도록 혼신의 힘을 다한다.

홍진기는 특히 삼성의 2세 경영 승계 과정에서 3남인 이건희를 적극적으로 옹호한 것으로 널리 알려져 있다. 일본과 미국에서 유학을 마치고 귀국한 이건희는 1968년 〈중앙일보〉에 이사로 입사하는데, 이 시기 〈중앙일보〉 사장이었던 홍진기는 철저히 이건희의 후견인이 되는 일에 집중했다. 홍진기의 이런 헌신적인 노력은 이건희가 향후 "내 정신적 고향은 〈중앙일보〉"라는 말을 할 정도로 이건희의 가슴 속 깊이 남게 됐다.

## 이건희-홍석현 라인, 〈중앙일보〉 변화를 주도하다

1986년 홍진기가, 1987년 이병철이 각각 세상을 떠나면서 이병철-홍진기 1세대의 시대가 종식됐다. 〈중앙일보〉는 홍진기 사망 이후 주인 없는 신문처럼 방치됐다. 특히 새로 창간한 〈중앙경제〉가 크게 실패하면서 심각한 경영위기를 맞기도 했다.

새로이 삼성의 대권을 잡은 이건희는 〈중앙일보〉를 새로운 신문으로 바꾸고 싶어 했다. 이건희는 〈중앙일보〉를 〈조선일보〉나 〈동아일보〉에 맞먹는 대형 신문사로 키워야 삼성의 든든한 후원군이 될 수 있을 것이라 믿었다. 이를 위해서는 〈중앙일보〉에 개혁이 필요했다. 물론 개혁을 하더라도 〈중앙일보〉가 여전히 자신과 삼성을 위한 신문으로 남아야 한다는 점은 필수적이었다.

이건희는 〈중앙일보〉의 개혁도 잘해내고, 동시에 자신을 절대 배신하지 않을 인물을 찾았다. 마침내 개혁과 친親삼성, 두 요소를 모두 만족시킬 인물이 그의 레이더에 잡혔다. 그가 바로 자신의 후견인 홍진기의 아들이며, 당시 삼성그룹에서 젊은 유학파 인재로 인정을 받던 처남 홍석현이었다. 1994년 홍석현은 〈중앙일보〉의 새 대표이사부사장에 선임된다.

홍석현은 취임 이후 〈중앙일보〉를 빠른 속도로 '삼성화'시켰다. 기존 임원들을 대거 몰아낸 뒤 그 자리를 삼성 사람들로 채웠다. 이건희의 최측근이었던 배종렬이 〈중앙일보〉 부사장에, 삼성그룹 비서실 인사팀장 출신의 송용노가 전무에, 비서실 인사팀장 출신인 송필호가 이사에 포진했다.

또 〈중앙일보〉 적통이었지만 워낙 보수적 이미지가 강해 기자들의 거부로 편집국장을 맡지 못했던 금창태를 전격 발탁, 그에게 신문본부장상무을 맡김으로써 보수지의 면모를 분명히 했다.

홍석현은 예의 그 서구적 감각과 이건희라는 든든한 자금줄을 바탕으로 빠르게 〈중앙일보〉를 변화시켰다. 가로쓰기 편집과 조간화, 섹션신문 도입 등 혁신적 방안이 모두 그의 지휘 아래 이뤄졌다. 〈중앙일보〉는 단번에 〈동아일보〉를 제치고 〈조선일보〉와 자웅을 겨룰만한 위치에 올라섰다. 〈중앙일보〉 기자들의 보수도 〈동아일보〉를 넘어 〈조선일보〉와 맞먹을 정도로 인상됐다.

〈중앙일보〉 기자들은 자신들을 단번에 '메이저 언론사 기자'로 만들어 준 홍석현에 열광할 수밖에 없었다. 1999년 〈중앙일보〉 기자들의 "사장님, 힘내세요!"라는 열광은, 그들에게 〈중앙일보〉 재건에 성공한 홍석현의 영향력이 얼마나 컸는지를 잘 드러내 준 사건이었다.


## X파일 사건, 삼성의 비자금 택배 회사로 전락한 〈중앙일보〉

홍석현을 잘 아는 사람들이 그에 대해 공통적으로 하는 말이 하나 있다. "야심이 큰 인물"이라는 평가가 바로 그것이다. 실제 홍석현은 언론사 사주로는 특이하게도 주미대사로 일을 했고, 대사 시절 워싱턴 특파원들을 모아놓고 UN사무총장에 출마하겠다는 의지를 밝히기도 했다.

탈세 의혹 등을 빼고 나면, 언론사 사주로서 홍석현의 능력은 나쁘지 않았다는 평가가 많다. 하지만 홍석현에게는 언론사 사주가 가져야 할 가장 중요한 덕목 하나가 없었다. 그것은 정치적 야심을 절제하는 능력이었다.

홍석현은 자신의 야심을 충족시킬 수만 있다면 누구와도 손을 잡을 인물이었다. 그가 주미대사로 발탁된 때는 2005년 노무현 정부 시절. 즉 홍석현은 야망을 달성하기 위해 보수 진영이 그토록 미워하는 노무현과도 손을 잡을 수 있었던 것이다. 주미대사는 그의 궁극적 목표였던 UN사무총장에 오르기에 훌륭한 징검다리였다. 하지만 안타깝게도 홍석현의 과도한 정치적 야심은 한국 사회에서 〈중앙일보〉가 부당하게, 혹은 과도하게 정치에 개입하는 모습으로 현실화되는 일이 많았다. 〈중앙일보〉는 때로는 〈조선일보〉보다도 과격하게 '꼴통보수' 짓을 하고 다녔다. 이런 모습이 가장 극단적으로 드러났던 때가 바로 이회창한나라당, 김대중새정치국민회의, 이인제국민신당 등 세 후보의 3파전 양상으로 진행됐던 1997년 12월 대선이었다.

〈중앙일보〉의 무리수가 처음으로 드러난 것은 1997년 대선을 한 달 앞둔 그 해 11월이었다. 이인제가 이끌던 국민신당이 이른바 '〈중앙일보〉 대선 전략 문건'을 폭로한 것이다.

당시 대선에서 〈중앙일보〉는 이회창을 조직적이고 적극적으로 지지하는 보도 스탠스를 취했다. 하지만 그들은 단지 보도를 통해 이회창을 돕는 데에서 그치지 않았다. 폭로된 문건은 〈중앙일보〉 편집국장의 지시에 따라 일선 정치부 기자들이 작성한 것이었는데, 문건 안에는 이회창의 선거 전략 분석은 물론 이회창 캠프에 대한 '진심 어린' 조언까지 담겨 있었다.

"이 후보의 '법대로' 이미지는 대통령으로서는 딱딱하고 낡은 인상을 주며(중략) 국민적 이미지가 좋은 인사를 영입하고 이 후보의 헤어스타일 등을 부드럽게 보이는 노력이 필요하다."는 등의 내용이 실려 있었던 것이다.

〈중앙일보〉는 이에 대해 "홍 사장이 이회창 후보를 만날 때 참고하라고 만든 문건이지, 이 후보에게 건네주기 위해 만든 문건은 아니다."라고 해명했지만, 누구도 이 해명을 믿는 분위기가 아니었다.

그런데 당시 대선에서 〈중앙일보〉가 취한 편향적 태도의 배후에 삼성그룹이 있었다는 사실이 2005년 새로 드러났다. MBC 이상호 기자가 국가안전기획부의 도청 내용을 담은 90여 분짜리 테이프를 입수해 폭로한 사건, 일명 '삼성 X파일 사건'이 터진 것이다.

잘 알려진 대로 X파일은 안기부가 '미림 특별 수사팀'이라는 팀을 꾸려 1994년 6월부터 3년 반 동안 무려 1,000여 개의 불법 도청 테이프를 작성한 사건이다. 미림팀의 도청 대상은 여야 최고 정치인을 비롯해, 언론사주, 보안사령관, 참모총장 등이 망라돼 있었는데, 이 도청 테이프에 홍석현과 '삼성의 2인자'로 불렸던 이학수삼성그룹 부회장의 대화 내용이 담기고 말았다.

두 사람은 1997년 대선 당시 신라호텔에서 만나 이회창을 위한 자금 제공을 공모했고, 일선 검사들에게 뇌물*을 제공하는 것을 상의하기도 했다. X파일에 따르면 홍석현은 우선 이회창에게 돈을 건네주는 창구로 이회창의 동생인 이회성을 지목했다.

★ 삼성의 검사들에 대한 '떡값 관리'는 앞장에서 살펴본 내용 그대로다.

　　　　　　　　　　　　　　　　　　　　　　　　한국 재벌 흑역사

9월 3일 이 대표이회창를 만나 회장께서 떠나시면서 "이 대표가 어려울 텐데 도와드리라고 했다."고 하니까 처음으로 "정말 고맙다."는 얘기를 하더라고요.

그래서 앞으로 돈 문제에 대해서 누구를 창구로 했으면 좋겠느냐고 했더니, 황영하전 총무처 장관, 이회창 측근를 지정하길래 내가 "좀 불편하니 이회성이회창의 동생 씨가 어떻겠느냐." 하니까 "그럴까?" 했는데, 그 다음날 이회성 씨로부터 "형님께서 9월 8일 지구당 위원장 연찬회 때 오리발현금이 들어가야 되니 그날 아침까지 집행되도록 해달라고 하신다."고 해서, 그전 토요일 밤 집으로 오라고 하여 생색 좀 내고서 2개2억 원를 차에 실어 보냈어요.

홍석현은 스스로 정치자금 브로커가 돼 30억 원을 이회창 측에 건넨 사실을 자랑한다.

이회성이가 왔는데, 내가 돈을 줬는데, 차를 우리 집이 아니라 길에 세웠어. 이번에 준 30억 원도 다 썼대요.

홍석현은 돈이 없어 쩔쩔 매는 이회창 측에 돈을 준 사실에 대해 몹시 뿌듯해 한다.

근데 어째 돈이 그렇게 없는지 모르겠어요. 오직 우리 돈만 갖다가

털털 터는 모양이에요. 내가 볼 때 우리가 이번에 전한 것이 타이밍
상 기막혔던 것 같아요.

5만 원권이 없던 시절이어서 그런지 역시 거액의 현찰을 주고받는 일이
쉽지는 않았던 모양이다.

두 명이서 15개<sup>15억 원</sup>를 운반하는 데는 문제가 없는데 30개<sup>30억 원</sup>는
무겁더라구. 이번에는 비서실 김인주가 믿을 만하니까 그 친구, 나,
이회성 셋이서 백화점 주차장에서든지 만나 가지고……. 그전에
귀찮더라도 이회성 씨를 일단 우리 집으로 오라고 하여 정보교환도
좀 하고…….

이후 이회성은 검찰 수사 및 법정진술을 통해 압구정동 현대아파트 주차
장에서만 총 60억 원을 삼성으로부터 대선자금 지원 명목으로 받았다고 밝
혔다. 하지만 이 엄청난 사건은 검찰의 삼성 봐주기 수사로 허무하게 막을
내렸다. 당시 수사를 지휘한 이가 박근혜 정부의 세 번째 국무총리에 오른
황교안<sup>당시 서울중앙지검 2차장</sup>이었다.

황교안은 이건희, 이학수, 홍석현 등 주요 인물을 모두 무혐의 처리했다.
그는 "당사자인 홍석현과 이학수가 녹취록 내용을 전면 부인해 혐의를 입
증할 수 없었다."는 태도를 일관되게 유지했다. 60억 원 수수를 인정했던
이회성이 이후 액수를 30억 원으로 번복했는데, 심지어 황교안 수사팀은
이에 대해서도 "이회성이 피곤한 상태에서 실수를 했다고 한다."며 피의자

의 진술 번복을 받아들였다. 이회성이 받은 돈의 액수가 60억 원으로 인정되면 뇌물 액수가 50억 원을 넘어 뇌물 제공자인 이건희의 공소시효도 10년으로 늘어난다. 이를 막은 인물이 바로 황교안이었던 것이다.

황교안의 이런 배려가 고마웠던지, 이 해 12월 18일 〈중앙일보〉는 황교안을 '사회분야의 올해의 인물'로 선정하는 희대의 개그를 자행한다. 〈중앙일보〉는 황교안을 '올해의 인물'로 선정한 이유로 "황 차장은 불법 도청 수사가 진행된 143일 동안 검찰 공안부에서 잔뼈가 굵은 베테랑답게 수사 과정에서의 인권침해 시비나 수사기밀의 외부 유출 등 작은 실수 없이 수사를 말끔하게 마무리했다."고 적었다. 〈중앙일보〉와 삼성이 황교안에게 얼마나 고마운 마음을 가지고 있었는지 가감 없이 드러나는 대목이다.

1997년 안기부가 도청한 X파일 속의 삼성은 그들이 단순한 기업에 머무르지 않고, 정치를 좌우하는 핵심 세력이 되고자 했던 야욕을 잘 드러내 준다. 그리고 〈중앙일보〉의 사주 홍석현은 신문을 통해 특정 후보를 지지하는 것을 넘어, 스스로 삼성의 정치자금 전달 브로커가 되는 일까지 마다하지 않았다.

역사적으로 〈중앙일보〉는 삼성의 기관지였고. 삼성은 〈중앙일보〉를 통해 정치와 사회에 대한 지배력을 높이려 했다. 막강한 자본력에다 '3대 중앙 일간지'의 위세까지 등에 업은 〈중앙일보〉는 삼성을 비호하며 영향력을 확대하는 일에 거침이 없었다. 〈중앙일보〉는 정경 유착을 넘어, 정경언 유착이라는 삼성의 삼각편대를 완성시킨 마지막 퍼즐이었던 셈이다.

# 삼성의 비자금, 하지만 이건희는 건재했다

## - 삼성에게 면죄부만 안겨준 비자금 특별검사

### 노블레스 오블리주와 비자금의 공존(?)

국보 1호 숭례문 맞은 편 삼성생명 본관에는 '플라토 미술관'이라는 이름의 미술관이 있다. 이곳을 자주 찾는 이들에게는 '로댕갤러리'라는 이름으로 더 잘 알려진 곳이다. 이곳은 1999년 5월 14일, 전 세계에서 여덟 번째로 로댕의 작품을 전시하는 전문 갤러리로 문을 열었다.

'로댕갤러리'라는 원래의 이름답게 이곳에는 로댕의 대표적인 작품 '지옥의 문'과 '칼레의 시민' 진품이 상설 전시돼 있다. 청동 조각인 이들 작품은 진품이 한 개만 있는 게 아니다. 청동을 틀에 부어 찍어내기 때문에 여러 점의 진품이 있기 마련이다. 이곳 플라토 미술관에 있는 작품 중 '지옥의 문'은 7번째 주물 작품이고 '칼레의 시민'은 12번째 주물 작품이다.

'칼레의 시민'이 어떤 작품인가? 14세기 유럽에서 백년전쟁이 벌어졌을 때, 영국 군대에게 포위를 당한 프랑스 칼레 시를 구하기 위해 스스로 목숨을 끊었던 6명의 시민 대표를 주제로 한 작품이다. 영국 군대의 파상 공세에 결국 칼레 시는 항복을 선언했지만, 이들의 오랜 저항을 못마땅하게 여겼던 영국은 저항에 대한 본보기로 6명의 시민 대표를 처형하기로 한다.

그런데 칼레 시에서 죽음이 보이는 이 뻔한 길을 자원한 6명의 시민 대표는 시장을 비롯해 대부호와 법률가 등 도시의 최고위층이었다. 이 사건이 실제 있었던 일이냐에 대한 논란이 없는 것은 아니다. 하지만 적어도 로댕의 작품 '칼레의 시민'만큼은 이들 고위층의 '노블레스 오블리주'를 주제로 만들어진 작품이 분명했다.

'노블레스 오블리주'를 상징하는 대표적 작품인 '칼레의 시민'을 상설 전시해온 로댕갤러리는 2008년 5월 문을 닫았다. 휴관의 이유는 바로 직전해인 2007년 말에 터진 삼성 비자금 사건이었다.

비자금 사건이 터지면서 삼성그룹이 80억 원에 육박하는 리히텐슈타인의 '행복한 눈물' 등 고가의 미술품을 사고팔아 막대한 시세 차익을 올렸다는 의혹이 제기됐다. 비록 '행복한 눈물'이 실제로 삼성의 손을 거쳐 갔는지는 확인되지 않았지만, 삼성이 미술품 사재기로 막대한 세금을 탈세했다는 의혹은 걷잡을 수 없는 속도로 번져 나갔다. 이 사건으로 로댕갤러리와 삼성미술관 리움 등 미술관 운영을 주도했던 이건희의 아내 홍라희가 특검의 조사를 받기도 했다. 그 여파로 로댕갤러리가 2008년 5월 휴관을 선언한 것이다.

로댕갤러리는 2011년 5월, 휴관 3년 만에 '플라토 미술관'이라는 이름으로 다시 문을 열었다. 홍라희도 같은 해 11월 삼성미술관 리움의 관장으로 현직에 컴백했다.

당시 언론 보도를 살펴보면 미술계에서는 홍라희의 복귀에 대해 "국내 미술계에 큰손이 돌아왔다."며 환영하는 분위기 일색이었다. 홍라희는 수 년째 '한국 미술계에서 가장 영향력이 큰 인물 1위'를 고수하는 인물이었다. 그리고 플라토 미술관에는 다시 버젓이 '노블레스 오블리주'를 상징하는 로댕의 명작 '칼레의 시민'이 전시됐다.

미술품으로 비자금을 관리하고 탈세를 저지른다는 의혹이 제기된 그룹의 미술관이 노블레스 오블리주를 상징하는 세계적 작품을 상설 전시한다. 이 애매한 현실을 어떤 단어로 표현해야 할까. 아이러니? 혹은 모순?

삼성 일가가 노블레스 오블리주와 얼마나 거리가 있는지를 말해주는 다른 일화가 있다. 2013년 이재용의 아들<sup>당시 13세</sup>이 영훈 국제중학교라는 학교에 특혜로 입학했다는 의혹이 제기됐다.

당시 특혜 의혹에 대해 삼성은 "절대 특혜가 아니다. 이 부회장의 아들은 이 학교의 요강에 따라 '사회적 배려 대상자'로 선정돼 입학했다."고 해명했다.

국내 최대 재벌가 4세가 '사회적 배려 대상자'로 국제학교에 입학했다는 사실을 해명이랍시고 내놓는 게 삼성그룹의 수준이다. 그렇다면 '칼레의 시민'이 플라토 미술관에 아직도 버젓이 전시돼 있는 상황은 아이러니도, 모순도 아닌 그냥 웃자고 하는 '개그'라고 표현해야 할 듯싶다.

## 허무한 결론, 특검마저 지배한 삼성의 위력

"삼성 비자금 사건이 무엇인지 기억하느냐?"라고 사람들에게 물어보면 그 답은 매우 다양하게 나온다.

사건의 이름 그대로 "삼성그룹이 비자금을 조성한 사건 아니냐?"고 답하는 이도 있고, "삼성이 떡값 로비 등을 통해 사회 각계각층에 로비를 벌인 사건"이라고 답하는 사람도 있다.

"삼성그룹 3세 경영권 승계 과정에서 드러난 에버랜드 전환사채 사건 등 편법 승계가 핵심"이라고 주장하는 이도 있고, 앞에서 살펴본 바와 같이 "미술품을 이용한 탈세와 비자금 축적 사건"이라고 생각하는 이도 있다. "그 사건으로 노회찬이 국회의원 직을 잃은 것 아니냐?"며 정의당 노회찬 전 의원의 떡값 검사 실명 공개 사건을 연관시키는 이도 있다. "김용철 변호사가 용기 있게 삼성의 비리를 밝힌 사건"이라며 사건 공개의 주체를 더 도드라지게 머리에 새긴 이들도 있다.

그런데 놀라운 사실은 앞에서 언급한 사람들의 기억 모두가 '삼성 비자금 사건'이라는 이름 아래 다 엮여 있다는 점이다. 심지어 이외에도 〈중앙일보〉 위장 계열 분리, 서울통신기술의 편법 전환사채 발행, 삼성SDS 신주인수권부사채 저가 배정 사건, e삼성의 변칙 지분 거래 등 사람들 기억에 잘 남아 있지 않는 세세한 사건까지 '삼성 비자금 사건'이라는 이름 아래 다뤄진다. 이처럼 삼성 비자금 사건은 대한민국 유사 이래 한 기업이 저지른 가장 종합적이고 광범위한 '비리와 편법의 백화점' 같은 사건이었다.

그리고 비리와 편법의 내용을 넘어 이 사건이 남긴 더 중요한<sup>그리고 매우 가슴</sup><sup>아픈</sup> 역사의 흔적이 한 가지 더 있다. 이 광범위한 비리와 편법의 백화점 사건에 대해 결국 특별검사가 수사를 맡게 됐는데, 그 결과가 참혹하기 그지없었다는 사실이 그것이다.

2008년 4월 18일 삼성 특별검사 조준웅은 이 수사의 결과를 발표하면서 끝내 이건희를 구속하지 않았다. 그리고 그는 이건희를 구속하지 않은 사유를 이렇게 설명했다.

> 범죄 사실은 배임행위로 인한 이익이나, 포탈한 세액이 모두 천문학적인 거액으로서 법정형이 무거운 중죄에 해당하지만 장기간 내재되어 있던 불법행위를 현 시점에서 엄격한 법의 잣대로 재단하여 형사상 범죄로 처단하는 것으로 그 조직 구성원의 개인적 탐욕에서 비롯된 전형적인 배임, 조세 포탈 범죄와는 다른 측면이 있다. 평등한 법 적용이 그 법의 적용을 받는 대상이 갖고 있는 개별적 특수성이나 시대적 상황 등 다른 요소는 전혀 외면한 채 기계적으로 똑같이 적용하라는 것은 아니라고 본다.

어려운 법조 용어이니 좀 쉽게 풀어 써보자.

일반인들이 이해할 수 있는 언어로 특검의 결론을 살펴보면 △이건희의 범죄 사실은 '무거운 중죄'에 해당하지만 △다 지난 일을 지금의 잣대로 처벌할 수는 없고 △이건희 등이 저지른 배임과 탈세는 개인적 탐욕에서 비롯된 것이 아니므로 △일반인들과 똑같이 평등하게 법을 적용해서는 안 된다 정도가 되겠다. '죄는 미워하되 사람은 미워하지 말라', 아니 '죄는 미워하되 죄인이 이건희라면 미워하지 말라' 뭐 이런 뜻인가?

다시 한 번 밝히지만 이 수사는 일반 검사가 진행한 것이 아니라 '특별검사님'씩이나 되는 사람들이 진행한 것이다. 특별검사는 일반 검사로는 도저히 공정한 수사가 이뤄지기 어려울 때 선임되는 사람이다. 그런데도 수사 결과가 이 모양이었다. 수사 결과는 이건희 불구속 기소, 이학수, 김인주, 유석렬, 최광해 등 비리의 핵심인물 10명 역시 불구속 기소였다.

이에 대해 참여연대는 "특검의 판단은 상식적으로도 모순될 뿐더러 의도적인 봐주기를 위한 결론"이라고 주장했고, 경실련은 "법과 원칙을 저버린 면죄부 수사 결과를 받아들일 수 없다."고 저항했으며, 경제개혁연대는 "승복할 수 없는 특검의 '삼성 봐주기' 결론이다."고 반박했지만 결론은 뒤바뀌지 않았다.

이건희는 재판 끝에 2009년 8월 배임과 조세포탈죄로 징역 3년에 집행유예 5년, 벌금 1,100억 원을 선고받았다.

그리고 딱 4개월 뒤인 그 해 12월 이명박 정부는 오로지 이건희 단 한 명만을 사면하는 이른바 '원 포인트 1인 사면'을 실시했다. 명분은 IOC 위원이었던 이건희가 사면돼야 평창 동계 올림픽 유치에 유리하다는 것이었다. 대한민국 건국 이래 단 한 명만을 위한 사면 조치가 내려진 때는 이때가 처음이었다.

이명박은 이 이례적인 사면에 대해 회고록 『대통령의 시간』에서 "이 회장한 사람만을 단독으로 사면 복권한다면 그 목적도 명확하고 본인도 평창 동계올림픽 유치를 위해 더 열심히 뛸 것이라고 생각했다."고 밝혔다.

이건희는 아무 일 없다는 듯이 '삼성 비자금 사건'의 굴레에서 벗어났다. 〈중앙일보〉는 '이건희 사면은 국가 지도자의 당연한 선택'이라는 사설로 그의 사면을 열렬히 환영했다. 미술품 비리의 주범으로 꼽혔던 홍라희도 2011년 11월 삼성미술관 리움의 관장으로 현직에 컴백했다. 미술계 역시 '큰손 홍라희'의 컴백을 열렬히 반겼다.

죄를 저질렀어도 그것이 삼성이면, 그것이 이건희면, 그것이 홍라희면, 그것이 이재용이면 처벌하지 않아야 한다는 서글픈 판례. 이것이 바로 유사 이래 최고의 '비리 종합 백화점 사건'이었던 삼성 비자금 사건의 허무한 결말이었다.

## 다섯 가지 쟁점과 특검의 결론

워낙 복잡한 사건이긴 하지만, 사건의 이해를 돕기 위해 어떤 쟁점들이 있었고 특검은 그에 대해 어떤 결론을 내렸는지 요약을 해 보자.

특검이 수사를 한 항목은 △에버랜드 전환사채 편법 증여 △삼성SDS 신주인수권부사채 저가발행 사건 △삼성의 정관계 로비 △미술품을 이용한 비자금 조성 및 탈세 △ e삼성 및 서울통신기술 사건 △삼성그룹 전현직 임직원 명의 차명 의심 계좌 추적 및 조세 포탈 △ 삼성 비자금의 2002년 대

노태우 전 대통령의 비자금 수사와 관련하여 검찰에 출두하고 있는 삼성그룹 회장 이건희
ⓒ 원작 : 경향신문 / 제공 : 민주화운동기념사업회

선자금 제공 의혹 등 모두 일곱 가지였다.

　이 중 가장 먼저 나오는 △ 에버랜드 전환사채 편법 증여 △삼성SDS 신
주인수권부사채 저가발행 등 두 가지 사건은 삼성이 한국 세법의 새로운 역
사를 개척한 매우 의미가 큰 사건이다. 비록 '삼성 비자금 사건' 때 최종적
인 면죄부가 부여되긴 했지만, 이 두 사건의 역사는 단지 '삼성 비자금 사
건의 일곱 가지 항목 중 두 가지'로 치부되기에는 그 역사적 비중이 너무 크
다. 따라서 이 두 사건에 대해서는 다음 장에서 별도로 살펴보기로 하고, 이
장에서는 나머지 다섯 사건의 수사 요지와 결론만 검토하기로 하자.

## ① 삼성의 정관계 로비

▷의혹 = 앞 장에서도 살펴봤던 이른바 '떡값 의혹'과 관련된 내용이다. 삼성 구조본의 재무팀 상무와 법무팀장을 지냈던 김용철 변호사는 기자회견을 통해 "삼성그룹이 비자금으로 검찰의 주요 간부 수십 명에게 매년 명절과 여름휴가 때 수백 내지 수천 만 원의 뇌물을 정기적으로 제공했다. 국세청, 금융감독원, 공정거래위 등에는 '0'이 하나 더 붙는 거액을 정기적으로 제공했다. 또 정계, 언론, 시민단체, 학계 등 사회 전반에 걸쳐 금품을 제공하는 방식으로 광범위한 로비 망을 구축하여 인맥을 관리해 왔다."고 주장했다.

▷특검 수사 = 특검은 "삼성 그룹 안에 조직적 인맥 관리체제가 구축돼 로비가 이뤄진 것이 아닌가 하는 의혹은 있다."면서도 "하지만 삼성은 물론 로비 대상자로 지목된 전현직 검찰 간부들이 한결같이 로비 의혹을 전면 부인하고 있고, 계좌 추적에서도 조직적 로비의 흔적이 발견되지 않았다."고 밝혔다.

▷특검 결론 = 특검은 이런 이유로 "따라서 계속 수사를 해 나가는 것이 어렵다고 판단해 수사를 더 이상 하지 않았다."고 간단하게 결론을 내렸다.

▷총평 = 안기부 X파일에서도 드러났듯이 삼성은 '흔적을 남기지 않는 방식'으로 로비를 하는 데에 총수가 직접 개입할 정도로 뛰어난 기업이다. 현금으로 주고받았을 것이 확실한 떡값 수사를 계좌 추적 몇 개 해 보고 "흔

적이 없으니 더 이상 수사할 수가 없다."고 결론을 짓는 것이 타당한 일인가? 게다가 "전현직 검찰 간부들이 한결같이 로비 의혹을 전면 부인하고 있"다니! 그러면 특검은 전현직 검찰 간부들이 "내가 죄인이요."하고 자수라도 할 줄 알았단 말인가?

### ② 미술품을 이용한 비자금 조성 및 탈세

▷의혹 = 역시 김용철의 폭로에 의해 의혹이 제기됐다. 김용철은 "홍라희 관장이 홍송원 서미갤러리 대표를 통해 뉴욕 크리스티 경매장에서 800만 달러에 달하는 프랭크 스텔라의 '베들레헴 병원'과 716만 달러인 리히텐슈타인의 '행복한 눈물' 등을 구입했다. 모두 삼성 비자금으로 구입한 것"이라고 주장했다. 그는 증거로 미술품 리스트와 대금을 어떻게 외화로 지급을 했는지 정리한 문서를 공개했다. 또 김용철은 "2002년 리히텐슈타인의 '행복한 눈물'을 이재용이 직접 봤다는 확인이 있었다."고 주장하기도 했다.

▷특검 수사 = 특검은 관련된 계좌를 추적했고 용인 에버랜드 미술품 보관 창고를 압수수색해 미술품 1만 여 점을 압수했다. 홍라희를 소환조사하기도 했다. 하지만 특검은 "대부분의 미술품을 이건희 일가가 개인 자산으로 구입했다."고 결론지어 버렸다. 특히 특검은 삼성그룹 임원 9명 명의의 차명계좌에서 국제갤러리와 서미갤러리 등으로 140억 원 가량이 흘러들어간 것을 밝혀냈지만, 그 돈의 출처가 어디였는지는 정작 밝히지 못했다.

▷특검 결론 = 특검은 "이건희나 홍라희, 또는 삼성이 비자금으로 미술

품을 구입했다는 증거가 없으므로 혐의가 없다."고 결론을 내렸다.

▷총평 = '고가 미술품 매매 전문 브로커', 혹은 '재벌가의 화상'으로 불린 홍송원 서미갤러리 대표는 미술품 의혹 폭로가 있은 지 한 달쯤 뒤에 그림 15~20점을 미국 뉴욕 등으로 반출했다. 또 홍송원은 문제가 됐던 '행복한 눈물'을 공개했지만, 그것이 한국에서 누구의 수중에 들어갔는지 끝내 입을 열지 않았다. 결국 검찰은 그 엄청난 미술품의 소유자가 홍송원이라는 허망한 결론을 내리고 말았다.

더 황당한 점은 특검이 무혐의 결론을 내린 지 3년 뒤인 2011년 6월, 홍송원이 이건희와 홍라희를 상대로 "781억 원어치 그림을 팔았는데 이 중 531억 원을 아직 못 받았다."며 물품대금 지급 청구 소송을 냈다는 사실이다. 홍송원은 같은 해 11월 갑자기 "오해가 풀렸다."는 더 황당한 이유로 소송을 취하했는데, 이는 누가 봐도 정상적이지 않은 과정이었다.

홍송원은 이후에도 각종 재벌들의 비리가 밝혀질 때마다 이름이 거론됐다. 그녀는 2011년 오리온그룹 횡령 배임 사건 때 비자금 세탁 혐의로 징역 2년 6개월 형을 선고받았고, 2014년에는 동양그룹 임원 소유 미술품을 빼돌린 혐의 등으로 징역 7년을 구형 받았다. 한상률 전 국세청장의 그림 로비 사건, 저축은행 비리 사건, 홍원식 남양유업 회장의 증여세 탈루 사건 등 다양한 사건에 그녀는 어김없이 연루돼 강도 높은 조사를 받았다.

과연 이런 대형 브로커가 개입한 삼성의 미술품 비리가 아무 의혹이 없고, 의혹이 제기된 미술품의 실 소유자가 홍송원이라고 결론짓는 게 상식적으로 이해가 가는 일인가? 이런 의혹을 밝히라고 있는 게 특검이다. 의혹은 널려 있는데, 아무 것도 밝히지 못한 전형적인 용두사미식 수사였다.

### ③ e삼성 및 서울통신기술 사건

▷의혹 = 두 사건 모두 참여연대의 문제 제기로 세간에 알려졌다. 참여연대에 따르면 2000년 5월 이재용은 인터넷 사업에 뛰어들어 삼성의 인터넷 사업 지주회사격인 e삼성을 세우고 지분 60%를 취득한다. 참여연대는 2000년 9월 공정거래위원회에 "이재용이 최대주주로 알려진 e삼성을 비롯해 e삼성인터내셔널, cgl.com, 뱅크풀 등에 대해 변칙 증여 사실을 조사해달라."고 요청했다. 참여연대는 2005년 10월 13일 "이재용 씨의 경영권 승계 과정의 하나로 추진된 인터넷 사업 실패에 따른 경제적 손실과 사회적 명성의 훼손을 막기 위해 계열사들이 이재용의 주식을 매입하고 사업에서 철수했다."며 계열사 경영진을 업무상 배임 혐의로 고발했다.

서울통신기술은 1996년 당시 상장되지 않은 삼성의 계열사였다. 이 회사는 이해 11월 주당 5,000원에 총 20억 원어치의 전환사채를 발행했는데 이재용이 이 중 75% 이상인 15억2,000만 원어치를 인수했다. 이재용은 같은 해 12월 10일 이를 모두 주식으로 전환했다. 이재용이 사채를 인수한 가격은 5,000원이었지만 삼성전자는 같은 해 12월 4일 이 회사의 주식을 주당 1만 9,000원에 20만 주를 사들였다. 이재용은 단 한 달 만에 300% 가까운 수익률을 올린 셈이다. 참고로 이재용이 전환사채를 5,000원에 받았을 때

서울통신기술의 주당 가치<sup>자산 기준</sup>는 이미 세 배에 가까운 1만5,000원이었다.

▷특검 수사 및 결론 = e삼성에 대해서 특검은 증거가 없다며 불기소 처분을 내렸다. 참여연대와 경제개혁연대가 이에 항고하자, 1주일 뒤 검찰은 "공소시효가 만료됐다."며 역시 불기소 처분을 내렸다.

서울통신기술 사건 역시 특검은 "과거에 검찰도 공소시효가 만료됐기 때문에 불기소 처분한 사건인데 특검이 다시 수사를 할 이유가 없다."며 별도의 수사를 진행하지 않았다.

▷총평 = 이런 사건의 공소시효는 크게 두 가지로 나뉜다. 피의자, 즉 이 사건의 경우 이재용의 이익이 50억 원을 넘지 않으면 공소시효는 7년이지만 50억 원을 넘으면 10년으로 늘어난다. 애초 검찰은 "이재용의 이익이 50억 원을 넘는다고 단정하기 어렵다."는 이유로 불기소처분을 내렸다. 특검은 검찰의 이 결론을 그대로 인용한 것이다.

공소시효가 만료될 때까지 제대로 수사를 못한 검찰도 비난받아 마땅한 일이지만, 검찰이 결국 내렸다는 결론의 내용은 더 황당하다. 검찰의 결론은 "50억 원을 넘기지 않았기 때문에 공소시효가 7년"이라는 것이 아니라 "50억 원을 넘었는지 잘 모르기 때문에 공소시효는 7년"이라는 것이다. 50억 원이 넘는지 안 넘는지 잘 모르겠으면 그걸 수사를 하는 게 검찰의 역할 아닌가? 모르면 그걸 밝혀내라고 있는 게 수사권이다. "잘 모르니까 공소시효는 10년과 7년 중 짧은 7년으로 택한다."는 그들의 주장 자체가 이미 봐

주기 식 수사를 했다는 고백이나 마찬가지였다.

### ④ 삼성그룹 전현직 임직원 명의 차명 의심 계좌 추적 및 조세 포탈

▷의혹 = 이 부분 역시 김용철의 폭로에 의해 세상에 드러났다. 김용철은 "삼성 본관 27층에 경영지원팀 소속 임직원 중 극소수만이 접근 가능한 비밀 금고가 있으며 안에는 각종 유가증권, 상품권, 순금 등이 들어있다."고 폭로했다. 김용철은 또 "이곳에 보관된 비자금은 전체 비자금 중 극히 일부분이며, 나머지 대부분은 전략지원팀에서 전현직 핵심 임원 1,000여 명의 차명계좌에 현금, 주식, 유가증권 등의 형태로 분산되어 있다."고 주장했다.

▷특검 수사 = 특검은 삼성 전략기획실이 삼성 전현직 임원들의 명의를 빌려 별도의 자금을 관리하고 있다는 자료를 확보했다. 그 자금에 대한 광범위한 계좌 추적을 진행한 결과 삼성생명의 지분 16%가 이건희의 차명 지분임도 밝혀냈다. 전략기획실이 삼성 임원들의 이름으로 관리하는 자금 대부분이 이건희의 차명 자금이었고, 그 전체 규모는 삼성생명 주식 2조 3,000억 원을 포함한 총 4조5,000억 원 정도라는 사실도 드러났다.

삼성 전략기획실 재무라인 임원들은 무려 1,199개의 차명 계좌를 이용해 삼성전자를 비롯한 삼성계열사 주식을 사고팔았다. 여기서 남긴 차익 5,643억 원에 대한 양도소득세는 당연히 내지 않았다. 탈루한 세금 규모는 약 1,128억 원이었다.

▷특검 결론 = 특검은 이건희와 차명 재산을 관리한 핵심간부 전략기획실장 이학수, 사장 김인주, 전략지원팀장 최광해 등 4명을 특정범죄가중처벌 등에 관한 법률 상 조세포탈죄로 불구속 기소했다.

▷총평 = 특검의 말에 따르면 이 사건의 본질은 이건희의 주식을 삼성 전략기획실이 1,199개의 차명계좌로 나누어 조직적으로 관리했다는 것이다. 그래서 여기서 얻은 시세 차익이 무려 5,643억 원. 물론 이 과정에서 탈루한 세금 규모가 1,128억 원이었다는 점도 큰 문제지만 이보다 더 큰 문제가 있다. 삼성의 내로라하는 재무 전문가들이 이건희의 재산을 관리해 주기 위해 차명계좌로 사고팔았다는 주식은 삼성전자 등 주로 자사 그룹 계열사 주식이었다. 그렇다면 이들은 이건희의 계좌를 관리하면서 가장 쌀 때 주식을 사고, 가장 비쌀 때 주식을 팔기 위해 혼신의 힘을 다했을 것이다. 그랬으니 시세차익만 무려 5,600억 원을 넘겼던 것이다.

이런 일이 어떻게 가능할까? '삼성 재무팀은 원래 주식투자를 잘한다.'고 이해해야 할까? 천만의 말씀이다. 그들이 사고 판 종목이 삼성 계열사였다면 그들은 당연히 내부 정보를 이용했을 가능성이 높다. 이건희의 재산을 불리기 위해 삼성전자 등 주요 계열사의 실적도 때때로 적당히 과장했거나, 혹은 적당히 축소했을 가능성이 높다는 이야기다. 이는 단순히 조세포탈에 머무르는 범죄가 아니다. 특검은 주가조작 의혹까지도 밝혔어야 했다. 하지만 특검은 이 수준까지 나아갈 생각을 도무지 하지 않았다.

그리고 내린 결론이 구속 기소도 아니고 고작 불구속 기소였다. 그에 대

한국 재벌 흑역사

한 설명은 앞서 설명한 것처럼 "(이번 범죄는) 조직 구성원의 개인적 탐욕에서 비롯된 전형적인 배임, 조세 포탈 범죄와는 다른 측면이 있다."는 것이었다.

### ⑤ 삼성 비자금의 2002년 대선자금 제공 의혹

▷의혹 = 2002년 대선 비자금 사건은 삼성 비자금 사건과는 별도로 이미 2003년 크게 이슈가 됐던 사건이었다. 당시 한나라당 이회창 후보 캠프가 2.5톤 트럭에 담긴 현금 150억 원을 트럭 째 넘겨받은 사실이 드러나 '차떼기 정당'이라는 별칭이 생겼던 그 사건을 말하는 것이다. 또 노무현 대통령이 "한나라당이 받은 불법 대선자금의 10분의 1 이상을 받았다면 대통령 자리에서 물러나겠다."고 한 발언도 같은 사건에서 비롯됐다.

2003년 검찰 수사에서 삼성은 이미 이회창 후보 측에 340억 원을 불법 지원한 것으로 드러났다. 문제는 이 수사에서 후원금의 출처가 밝혀지지 않았다는 점이었다. 당시 수사를 받은 삼성 관계자는 "그 돈은 이건희 회장의 개인 돈"이라며 입을 닫았고, 검찰은 돈의 출처를 더 이상 조사하지 않았다. 그런데 2007년 김용철은 이에 대해 "2002년 대선 때 삼성 계열사 사장들이 개인 명의로 정치권에 제공한 후원금은 모두 회사 비자금에서 나왔다."고 폭로한 것이다.

▷특검 수사 및 결론 = 특검은 "2002년 삼성그룹이 정치권에 제공했던 대선자금이 삼성그룹의 비자금에서 제공됐다는 증거를 발견하지 못했다."

고 밝혔다. 또 "한나라당에 제공된 채권 330억 원어치 중 사용처가 밝혀지지 않았던 80억 원에 대해 사용처를 추적해본 결과 약 13억 원 가량이 당시 한나라당 고위간부에 의해 사용된 것으로 밝혀졌다."면서도 "이미 정치자금법 위반으로 처벌받은 바 있어 다시 처벌하지 않기로 했다."고 덧붙였다.

▷총평 = 이 사건의 최대 쟁점은 삼성이 한나라당에 제공했던 300억 원이 넘는 자금의 출처가 어디냐는 점이었다. 특검의 결론이 "그 돈이 비자금에서 나왔다는 증거가 없다."는 것이라면, 도대체 그 돈은 어디서 나왔는지를 밝히는 것이 특검의 상식적인 임무다. 하지만 특검은 "비자금에서 나온 것은 아닌데, 어디서 나온 것인지는 수사하지 않는다."는 극히 소극적인 자세로 수사를 마쳤다. 특검은 판도라의 상자를 열 의지가 조금도 없었다. 그래서 2002년 삼성 비자금의 출처는 영원히 미스터리로 남고 말았다.

## 또 하나의 미스터리, 삼성이 김용철을 대하는 태도

삼성 비자금 사건은 이렇듯 용두사미로, 마치 아무 일도 없었던 것처럼 지나갔다. 이것이 못 견딜 정도로 괴로웠던지, 사건의 뇌관이었던 김용철은 2010년 삼성에서 근무한 경험과 비자금 사건 폭로 과정을 낱낱이 적어 『삼성을 생각한다』라는 책을 출간했다.

『삼성을 생각한다』의 내용을 일일이 되짚는 것은 이 책의 주제가 아니다. 어찌됐건 그 책은 아직 공인되지 못한 한 개인의 주장으로 남아 있기 때문이다. 그의 주장에 심정적인 동의를 표하는 것도, 일방적인 적대감을 나타내는 것도 우리의 관심사가 아니다.

그런데 한 가지, 이 책의 출간 이후 새로운 미스터리가 하나 생겼다.

삼성 비자금 사건이라는 엄청난 뇌관을 터뜨린 김용철. 그가 삼성을 그 야말로 조근조근 씹는 책을 출간했는데 삼성이 이에 대해 보인 반응이 너무 뜻밖이었다는 점이 미스터리의 실체다.

『삼성을 생각한다』에는 분명 팩트를 다루는 내용도 상당수 들어 있다. 하지만 일부 내용에는 삼성이 부인하자고 마음을 먹으면 충분히 부인을 할 수 있는 것들도 상당히 들어 있다. 삼성 법무팀의 능력을 고려하면 김용철을 명예훼손으로 걸 수 있는 대목도 한, 두 군데가 아니었다. 그만큼 김용철은 거침없이 용감한 필체로 책을 썼다. 내용의 강도를 짐작하기 위해 책의 몇 대목을 살펴보자.

이건희 일가는 유럽 귀족 흉내를 몹시도 내고 싶어 했다. 이걸 굳이 규제할 근거는 없다. 다만 조건이 있다. 개인적인 사치는 개인 돈으로 해야 한다는 것이다. 이건희의 생일잔치는 공식행사를 빙자하여 공식비용으로 치러진다. 이들은 개인적인 파티에 회사 돈을 쓰는 것에 대해 아무런 거리낌이 없었다. 손님을 초대해 놓고, 손님에게는 주인보다 더 싼 음식을 제공하는 게 예의가 아니라는 생각도 하지 못했다. 이런 무례한 태도의 배경에는 이건희 일가가 마치 왕족이나 귀족처럼 '신분이 다른 사람들'이라는 생각이 있다.

제일모직을 운영하는 이건희의 둘째 딸 이서현은 "100만 원짜리 옷을 만들어봤자 누가 입겠느냐."는 말을 한 적이 있다. 100만 원짜리 옷이 너무 비싸서 안 팔릴 것이라는 뜻이 아니다. 그 반대다. 너무 싸구려 옷이라서, 사람들이 입고 다니기 창피해 할 것이라는 이야기였다.

평범한 사람들의 생활을 잘 모른다는 것에 대해 이재용은 안타까워하거나 부끄러워하는 기색이 없었다. 자신에게는 보통 사람들과 다른 기준이 적용돼야 한다는 것을 당연하게 여겼다. 그날 그는 "비자금이나 차명계좌는 모든 기업이 공공연하게 갖고 있는 것인데 왜 삼성에 대해서만 문제 삼는 것인지 모르겠다."며 짜증스러워 했다.

삼성항공에서 헬리콥터 제조업을 한 적이 있다. 이건희의 지시 때문이었다. 이건희가 "내 친구들한테만 팔아도 상당히 팔겠다."고 하면서 만들라고 했다는 거다.

황당한 지시도 있었다. 삼성 냉장고의 월간 판매 실적이 LG에 뒤진 적이 있었는데, 당시 이건희는 반도체와 휴대폰에서 남은 이익을 한 2조 원쯤 에어컨이나 냉장고 등 냉공조 사업부에 돌려서 우리나라 전 가정에 삼성 에어컨과 냉장고를 공짜로 줘서 LG가 망하도록 하라는 지시를 내리기도 했다.

김인주는 돈 받는 것을 즐겼다. 돈을 받으면서 "그게 자기 돈인가? 회사 돈이지" 하는 식이었다. 실제로 그랬다. 자기 월급을 헐어서 구조본에 접대를 하는 계열사 임원은 없었다. 그룹 내부에 사용된 돈은 결국 회사 법인에서 나온 경우가 대부분이었다. 이렇게 생긴 돈이 워낙 많아서 구조본 임원 중에는 월급은 한 푼도 쓰지 않고 저축하는 경우도 있었다.

어떤가? 법적 지식이 없이 읽어봐도, 매우 위험한 대목이 한, 두 군데가 아니지 않나? 이건희, 이재용, 이서현 등 삼성 일가는 물론이고 당시 삼성그룹에서 실세로 꼽혔던 김인주의 이름도 거침없이 나온다. 공식적으로 공개돼 법적 다툼을 벌였던 '삼성 비자금 사건'의 팩트와는 전혀 다른 사적인 일들도 나온다. 김용철에 따르면 이건희는 "친구에게 팔아도 충분하다."며 헬기 제작을 지시하는 만용가이고, "냉장고를 공짜로 뿌려 LG를 망하게 하라."는 과대망상가이다.

이재용은 "비자금은 남들도 다 하는 건데 왜 우리만 갖고 난리냐."고 생각하는, 법치주의 국가 국민으로는 소양 빵점의 철부지다. 이서현은 "100만 원짜리 싸구려를 누가 입느냐."고 주장하는 양아치 공주님이다.

그런데 이런 수모를 당하고도 삼성은 김용철과 『삼성을 생각한다』는 책에 대해 일절 반응을 보이지 않는다. 이게 바로 미스터리다. 충분히 반박할 수 있고, 반박을 해야 정상인데도 그들은 입을 닫는다. 삼성은 그저 "김용철이 소설처럼 쓴 책이어서 어떤 대응도 하지 않을 생각"이라는 '쿨한' 반응을 보일 뿐이다. 도대체 무엇이 삼성의 입을 이처럼 굳게 닫게 했을까.

우리가 합리적으로 할 수 있는 추정은 이런 것이다. 김용철이 쓴 『삼성을 생각한다』의 내용이 사실인지 여부와는 별개로, 삼성은 당시 사건삼성 비자금 사건을 결코 다시 회고하고 싶어 하지 않는다는 것이다.

그들은 갖은 언론 플레이를 통해 '김용철은 제 정신이 박힌 사람이 아니다.'라는 이미지를 심으려 했다. 그리고 김용철의 도발적 책 내용에 대해서는 입을 굳게 닫는 전술을 택했다.

그들의 눈에 이미 역사는 그들이 뜻하는 대로 기록됐다. 특검은 삼성과 이건희 일가에게 면죄부를 주었고, 공소시효는 이미 저 먼 과거 속으로 사라졌다. 그래서 그들은 공식적으로 기록된 역사에 기대어, 더 이상 어떤 소란도 피우고 싶어 하지 않는다. 소란을 떨수록 자신들의 과거가 다시 사람들의 입에 회자될 것이고, 그런 회자는 깨끗한 역사를 지니지 못했던 그들에게 결코 유리하지 않다. 그래서 그들이 지금처럼 입을 굳게 닫아버린 것이다.

이것이 지금 '삼성의 침묵'에 대해 우리가 할 수 있는 가장 합리적인 추정이다.

제대로 된 역사의 기록은 이래서 중요하다.

삼성이 입을 닫으면, 그들이 저지른 그 만행의 역사는 기록 속에서 사라져 버린다. 그리고 시간이 지나면 잊힌다. 삼성은 그 침묵을 자신의 편으로 바꿀 돈과 능력이 있다. 몇 십 년이 지나면 사람들은 '삼성 비자금 사건'을 잊을 것이고, 이재용은 여전히 한국 최고의 그룹을 이끄는 3세 경영자가 돼 있을 것이다. 아무도 역사를 제대로 기록하지 않으려 한다면 말이다.

지금이라도 그들의 역사를 다시 꼼꼼히 찾아 기록하고 되새기는 일이 필요한 이유가 바로 여기에 있다.

# 이재용, 단돈 60억 원으로 삼성그룹을 삼키다
## - 에버랜드 전환사채 편법 증여 사건

### 수익률 15만%, 한국이 낳은 세계적인 재테크 고수

자본주의 사회가 고도화되면서 '돈이면 뭐든 다 된다.'는 의식이 한국 사회에 뿌리 깊이 박혔다. 사람들의 관심은 모두 '어떻게 하면 더 많은 돈을 벌 수 있느냐'에 모아지는 듯하다.

서점에 가보면 '이렇게 하면 당신도 부자가 될 수 있다'는 제목의 재테크 책들이 넘쳐난다. 워런 버핏, 앙드레 코스톨라니, 고레가와 긴조 등 전설적 투자자들은 이미 재테크 부자를 꿈꾸는 이들에게 신적인 존재로 여겨진다. 미국에서는 세계 4위의 부자 워런 버핏과 점심을 한 끼 함께 먹는 대가로 65만 달러<sub>약 7억 원</sub>를 내는 이벤트가 정례화 됐을 정도다.

그런데 우리가 사대주의에 젖어 있는 게 아니라면 왜 이런 전설적 재테크 투자자를 꼭 미국이나 일본 등 선진국에서 찾아야 하는가? 한국이 아직도 중진국이라는 열등감을 버리자. 우리나라도 엄연히 세계 10위권의 경제 대국이다.

우리는 알아야 한다. 조금만 섬세하게 우리 주위를 둘러보면 한국에도 버핏이나 코스톨라니, 긴조를 능가하는 전설적 재테크 투자자가 있다는 사실을 말이다. 독자 스스로 선례를 찾기 어렵다면, 이 책이 독자들에게 그 가이드를 제시해 주려 한다.

자, 여기 한국이 낳은 세계적인 재테크 고수가 있다. 단돈 60억 원을 20년 만에 9조 원으로 불린 사나이. 20년 누적 수익률이 무려 14만9,900%에 이른다. 이 정도면 버핏이나 코스톨라니, 긴조에 충분히 견줄 만하지 않는가. 이 자랑스러운 재테크 고수의 이름이 바로 삼성그룹 3세 승계의 주인공 이재용이다.

## 투자 고수 이재용이 걸어온 길 – 비상장 주식 이용한 환상적 재테크

20년 누적 수익률 15만%를 자랑하는 이재용의 투자 족적을 살펴보기 위해서는 몇 가지 수고로움이 필요하다. 예를 들면 전환사채CB나 신주인수권부사채BW 등과 같이 일반인들에게 다소 생소한 금융 상품에 대한 이해가 필요하다. 또 증여세의 과세 구조 같은 기본적인 세무 상식도 알아야 한다. 하지만 15만%라는 거대한 수익률의 비밀을 파헤치기 위해서라면 이 정도 수고로움은 충분히 감내할 만하지 않은가.

투자 고수 이재용이 본격적으로 재테크의 길에 들어선 것은 1995년이었다. 아무리 그가 고수라 하더라도 주변의 도움 없이 지금의 성공가도를 달리게 된 것은 아니었다. 1995년이면 이재용의 나이 고작 27세. 사회적 기반을 닦기에는 턱 없이 부족한 나이였으니, 그가 재테크를 시작할 때 아버지로부터 약간<sup>아주 약간</sup>의 도움을 받은 정도는 눈을 감아 주도록 하자.

1995년 이재용은 아버지로부터 60억8,000만 원을 증여받았다. 물론 이 증여에 대해 이재용은 16억 원의 증여세를 납부함으로써 정당한 증여 절차를 마무리했다. 그리고 이 해 이재용은 삼성 계열사였던 에스원의 주식 12만 주를 23억 원에, 삼성엔지니어링 주식 47만 주를 19억 원에 각각 사들이며 재테크 고수의 첫 걸음을 내딛는다.

될성부른 나무는 떡잎부터 알아본다고 했던가. 고수 이재용의 투자는 단 2년 만에<sup>놀라지 마시라, 진짜 딱 2년 만이다</sup> 두 회사 주식을 팔아 563억 원을 남겼다. 2년 수익률이 무려 1,300%였다.

어떻게 이런 일이 가능했을까? 물론 이 과정에서 투자 고수 이재용은 몇 가지 사소한 편법을 쓰기는 했다. 예를 들면 에스원은 1996년 1월 30일에 증시에 상장됐는데, 이재용은 에스원 총 지분의 8.46%에 이르는 12만 1,880주를 직전에 매입해 이 사실을 증권감독원에 신고를 해야 하는 처지였다. 당시 규정에 따르면 5% 이상 주요 주주는 주식이 상장된 지 5일 안에 증감원에 그 사실을 신고해야 했던 것이다.

하지만 이재용은 이를 두 달 여가 지난 3월 12일에야 신고를 했다. 증감원은 "업무가 많아서 이재용에게 주의 조치를 주지 못했다."며 쿨하게 이를 용서해 줬다.

이재용이 에스원 주주라는 사실이 전혀 밝혀지지 않은 상황에서 에스원

삼성전자 부회장 이재용 ⓒ 민중의소리

주가는 작전이 걸린 종목 마냥 미친 듯이 올랐다. 이재용은 에스원 주식을 주당 1만9,000원에 샀는데 이 주식은 단 3개월 만에 무려 1,453%나 급등했다. 이재용은 이 해 8월 주식 2만 주를 30만2,000원에, 11월 6만 주를 주당 평균 20만 원에 파는 등 주식을 매각하며 1년 만에 자산을 10배 이상으로 튀겼다. 이재용이 에스원 주식을 팔면서 증감원에 제출한 매각 사유는 "가사 자금을 마련하기 위해서"였다.

이재용이 두 번째로 '찍은 종목' 삼성엔지니어링 역시 같은 해 12월 증시에 상장했다. 이재용이 주식을 샀을 때 주당 가격은 약 5,000원이었는데 삼성엔지니어링은 상장할 때부터 무려 4만 원이라는 파격적 가격에 증시에 모습을 선보였다.

보통 이런 경우는 둘 중 하나로 추정이 가능하다. 1년 뒤 상장하면 최소한 주당 4만 원은 받을 수 있는 주식을, 이건희가 자신의 아들 이재용에게 약 5,000원에 파격적으로 싸게 팔았다는 게 첫 번째 가능한 추측이다. 두 번째 추측은 이재용이 주식을 살 때에는 삼성엔지니어링의 주당 가치가 고작 5,000원이었는데, 단 1년 만에 회사가 성장에 성장을 거듭해 주식 가치가 8배나 올랐다는 것이다.

어느 쪽이 진실인지를 확인하기 위해 당시 기록을 살펴보자. 1996년 7월 국회 재경위에서 새정치국민회의 김원길 의원은 이건희 일가의 변칙 증여 의혹을 적극적으로 제기했다. 김원길은 "상장 이후 막대한 차익을 노리기 위해 이건희는 삼성엔지니어링 주식 수십 만 주를 이재용에게 싼 값에 사들이도록 지시했다."고 지적했다.

여당인 신한국당 소속 제정구 의원은 "이건희가 에스원 주식을 상장 전에 싼 값으로 이재용에게 매입토록 한 뒤 기업을 상장시키는 방식으로 448억 원의 부당이득을 얻었다."고 주장했다.

이에 대해 당시 국세청장 임채주는 "이재용이 증여받은 재산으로 상장 절차가 진행 중인 계열사 비상장 주식을 사들인 것은 변칙 증여에 해당한다."며 "정상적인 것이라고 보기 힘든 측면이 있다."고 인정했다. 하지만 이에 대해 과세를 해야 한다는 여야 의원들의 주장에는 "세법이 명확치 않아 세

한국 재벌 흑역사

법을 보완해야 한다."고 물러섰다.

요약하자면 이재용은 당시 세법의 허술함 등을 적극적으로 활용해 2년 만에 563억 원수익률 1,300%이라는 기록적 수익을 얻은 것이다. 재테크 고수 이재용의 초창기 투자 비법은 '종자돈은 아버지로부터 물려받고, 돈 불리기는 법의 허술함을 이용한 변칙 증여로 해결한다.' 정도로 요약할 수 있다.

## 이재용의 진일보, 복합금융상품을 이용하다

이처럼 이재용이 비상장 기업 주식을 싼 가격에 사들인 뒤, 상장 후 비싸게 팔아 돈을 챙기는 수법은 당시 국회 재경위에서 거론이 될 정도로 파격적인 방식이었다.

무릇 투자 고수는 한 번 드러난 방식을 다시 사용하지 않는 법이다. 비상장 기업 주식을 싸게 매입하는 방식이 여론의 뭇매를 맞고, 국세청에서도 이런 매매에 대해 과세가 가능하도록 법을 정비하겠다고 나서자 이재용은 새로운 선진 투자 기법을 모색한다.

에스원과 삼성엔지니어링 주식 매매로 500억 원대의 자금을 확보한 이재용은 다음 단계로 에버랜드에 눈을 돌린다. 에버랜드는 요즘 알려진 것과 달리 당시만 해도 삼성그룹 지배구조의 정점에 있는 회사가 아니었다. 그냥 몇몇 계열사 지분을 조금 들고 있었던 평범한 삼성 계열사였다.

에버랜드는 1996년 전환사채라는 새로운 무기를 들고 나왔다. 전환사채란 본질적으로는 사채, 즉 채권인데 이것이 경우에 따라서 '전환', 즉 주식으로 바뀔 수 있는 권리를 갖는 금융상품을 말한다.

따라서 전환사채는 발행 초기에는 당연히 채권 대접을 받는다. 이 때문에 주식을 발행할 때 받아야 하는 각종 규제를 쉽게 피할 수 있다. 원래 성격이 채권인 만큼 채권자가 채무자에게 얼마의 이자를 받을지 정도만 제대로 표시를 해 주면 발행에 별 다른 제약이 없었다.

그런데 이 전환사채의 놀라운 점은 특정한 시점이 되면 사채를 주식으로 전환할 수 있다는 사실이었다. 예를 들어 '전환가격 주당 4,000원에 전환사채를 발행했다.'고 가정해 보자.

이 전환사채를 보유한 사람은 회사 주가가 4,000원을 넘으면 잽싸게 채권을 주식으로 전환해 차액을 챙긴다. 반대로 주가가 4,000원을 밑돌면, 굳이 채권을 주식으로 전환하지 않고 채권으로 놔둔 뒤 그냥 이자를 받아 챙기면 된다. 전환사채는 주가가 자신에게 유리할 때에는 주식으로 바꾸고, 불리할 때에는 그냥 채권으로 두고 사용할 수 있는 매우 유용한 상품인 셈이다. 게다가 당시만 해도 이 같은 채권의 발행에 대한 규제가 거의 없었다.

에버랜드는 그해 10월 30일 이사회를 열고 주당 전환가격 7,700원에 전환사채 125만 4,000주를 발행할 것을 결의했다. 이 말인즉슨, 이 전환사채는 에버랜드 주가가 7,700원이 넘는다면 채권을 주식으로 전환해 차액을 누리고, 7,700원에 못 미치면 그냥 채권으로 두고 이자를 받을 수 있는 성격을 지니고 있다는 뜻이다.

그렇다면 당시 에버랜드의 주가는 대략 얼마였을까? 에버랜드 주식은 비상장 상태였기 때문에 공식적으로 산출된 가격이 없었다. 다만 그 가치를 짐작할 수 있게 하는 몇 가지 사례는 있다.

예를 들어 당시 에버랜드 주식을 보유했던 한솔제지는 이 주식을 장외 시장에서 주당 8만5,000원~8만9,290원에 팔았다. 역시 에버랜드 주식을 보유했던 제일제당은 재무제표에 에버랜드 주당 가격을 12만5,000원~23만4,985원으로 기록했다. 또 당시 한국의 세법은 비상장 기업 주식의 가치를 평가하는 기준을 가지고 있었는데 세법에 따라 에버랜드 주식 가치를 계산하면 주당 가격이 12만7,755원으로 나왔다.

요약해보면 이렇다. 에버랜드 주식은 국법에 따르면 주당 12만7,755원짜리, 거래 가격으로 따져도 최소 8만5,000원짜리였다. 그런데 에버랜드는 최소 8만5,000원은 받을 수 있는 주식을 10분의 1도 안 되는 전환가격 7,700원에 후려쳐 전환사채를 발행했다. 발행이 결의된 전환사채의 양은, 모두 주식으로 바뀔 경우 에버랜드 전체 지분의 62.5%에 해당하는 어마어마한 수준이었다.

전환사채는 채권으로 놔둘 수도 있지만, 주가가 자신에게 유리하면 얼마든지 주식으로 교환할 수 있는 채권이라고 했다.

생각해보라. 에버랜드의 당시 주당 가격이 대략 최소 8만5,000원이었는데, 전환사채는 주당 7,700원의 가격으로 주식으로 바꿀 수 있다. 바보가 아닌 한 전환사채의 주인은 사채를 무조건 주식으로 바꿔야 한다. 8만 5,000원짜리를 7,700원에 살 수 있는 상상을 초월하는 특혜가 주어지기 때문이다.

그렇다면 이렇게 발행된 노다지 전환사채가 누구에게 돌아갔을까?

짐작한 그대로다. 에버랜드는 특혜성 전환사채 가운데 절반을 이재용에게 몰아주었다. '그래도 양심은 있었는지 절반만 줬네?'라는 추측은 너무 순진하다. 나머지 절반은 이건희의 세 딸이서현, 이부진, 고 이윤형 등에게 돌아갔기 때문이다.

이재용 등 4남매는 약 96억 원을 내고 전환사채를 산 뒤 잽싸게 이를 모두 주식으로 전환했다. 물론 전환가격은 7,700원이었다. 그래서 이들 4남매는 에버랜드 지분 62.5%를 차지하며 회사의 지배주주에 오른다. 이 중 이재용이 차지한 지분은 31.25%. 그리고 이재용이 이를 차지하기 위해 낸 돈은 단돈 48억 원이었다.

이재용은 과거 에스원이나 삼성엔지니어링 투자 시절, 비상장기업의 주식을 헐값에 매입했더니 국회에서 난리를 치는 모습을 목도했다. 이후 비상장기업 주식 매입에 대한 규제도 강화됐다.

하지만 뛰어난 투자자라면 이런 환경에 좌절해서는 안 된다. 이재용은 발행에 관한 한 규제가 훨씬 덜 한 전환사채를 이용해 에버랜드를 10분의 1도 안 되는 가격에 꿀꺽 삼켰다. 새로운 금융상품에 눈을 돌릴 줄 아는 혜안, 이것이 투자 고수 이재용이 에버랜드 투자에서 보여준 첫 번째 놀라운 능력이었다.

## 단지 싸게 사는 것에만 그치지 않는다

이재용의 에버랜드 투자는 여기서 그치지 않았다. 그가 단지 에버랜드를 10분의 1도 안 되는 가격에 먹기만 했다면, 그는 '꽤 괜찮은 투자 고수' 정도에 그쳤을 것이다. 하지만 그는 여기서도 진일보한 새로운 투자 전략을 구사한다. 자신이 사들인 에버랜드를 단순한 놀이동산에 머무르게 하지 않고, 훨씬 더 가치 있는 기업으로 대번에 성장시킬 방법을 찾은 것이다.

생각해 보라. 비싼 물건을 싸게 샀다면, 그것은 좋은 '바이어'에 그칠 뿐이다. 하지만 싸게 산 물건을 훨씬 비싸게 포장할 수 있다면 그것이야말로 뛰어난 투자자의 반열에 오르는 기술이라 할 것이다. 다만 이런 뛰어난 방법을 사용하기 위해 부자인 아버지를 약간 조를 줄 아는 배짱은 있어야 한다.

1998년 당시 삼성그룹의 지배구조 정점에 있었던 회사는 삼성생명이었다. 삼성생명 역시 당시로는 비상장 기업이었다. 막 서른이 된 이재용은 삼성생명을 갖고 싶었다. 물론 이를 위해서는 그룹의 지배자인 아버지 이건희의 승낙이 있어야 했다. 이재용이 단돈 48억 원에 꿀꺽했던 에버랜드는 1998년 아버지 이건희의 묵인혹은 지시 아래 삼성생명의 주식을 무려 344만 주나 매수했다. 이는 삼성생명 전체 지분 중 18%를 넘기는 어마어마한 양이었다.

이 주식 거래로 에버랜드의 가치는 수 십 배로 뛰었다. 에버랜드의 지위가 일약 삼성그룹을 지배하는 삼성생명의 최대주주로 격상된 것이다.

그렇다면 궁금한 점은, 에버랜드가 삼성생명 지분 18%를 얼마에 인수했느냐 하는 것이다. 그런데 여기서도 이재용의 뛰어난 재테크 능력이 십분 발휘된다. 에버랜드는 삼성생명 주식 344만 주를 사기 위해 약 300억 원을 지불했다. 주당 인수 가격은 약 9,000원. 이 가격이 과연 적정했을까?

이를 확인하기 위해 우리가 앞에서도 점검한 바 있는 삼성자동차의 실패 사건을 다시 떠올려 보자. 1999년 이건희는 삼성자동차 경영 실패의 책임을 지겠다며 사재인 삼성생명 주식 400만 주를 내놓았다. 그리고 이건희는 "삼성생명의 주당 가치가 70만 원이니 내가 내놓은 재산 가치는 총 2조 8,000억 원"이라고 주장했다.

어디 무슨 평가 기관에서 책정한 가치가 아니다. 이재용의 아버지 이건희가 딱 1년 뒤에 밝힌 바에 따르면 삼성생명의 주당 가치는 70만 원이었다. 그 70만 원짜리를 이재용의 에버랜드는 무려 9,000원이라는 파격적 헐값에 344만 주나 사들인 것이다.

이재용은 48억 원에 에버랜드를 삼켰고, 에버랜드는 300억 원에 삼성생명을 삼켰다. 그런데 당시 이재용이 집어삼킨 에버랜드 주식의 가치는 세법에 따라 계산하면 800억 원에 육박했고, 에버랜드가 집어삼킨 삼성생명의 가치는<sup>아버지 이건희의 계산에 따르면</sup> 2조3,437억 원이었다. 48억 원으로 800억 원을 만들고, 800억 원짜리를 2조3,437억 원으로 불리는 이 눈부신 재테크 과정이 성사된 기간은 단 1년이었다.

한국 재벌 흑역사

## 같은 방법을 또 쓰면 하수! 다양한 전술의 달인 이재용

이미 전환사채가 어떤 것인지 알았다면 이재용이 1999년 사용한 새로운 투자 기법에 대한 이해는 이제 한결 쉬워질 것이다. 투자의 고수는 비슷한 방법을 사용할지언정, 같은 방법을 쓰지는 않는다고 했다. 같은 방법을 쓰면 과세 당국의 표적이 될 수 있기 때문이다. 그래서 투자 고수 이재용이 1999년 들고 나온 기법은 신주인수권부사채를 이용하는 것이었다.

신주인수권부사채의 구조는 전환사채와 아주 흡사하다. 전환사채는 애초에는 채권으로 태어났지만, 주가가 충분히 높아지면 재빨리 주식으로 전환할 수 있는 특혜가 있는 채권이라고 했다.

신주인수권부사채도 비슷하다. 이 복합금융상품은 이름에 '사채'라는 단어가 들어있는 것에서도 알 수 있듯이, 태어날 때에는 채권으로 탄생한다. 하지만 이 채권에도 특이한 권리가 하나 붙는다. 채권 주인은 회사에다 대고 특정한 가격에 새로운 주식, 즉 신주를 발행해 자신에게 달라고 할 권리를 갖는 것이다.

예를 들어 1만 원에 신주를 인수할 권리가 붙은 신주인수권부사채가 발행됐다고 하자. 채권의 주인은 먼저 회사의 주가를 살핀다. 주가가 1만 원에 못 미치면 권리 행사 따위는 '개나 줘버리고' 그냥 채권 이자만 받아서 살면 된다.

반면 회사 주가가 1만3,000원이 됐다면 잽싸게 신주를 발행해 달라고<sub>물론</sub> <sub>그 가격은 약속한 대로 1만 원</sub> 요청한 뒤 새로 발행된 주식을 1만 원에 인수해 팔아 치운다. 이러면 주당 3,000원의 차액이 생기는 것이다.

1999년 2월 삼성의 비상장 계열사였던 삼성SDS는 이 신주인수권부사채를 230억 원어치나 발행했다. 신주 발행이 가능한 가격이를 공식적으로 '신주인수권 행사 가격'이라고 부른다은 7,150원이었다.

그러니까 이 채권의 주인은 삼성SDS의 주가가 7,150원이 넘으면 잽싸게 신주를 발행해 달라고 요구한 뒤 주식을 인수하면 되는 조건이었던 것이다. 그리고 이렇게 7,150원에 받아갈 수 있는 주식 물량이 무려 230만 주였다.

그래서 투자 고수 이재용이 이 물량 중 얼마를 받아갔을까? 이재용은 자신의 세 여동생 등과 함께 230만 주 중 209만 주를 쓸어갔다. 하지만 이번에는 남매끼리 다 해먹기 좀 미안했는지, 이학수 등 삼성 구조조정본부 임원 두 명도 이 주식 중 일부를 받아가는 혜택을 누렸다.

그렇다면 당시 삼성SDS의 주당 가치가 얼마였을까? 신주인수권부사채가 발행될 당시 이 회사 주식은 장외에서 무려 5만4,000원에 거래됐다. 5만 4,000원짜리를 단 돈 7,150원에 쓸어올 수 있는 능력, 이재용의 눈부신 재테크 능력이 다시 한 번 발휘된 순간이었다.

하지만 이런 사실들만을 추려내 '투자가 이재용'이 복합금융상품 등을 이용해 단기간에 치고 빠지는 투자만 했다고 생각하면 오산이다. 에스원이나 삼성엔지니어링 투자 때와는 달리 삼성SDS에서 이재용은 또 다른 뛰어난 투자자의 면모를 보여준다. 바로 그의 장기투자 성향이 그것이다.

이재용은 삼성SDS 주식을 즉시 팔아 차액을 챙기지 않았다. 그는 이런

'먹튀' 전략 대신 회사 주식을 15년 이상 보유하는 워런 버핏 형 장기투자를 선택했다.

이재용에게는 기업의 미래를 내다보는 능력이 있었다. 삼성SDS는 정보기술IT 서비스를 제공하는 업체다. 이 회사의 주요 고객은 대부분 삼성그룹 계열사다. 2014년만 해도 삼성SDS가 삼성전자 및 그들의 종속기업과 거래를 해서 올린 매출이 무려 5조4,064억 원이었다. 이는 이 회사가 올린 연간 매출의 68.5%에 이르는 수치였다. 마음만 먹으면 삼성SDS는 삼성그룹의 전폭적 지원 아래 얼마든지 커나갈 수 있는 회사였던 것이다.

이재용은 이 같은 점을 사전에 분석하고, 7,150원에 마련한 주식을 5만 원 언저리에서 파는 우를 범하지 않았다. 그는 끝까지 삼성SDS의 주식을 팔지 않았고, 삼성SDS는 그의 기대대로 그룹의 집중적 지원을 받으며 성장을 거듭했다.

2014년 삼성SDS는 마침내 증시에 주식을 상장하는데 상장 당시 이재용의 보유 지분은 11.25%였다. 11월 14일 오전 9시, 삼성SDS가 증시에 등장하는 순간 주가는 38만 원이었다. 상장 당일 이재용의 삼성SDS 보유 가치는 무려 2조8,492억 원으로 치솟아 있었다. 70억 원 좀 못 미쳐 인수했던 삼성SDS 주식이 400배가 넘는 대박을 안겨주며 그의 15년 긴 기다림에 보답한 것이다.

## 이재용, 한국 세법의 개척자가 되다

아버지로부터 물려받은 종자돈 60억 원으로 소소하게 투자를 시작했던 이재용은 2015년 현재 9조 원에 이르는 재산을 자랑하는 세계적 부호가 됐다. 우리가 그의 눈부신 재테크 능력을 이처럼 자세히 돌아보는 이유는 바로 그가 숫자<sup>수익률</sup>로 그의 재테크 능력을 입증했기 때문이다.

물론 이 과정에서 다수의 편법이 사용됐음은 부인할 수 없다. 하지만 그것은 대부분 편법이었고 아주 일부만 불법이었다. 이재용이 이런 선진 투자 기법을 사용할 당시 한국의 법체계는 이재용의 편법을 추궁할 만큼 촘촘한 체계를 갖추고 있지 않았기 때문이다. 이재용은 늘 법보다 한 발짝 앞서갔고, 법은 늘 그의 편법을 두, 세 발짝 뒤에서 쫓을 뿐이었다.

사법부는 길고 긴 재판 과정 끝에 이재용의 투자가 "법에 위배되지 않는다."고 선언했다. 아니, 엄밀히 말하면 "약간 법에 저촉되긴 하지만 벌금 조금 내는 정도면 충분하다."는 정도로 용인했다.

삼성 비자금 사건의 조사 과정에서 특별검사 조준웅은 발표 당시 '에버랜드'를 '애벌랜드'라고 잘못 발음하는 실수를 했지만, 그래도 "에버랜드 편법 증여와 삼성SDS 신주인수권부사채 사건에 대해서는 이건희 등을 기소한다<sup>이재용은 제외</sup>."고 밝혔다. 물론 구속 기소는 아니고 불구속 기소였다.

하지만 대법원은 에버랜드 전환사채 사건에 대해 2009년 5월 29일 무죄를 선고하며 이건희, 이재용 부자의 모든 편법을 정당한 것으로 인정했다.

삼성SDS 사건의 경우 검찰은 애초부터 무려 6번을 불기소하며 이재용의 투자를 정당화하려 애썼으나 특별검사 조준웅의 기소로 새로 심리가 시작됐다. 법원은 앞 장에서 살펴본 것과 같이 2009년 8월 배임과 조세포탈죄를 적용해 이건희에게 징역 3년, 집행유예 5년, 벌금 1,100억 원 형을 선고했다. 이건희가 그로부터 4개월 뒤 이명박이 실시한 '원 포인트 1인 사면'으로 사면된 것은 확인한 바와 같다.

　이제 더 이상 한국 사회에서 비상장기업을 이용해 주식을 저가에 사고파는 일은 용인되지 않는다. 한국 조세 당국은 비상장기업의 주식도 법에 따라 엄격하게 가치를 산정해 매매하도록 법을 바꿔 놓았다.

　또 더 이상 전환사채나 신주인수권부사채 등의 저가 발행을 통해 편법으로 부를 증여하는 것도 가능하지 않게 됐다. 모두 이재용이 눈부신 재테크 능력으로 자신의 부를 증식한 이후 제도가 보완된 덕분이다.

　먼 훗날 한국의 역사가 이재용을 어떻게 기억할까? 우리가 살펴본 대로 그를 '뛰어난 투자자', 혹은 '세법 개정의 개척자'로 기억할까? 아니면 아무리 법의 판단이 그러하다 해도, 사회적 양심이라는 새로운 잣대를 이용해 무언가 다른 방향의 기록을 간직하진 않을까? 사실 미래에 남을 기록은 '이재용의 투자'에 대해 지금 한국 사회가 어떤 기억을 간직하려 애쓰고, 어떤 기록을 지키려 하는지에 따라 달라질 지도 모른다.

# 벌처 펀드의 공격에 드러난 삼성의 민낯
## - 삼성물산 제일모직 합병

죽어도 '지금은 죽을 수 없는' 재벌 오너의 숙명

"죽으면 죽었지, 지금은 못 죽는다."

1990년대 한 대학교 화장실에 누군가가 휘갈겨놓은 낙서의 한 대목이다. 화장실에서 큰일을 보며 무엇이 그리 억울했는지는 모르겠지만, 이 낙서의 주인공은 '죽는 한이 있어도 당장은 결코 죽을 수 없노라.'는 절박한 심정을 이 한 문장에 담아놓았다.

2014년 6월 이건희가 갑자기 쓰러졌다. 이전에도 몇 번 와병설과 건강 이상설이 있었지만 이번에는 달랐다. 이건희는 삼성서울병원으로 후송됐고, 이후 철저한 보안 속에서 치료를 받았다. 하지만 이건희는 2015년 10월 현재까지 아직 회복되지 않았다. 심지어 그가 살아있기는 한 것인지조차 확실치 않았다.

한 삼성그룹 고위관계자는 2014년 10월 나에게 "식물인간에도 5단계가 있는데, 이건희 회장은 3단계다. 말을 못하고 움직이지 못할 뿐이지 인지 능력은 있다는 이야기다."라고 항변했다. 여기서 우리는 이건희가 최소한 식물인간 단계에 있다는 사실 정도만 확인했을 뿐이다.

수 십 조 원의 재산을 가진 재벌 총수건, 하루 벌어 힘겹게 하루를 살아가는 일용직 노동자건, 모든 생명은 소중한 법이다. 그리고 어떤 존재이건 죽음을 앞둔 인간은 존엄하고 귀하게 여겨질 자격이 있다. 하지만 생명에 대한 경외심을 논외로 하면, 한국의 최대 재벌 그룹을 이끌었던 이건희의 병세가 한국 사회에 가져다 줄 파장은 결코 작지 않다. 이건희가 단지 삼성그룹의 총수여서 하는 말이 아니다. 그의 병세와 생사에 순환출자 구조로 일가一家의 그룹 지배권을 확보해 온 삼성그룹의 운명이 걸려 있기 때문이다. 이건희가 '죽으면 죽었지, 지금은 결코 죽을 수 없는' 이유가 바로 여기에 있다.

이건희는 에버랜드 편법 증여를 통해 이재용에게 그룹을 물려주려 했다. 사단은 났고, 세간의 비판은 있었지만 어찌됐건 이건희는 전환사채 편법 증여라는 '세법의 신천지'를 개척하면서 3세 승계의 첫 단추를 끼웠다.

2013년부터 삼성은 3세 승계에 가속도를 냈다. 2013년 말 지주회사 역할을 맡았던 삼성에버랜드는 놀이공원과는 전혀 상관이 없는 제일모직의 패션 사업 부문을 인수해 제일모직이 됐다. 제일모직은 이듬해 6월 3일 증시 상장을 선언했다. 이건희의 유일한 아들 이재용이 최대주주로 있던 삼성SDS도 2014년 초부터 상장을 추진했다. 이재용의 삼성SDS 지분이 11.25%나 됐기에, 이 회사를 상장시키면 어떻게든 상장 차익으로 이재용의 현찰이 두둑해 질 것이라는 계산이었다.

하지만 이 모든 복잡한 셈법에도 불구하고 이건희와 이재용에게는 마지막 큰 산이 하나 남아 있었다. 그것은 바로 삼성그룹의 모든 것이라고 말해도 과언이 아닌 삼성전자에 대한 지배력이었다. 이건희가 보유한 삼성전자 지분은 고작 3.38%, 이재용이 가지고 있는 삼성전자 지분은 겨우 0.57%였다. 이 상황에서 이건희가 덜컥 세상을 떠나기라도 하면, 그렇지 않아도 외국인투자가의 지분이 50%를 넘나드는 삼성전자에 대한 지배력을 장담할 수가 없었다. 삼성전자를 제대로 물려받으려면 막대한 증여세와 막대한 지분 매입 자금이 필요한데, 이재용에게는 그 돈이 없었기 때문이다. 삼성전자를 제대로 물려주기 전까지 이건희는 '죽어도 결코 지금은 죽을 수 없는' 숙명을 안고 있었던 셈이다.


## 괴물의 탄생, 삼성엔터패션컨스트럭션인터내셔널

이건희의 와병이 1년 가까이 됐던 2015년 5월, 삼성은 더 기다릴 수가 없었는지 이재용의 삼성전자 지배권 강화를 위해 상상도 하기 힘든 희한한 수를 들고 나왔다. 제일모직과 삼성물산을 합병하겠다고 발표한 것이다. 이른바 '삼성엔터패션컨스트럭션인터내셔널'의 탄생. 한국 기업 역사상 유례를 찾기 힘든 괴물이 마침내 시장에 모습을 드러냈다.

합병 삼성물산, 그러니까 삼성엔터패션컨스트럭션인터내셔널은 상식적으로 도무지 말이 되지 않는 회사였다.

주요 사업 부문만 자그마치 네 개다. 그런데 그 네 분야가 '융합'이라는 콘셉트를 적용할 수 있을지 심히 의심스러운 분야들이었다. 에버랜드의 후신 격인 제일모직은 놀이동산을 운영하고 패션 사업을 영위한다. 놀이동산과 패션 사업의 공존도 갸우뚱한데, 여기에 삼성물산이 영위했던 건설사와 종합상사가 더해졌다. 그래서 새로 태어나는 합병 삼성물산은 옷도 만들고패션, 놀이동산도 운영하고에버랜드, 아파트도 짓고레미안, 종합상사 역할도 하는인터내셔널 초유의 기업이 됐다.

이에 대한 삼성의 설명은 심플했다. 한마디로 합병 시너지를 통해 사업의 성장성을 높이겠다는 것이다. 삼성은 공시를 통해 "제일모직이 보유한 다양한 사업 영역 및 운영 노하우와, 삼성물산이 보유한 건설부문의 차별화된 경쟁력 및 해외 인프라를 결합함으로써 매출과 이익을 증대"하고 "외형 성장과 신규 유망사업을 발굴해 초일류 글로벌 기업으로의 도약을 위한 성장 기반을 마련"하겠다고 발표했다.

그런데 '제일모직이 보유한 다양한 사업 영역 및 운영 노하우'라는 것이 놀이동산을 운영하고 의류와 액세서리를 판매하며, 급식 식자재를 유통하는 것이다. 이 '다양한' 사업 영역들이 도대체 어떻게 '건설부문의 차별화된 경쟁력 및 해외 인프라'와 시너지를 내는지 설명이 없었다.

상식적으로 아무리 상상력을 동원해도 예상되는 사업 시너지는 △해외에도 놀이동산을 짓거나 △건설 현장에서 일하는 노동자들의 식재료를 에버랜드가 대거나 △아니면 건설 노동자들의 유니폼을 제일모직이 패셔너

블하게 만들어 제공하는 정도인데, 이 정도를 가지고 '초일류 글로벌 기업으로의 도약'을 이뤄낸다는 것은 말도 안 되는 소리였다.

물론 삼성그룹은 "제일모직에도 건설 부문이 있어 물산과의 합병은 시너지가 있다."고 주장하긴 했다. 하지만 삼성물산 건설 부문의 2014년 연매출은 자그마치 14조8,735억 원이었다. 반면 제일모직 건설 부문의 연매출은 같은 해 1조2,794억 원으로 삼성물산의 10분의 1에도 미치지 못했다. 제대로 된 건설 기업인 삼성물산과, 리조트 건설 등 특화된 사업에만 집중하는 제일모직의 건설 부문은 애초 비교 대상이 아니라는 이야기다. 굳이 이야기하자면 사자가 토끼를 잡아먹는 형국인데, 이런 흡수 통합에서 큰 시너지를 기대한다는 것은 어불성설이었다.

그렇다면 삼성은 왜 그룹 총수의 와병 상황에서 이런 괴물을 만들어 내려한 것일까? 그 답은 바로 '이재용의 삼성전자에 대한 지배력 강화'에 있었다. 에버랜드 편법 증여로 이재용은 다행히도 그룹 지주회사격인 제일모직을 충분히 지배하게 됐다. 문제는 이 제일모직이 다른 계열사들에 대한 지배력은 비교적 충분했는데 공교롭게도 삼성전자에 대한 지배력만은 매우약했다는 점이었다. 이때까지 제일모직은 삼성전자 주식을 단 1%도 갖고있지 않았다.

더 큰 문제는 이재용 스스로 역시 삼성전자 지분을 단 0.57%만 들고 있었다는 점이다. 아버지 이건희로부터 주식을 물려받아 문제를 해결할 수도없었다. 이건희의 삼성전자 지분은 3.38%였고, 그나마 이를 물려받으려면 절반에 가까운 주식을 세금으로 토해내야 할 상황이었다.

그런데 공교롭게도 당시 삼성물산이 삼성전자 지분 4.1%를 보유하고 있었다. 4.1%는 작은 지분이 아니다. 단순히 시가로만 환산해도 8조 원이다. 게다가 이는 이건희의 삼성전자 보유 지분보다도 높은 수치다. 삼성물산과 제일모직이 합병해 삼성물산이 이재용의 수중에 들어가기만 하면 이재용이 삼성전자에 대한 지배력을 4.1% 높일 수 있었다.

상식적으로 이재용이 삼성전자에 4.1%만큼 지배권을 강화하려면 8조 원을 내야 정상이다. 하지만 이재용은 그 돈을 낼 능력도, 의지도 없었다. 엔터패션컨스트럭션인터내셔널이라는 비상식적 회사는 이재용이 삼성을 제대로 지배하기 위해 설계된 괴물이었던 것이다.


## 삼성의 실력은 국내용? 벌처펀드 공세에 밑천 드러낸 삼성

앞장에서도 살펴봤듯이 그동안 삼성은 한국의 세법을 개척하는 역할을 했다. 삼성이 걸었던 길은 한국의 세무 역사에서 그야말로 '편법의 선각자'가 걸었던 길이었다. 용인자연농원 토지 증여, 에버랜드 전환사채 편법 증여, 삼성SDS 신주인수권 편법 증여 등 갖은 방법으로 삼성은 법과 제도의 허점을 뚫고 교묘히 부를 세습했다. 한국 세무 당국은 삼성이 망가뜨린 외양간을 뒤늦게 고치느라, 삼성이 편법을 저지른 이후 부랴부랴 제도를 손질하기 바빴다.

그래서 사람들은 "삼성이 얄밉기는 해도, 제도를 악용하거나 활용하는 실력만큼은 국내 최고"라고 혀를 내둘렀다. 삼성의 미래전략실에 수두룩하게 채용된 변호사와 회계사 등 전문가들은 국내 그 어느 집단보다도 명석했고, 국내 그 어느 집단보다도 법과 제도의 허점을 잘 이용했다.

제일모직과 삼성물산의 합병 소식이 들렸을 때에도 국내의 여론은 비슷했다. 합병 발표 직후 수많은 전문가들이 "말도 안 되는 합병이긴 하지만, 이재용의 3세 승계를 위해서는 '신의 한 수'라 불릴 만하다."며 경탄을 금치 않았다. 사실 말이야 바른 말이지 삼성이 아니라면 대한민국에서 그 누가 감히 건설회사와 놀이동산을 합병할 생각을 할 수 있단 말인가?

그런데 한국에서 삼성의 이런 꼼수에 경탄의 찬사를 보내는 동안, 국제 금융계에서 날고 기던 한 벌처펀드vulture fund가 두 회사의 합병에 끼어들었다. 벌처펀드란 돈이면 물불 안 가리는 헤지펀드hedge fund의 일종으로, 파산한 기업이나 자금난에 부딪쳐 경영 위기에 처한 기업을 싼값에 인수하여 경영을 정상화시킨 후 비싼 값으로 되팔아 단기간에 고수익을 올리는 자금을 통칭한다. 벌처vulture라는 단어의 뜻은 '대머리 독수리'다. 대머리 독수리는 썩은 고기, 즉 동물의 시체를 파먹고 산다. 이미 죽어있는 존재에서도 자신의 양식을 뜯어낸다. 한 마디로 악랄하다는 뜻이다. 벌처펀드는 바로 '마른 수건에서도 물 한 동이를 짜내는' 지독한 펀드인 것이다.

한국에서 삼성물산-제일모직의 합병은 '신의 한 수'로 평가받았지만, 국제 금융시장에서 산전수전 다 겪은 벌처펀드에게 이는 '어린애들 장난' 수준의 꼼수였다. 벌처펀드는 삼성이 부린 꼼수의 허점을 대번에 찾아냈다.

그리고 벤처펀드의 전설이라 불리던 폴 싱어당시 70세가 이끄는 엘리엇매니지먼트라는 벤처펀드가 이 합병의 틈새를 파고들었다. 엘리엇매니지먼트가 삼성물산 지분 7.12%1,112만5,927주를 장내에서 매수한 뒤 6월 4일 "삼성물산과 제일모직 합병은 삼성물산 주주들에게 불리한 결정이므로 이에 반대한다."고 선전포고를 하고 나선 것이다.

싱어는 1977년 회사를 설립한 뒤 2014년까지 38년 가운데 무려 36년 동안 플러스 수익률을 낸 경이로운 투자자다. 연간 평균 수익률이 14.6%에 이르렀다.

싱어는 2001년 아르헨티나가 1,000억 달러 규모의 디폴트채무불이행를 선언하면서 채권 가격이 80% 폭락하자 이를 헐값에 쓸어 담은 뒤 소송으로 100% 제값을 받아냈다. 당시 싱어는 소송으로 아르헨티나 정부를 압박하는 한편 아프리카 가나에 정박한 아르헨티나 군함을 차압했고, 대통령 전용기까지 압류를 시도하는 대담함을 보였다. 싱어는 콩고공화국과 페루 정부를 상대로도 승리를 거둔 말 그대로 '벤처펀드의 전설' 같은 존재였다.

엘리엇매니지먼트는 탁월한 정보력으로 2015년 초반부터 삼성물산과 제일모직의 합병 가능성을 파악했다. 이들은 삼성물산 주가가 5만 원대 초반에 머물 때부터 주식을 집중적으로 사들였다. 지분을 7%대까지 끌어올린 엘리엇은 즉각 삼성물산과 제일모직 합병의 부당함을 세간에 알렸다.

당시 제일모직과 삼성물산의 합병 비율은 1대 0.35였다. 쉽게 말하면 삼성물산 주식 3주와 제일모직 1주의 가치를 같게 보고 합친다는 뜻이다. 주식시장에서 거래되는 두 회사의 시가총액을 기준으로 평가하다보니 이런 합병 비율이 나왔다.

문제는 시가총액과 달리 실제 두 회사가 갖고 있는 자산이 차이가 난다는 점이었다. 삼성물산은 삼성전자 지분만 해도 4.1%나 들고 있었다. 이 가치만 8조 원이 넘었다. 이외에 각종 보유한 주식과 자산을 다 계산해보면 30조 원에 육박했다. 제일모직이 보유한 자산의 세 배가 넘었던 것이다. 제일모직 3주를 삼성물산 1주와 합쳐도 시원찮을 판에, 거꾸로 삼성물산 3주를 제일모직 1주와 합치기로 했으니 삼성물산에 심각하게 불리하다는 게 엘리엇의 주장이었다.

## 허 찔린 삼성, 애국심에 호소하다

삼성은 제대로 허를 찔렸다. 사실 삼성물산과 제일모직의 합병은 앞에서 설명한대로 순전히 이재용의 삼성전자 지배력을 높이기 위한 기획 프로젝트였다. 이 기획 프로젝트가 제대로 가동하려면, 이재용이 최대주주로 있는 제일모직의 주식은 최대한 비싸게 쳐주고, 이재용이 한 주도 갖고 있지 않는 삼성물산은 최대한 싸게 쳐준 상태에서 두 회사를 합병해야 했다.

실제 삼성은 제일모직 주가가 역사상 최고점을 찍고, 삼성물산 주가는 기업가치 대비 최저점까지 폭락했을 때 두 회사의 합병을 발표했다. 이 전술에 대해 국내에서는 아무도 시비를 거는 이가 없었다.

하지만 벌처펀드의 눈에는 이 꼼수가 바로 드러났다. 합병의 당위성과는 별개로, 왜 삼성물산 주가가 역사상 최저점 수준에서 제일모직과 합병을 하느냐는 게 그들의 주장이었다. 게다가 보유한 자산의 규모가 삼성물산이 제일모직보다 3배나 많은데도, 거꾸로 삼성물산 3주와 제일모직 1주를 교환하는 거꾸로 된 3대 1의 불리한 합병 비율을 감수하면서까지 말이다.

엘리엇의 합병 반대 소식과 그들의 논리가 전해지자 국내 여론이 삽시간에 뒤바뀌었다. 외국계 헤지펀드가 국내 시장에 들어와 돈을 챙기려는 모습이 보기 좋은 것은 아니었지만, 아무리 들어봐도 그들의 설명이 맞았기 때문이었다. 자산이 3배나 많은 삼성물산이, 자신보다 자산이 훨씬 적은 제일모직의 3분의 1의 가치로 합병이 돼야 할 이유가 없었다. 게다가 에버랜드 전환사채 편법 증여 등 과거 이재용이 저질렀던 부의 편법 승계 과정까지 다시 부각되면서 여론은 삼성과 이재용 측에 극도로 나쁘게 돌아갔다. "누가 승계를 받지 말라고 했냐? 금수저를 물고 태어났으면 아비로부터 그룹을 물려받을 때 최소한 세금은 제대로 내야 하는 것 아니냐."는 게 여론의 핵심이었다.

삼성물산과 제일모직의 합병은 결국 7월 17일 두 회사의 주주총회에서 판가름 나게 됐다. 어차피 자신에게 유리한 합병인 제일모직은 이 합병 안건을 주주총회에서 무조건 통과시킬 태세였다.

남은 것은 같은 날 벌어지는 삼성물산의 주주총회. 합병 가결을 위해 참석 의결권 주식 중 3분의 2에 해당하는 찬성표를 얻어야 하는 삼성물산은 그야말로 발등에 불이 떨어졌다.

삼성물산은 우선 같은 재벌 가문인 KCC에 SOS를 요청했다. KCC는 삼성물산이 보유한 자사주 899만 557주를 장외거래를 통해 통째로 사들인 뒤 합병을 지지하는 백기사 역할을 자처했다. 이 지분이 무려 5.76%였다. 박빙의 승부에서 어마어마한 캐스팅보트를 KCC가 쥐고 삼성 편을 들겠다고 나선 것이다.

그래도 승리를 장담하기 어렵게 되자 삼성은 본격적인 여론 몰이에 나섰다. 7월 13일 삼성물산은 주요 일간지 등 전국 약 100여 개 신문 1면혹은 주요 면에 일제히 광고를 실었다. 주주들을 향한 서신 형태의 이 의견광고에서 삼성물산은 "단 한 주라도 큰 힘이 된다. 제발 합병에 찬성해 달라."고 호소했다. 한, 두 개 주요 일간지에 낸 광고가 아니라 무려 100개가 넘는 매체에 이 광고를 실은 것이다. 삼성물산은 대표 포털인 네이버와 다음에도 비슷한 내용의 배너 광고를 실었다. 8개 증권방송과 4개 종편채널, 2개 보도전문 채널에서도 쉴 새 없이 비슷한 광고가 쏟아져 나왔다.

광고주의 적극적인 '돈질 의사'를 확인한 언론사들은 일제히 "외국 펀드에게 국내 최대 그룹의 경영권을 넘길 수 없다."며 삼성의 애국심 마케팅에 동조하고 나섰다. 삼성의 막대한 현금성 자산 유치에 목숨을 건 증권사들도 맞장구를 쳤다. 합병 논란이 진행됐던 약 한 달 여 기간 동안 삼성물산-제일모직 합병에 대해 의견을 개진한 리서치센터는 모두 22개였는데 이 중 무려 21개 회사가 합병에 긍정적인 분석을 내놓았다. 찬성률이 자그마치 95%에 이르렀다.

## 캐스팅 보트 국민연금의 이상한 행보

물론 반대의 목소리가 없었던 것은 아니었다. 특히 삼성의 영향력이 미치지 못하는 국제 사회의 목소리는 대부분 "합병이 합당하지 않다."는 쪽으로 기울었다.

반대 목소리 중 가장 눈에 띄었던 사실은 세계 유수의 의결권 자문 회사들이 모두 합병 반대의 편에 섰다는 점이었다. 의결권 자문사란 말 그대로 누군가 주주총회에서 의결권을 행사할 일이 있을 때, 어떻게 투표하는 것이 좋을지를 자문해 주는 곳이다. 설명만 들어서는 "별 것 아닌 회사네." 할지도 모르겠지만, 실제 이들이 세계 금융시장에서 미치는 영향력은 막대하다. 왜냐하면 국제 금융시장의 큰손인 각국 연기금들이 이들 의결권 자문사의 의견을 거의 100% 수용하기 때문이다.

연기금은 국가나 공공기관이 운용하는 공적 자금이다. 따라서 연기금은 이런 공적 자금이 몇몇 펀드매니저들의 사적인 판단으로 운용되는 것을 극도로 꺼린다. 어느 주식을 언제 사서 언제 파는지 정도야 펀드매니저들의 의견을 따르지만, 주주총회에서 중요한 표결권을 행사할 때에는 반드시 객관적인 자문을 받도록 돼 있다. 연기금에 이런 객관적 자문을 해 주는 곳이 바로 의결권 자문사들이다.

대부분 연기금은 의결권 자문사들의 의견을 그대로 수용한다. 물론 예외가 없는 것은 아니다. 자문사의 의견과 연기금 운용 주체의 의견이 다를 때 연기금 측이 자신의 의견을 밀고 나가는 예가 아예 없지는 않다.

하지만 연기금이 의결권 자문사의 자문을 거역하려면 복잡한 절차가 필요하다. "왜 자문사의 의견을 따라야 하느냐."는 입증은 전혀 필요하지 않지만, "왜 자문사의 의견을 거스르고 반대로 투표를 해야 하느냐."는 입증은 반드시 필요하다. 따라서 현장 실무자가 의결권 자문사의 자문을 거스르려 할 때에는, 자신의 판단이 옳다는 것을 입증할 엄청난 자료를 제출해야 한다.

합병이 추진될 당시 세계 의결권 자문 시장에서 가장 중요한 업체는 시장 점유율 1위 ISS와 시장 점유율 2위 글라스 루이스Glass Lewis였다. 이 중 ISS의 영향력은 실로 어마어마했다. 거의 대부분 국가의 연기금이 ISS의 자문을 받는다고 해도 과언이 아니었다. 한국의 국민연금도 당연히 ISS의 자문을 받았다. ISS의 결정이 곧 세계 연기금의 행동 지침이었던 셈이다.

그런데 이 ISS가 삼성물산과 제일모직의 합병에 대해 반대의 의견을 내놓았다. 2위 업체인 글라스 루이스도 똑같이 반대 의견을 밝혔다. 국내 대표적인 의결권 자문사 중 하나이며 한때 국민연금의 공식 의결 자문을 맡았던 서스틴베스트도 반대 의견을 표명했다. 합병 비율이 말도 안 되게 삼성물산 쪽에 불리하다는 것이 그들의 공통된 견해였던 것이다.

사정이 이 정도 되면 국민연금을 비롯해 대부분의 자산운용사들은 이들 자문사들의 의견에 맞춰 주주총회에서 반대 표결을 하는 것이 정상이었다.

하지만 세계적인 의결권 자문사들의 권고도 삼성이 지배하는 한국에서는 전혀 영향력을 발휘하지 못했다. 삼성물산 지분을 무려 11.21%나 들고 있어 사실상 표결의 향배를 결정할 것으로 보였던 국민연금은 평소 개최해왔던 외부 전문회의주식의결권행사 전문위원회마저 생략한 채 비밀리에 찬성 입장을 정해버렸다. 그러고는 무엇이 부끄러운지 국민연금은 "주주총회까지 공식 입장을 밝히지 않겠다."며 찬성 입장을 정했다는 사실을 숨겼다. 국민연금의 외부 전문회의는 재벌들의 의사에 따르지 않고 철저히 주주 이익을 대변하는 강성 입장을 정한 적이 많았는데, 국민연금은 이 부분을 우려했는지 외부 전문회의마저 생략한 채 합병 찬성을 결정한 것이다.


## 세상에서 가장 비싼 수박

역사적으로 볼 때 한국 사회에서 삼성이 이 정도로 공을 들였다면, 이는 무조건 '되는 일'이었어야만 했다. 이것이 지금까지 '삼성 공화국'에서 살아온 대한민국 국민들의 대체적인 상식이었다.

하지만 법원, 언론, 금융권 등 사회 모든 주류들이 삼성에 대해 전폭적인 지지의사를 밝히는 와중에서도 두 회사의 합병 승인은 여전히 불투명했다.

급기야 삼성물산은 소액주주들을 찾아 나섰다. 삼성물산 직원들은 하라는 업무는 제쳐놓은 채 주중이건 주말이건 가릴 것 없이 주주들의 집을 방문해 "삼성을 살려 달라."고 읍소했다. 주주들의 집을 방문한 이들 직원들 손에는 '성의 표시'를 상징하는 수박 한 덩이가 들려 있었다. 이때 삼성물산 직원들의 이 눈물겨운 노력을 가상히 여긴 소액주주들 중 상당수가 두 회사의 합병에 찬성하는 쪽으로 입장을 바꿨다.

7월 17일, 마침내 열린 주주총회. 한 회사의 주주총회 역사상 가장 많은 기자들이 모여 생중계된 이 회의에서 삼성물산 주주들은 '제일모직과의 합병 승인에 대한 안건'을 찬성률 69.53%로 승인했다. 합병 승인을 위해서는 참석 주주 의결권의 3분의 2 이상 찬성이 필요했다는 점을 감안하면, 가결 마지노선인 66.67%보다 약 3%포인트 많은 찬성표로 합병안이 겨우 통과된 셈이었다.

KCC가 백기사로 나서지 않았다면, KCC가 백기사로 나선 것이 법리적으로 맞지 않다고 법원이 제동을 걸었다면, 마지막 '수박의 읍소'에 소액주주들 일부가 돌아서지만 않았다면, 국내 자산운용사들 중 최소한 3분의 1 정도만이라도 자신들의 이익을 위해 합리적인 결정을 내렸다면……. 이 여러 가지 전제들 중 단 하나만 이뤄졌다면 '이재용의 삼성'은 출범하지 못했을 것이다. 특히 지분 11.21%를 보유했던 국민연금의 찬성은 합병 가결의 결정적 역할을 하고 말았다. 국민연금이 반대는 아니더라도 최소한 기권만 했다면, 찬반 양쪽의 비율대로 표를 나눠주는 '섀도 보팅'만 했다면 합병은 가결되지 않았을 것이다.

하지만 삼성은 마침내 이 험난한 여정을 뚫고 엔터패션컨스트럭션인터내셔널이라는 괴물을 탄생시키는 데 성공했다. '이재용의 삼성 시대'는 이렇게 막이 올랐다.

제일모직–삼성물산 합병은 삼성의 한국 경제 역사에서 잊을 수 없는 치욕적 기억으로 남을 가능성이 높다. 그 동안 삼성은 법과 제도를 교묘히 악용해 자기들이 원하는 모든 것을 손에 넣었다. 한국의 법과 제도를 자기들 멋대로 주물렀던 것이다.

하지만 제일모직-삼성물산 합병 사건으로 우리 사회가 얻은 성과도 없지는 않다. 비록 합병이 성사되기는 했으나, 그 과정에서 삼성의 편법이 만천하에 드러났기 때문이다. 삼성은 이 합병으로 회복하기 힘들 정도로 이미지를 망쳤다. 삼성의 3대 황제에 화려하게 등극하고자 했던 이재용은 결국 '편법으로 자리를 물려받은 명분 없는 황제'가 되고 만 것이다.

사족 : 삼성물산의 주가는 합병 결의 이후 며칠 만에 무려 20% 가까이 폭락했다. 이 시기 각종 증권 게시판에서는 "삼성물산 합병 가결을 승인해 준 소액주주들은 세상에서 가장 비싼 수박을 얻어먹었다."는 이야기가 나돌았다. 적지 않은 주주들이 삼성물산 직원들의 수박 선물과 읍소 공세에 마음을 바꿔 합병에 찬성해 줬기 때문이었다.

"두 회사가 합병돼야 주주들의 보유 지분 가치가 오른다."는 삼성물산 직원들의 읍소는 완전히 거짓으로 드러났다. 합병에 찬성한 주주들은 시가 2만 원짜리 수박을 받고, 투자 자산의 20%를 날리는 참담한 경험을 해야만 했다.

# 2부

# 현대

'무데뽀 정신'의 전통을 세운 정주영, 그리고 그의 추종자가 남긴 족적 – 현대그룹의 모태가 된 현대건설

정주영을 살린 박정희, 8.3 사채 동결 조치 – 정주영과 박정희의 각별한 관계

현대조선 폭동과 식칼 테러 – 현대만의 격렬한 노사문화 탄생의 배경

"부동산으로 보수를 지배하라" – 압구정동 현대아파트 특혜 분양 사건

포니에서 기아차까지…… – 현대차가 100만 안티를 양산한 이유

"모름지기 기업은 시류를 따라야 한다" – 너무도 당당했던 정주영의 5공화국 청문회

정치권력 위에 서고자 했던 경제권력의 욕망과 좌절 – 정주영과 통일국민당

정주영의 소떼 방북…… – 신의 한 수였나, 지옥행 급행열차였나?

아비도, 형제도 몰라본 가족들의 이전투구 – 현대그룹 왕자의 난

족보 싸움으로 얼룩진 현대 – 쇠락하는 현대의 '적통'

재벌 2세 정몽준이 헬조선에서 사는 법 – '정치인' 정몽준의 감출 수 없는 귀족 본능

정의선에게 현대차를 지배할 자격이 있는지 묻는다 – 2인자 정의선이 3조 원 자산가로 성장한 과정

# '무데뽀 정신'의 전통을 세운 정주영, 그리고 그의 추종자가 남긴 족적

## - 현대그룹의 모태가 된 현대건설

### 무데뽀 정신의 신화, 정주영

1997년 상영된 한국 느와르 영화의 걸작 〈넘버 3〉에서 송강호는 이렇게 말했다. 전 세계를 떠돌면서 맞짱을 뜬 최영의는 황소 뿔을 꺾을 때 "너 소냐? 너 황소? 나 최영의야!"라고 한 마디 한 뒤 황소 뿔을 딱 잡고 존나게 가라데로 내리쳤다고. 언제까지? 소뿔이 빠개질 때까지.

송강호에 따르면 최영의는 '코쟁이'들하고 맞짱을 떴을 때에도 비슷한 전술을 구사했다. "헤이! 존슨? 유, 로버트 존슨?" 하고 통성명을 한 뒤 코쟁이의 팔을 딱 붙잡고 "이 팔은 뭐, 니 살 아니야?"라면서 또 존나게 내리쳤다는 거다. 언제까지? 그 팔 치울 때까지.

송강호는 최영의의 이런 정신을 '무데뽀 정신'이라고 불렀다. 그런데 이 무데뽀 정신이 비단 싸움판에서만 통하는 전술은 아니었던 모양이다.

"안 되면 되게 하라.", "해 보기는 해 봤어?"라는 숱한 명언을 남기며 1970~1990년대 한국 산업계의 '왕 회장'으로 군림했던 현대그룹 창업주

박정희 대통령에게 조선소의 모습을 설명하고 있는 정주영의 모습
ⓒ 원작 : 경향신문 / 제공 : 민주화운동기념사업회

정주영. 그는 그야말로 '무데뽀 정신' 하나로 개발 독재 시대의 선두에 섰던 한국 산업계의 이단아였다.

　한국 재벌들이 대부분 입에 금수저를 물고 태어난 지주나 부호 출신이었던 것과 달리 정주영은 1915년 강원도 통천군 답전면 아산리에서 가난한 농민의 아들로 태어났다. 정주영이 태어난 아산리는 동쪽으로 흐르는 한교천을 낀 지역인데 강원도에서는 보기 드문 꽤 비옥한 평야지대<sup>강원도 치고는 비옥했다는 뜻</sup>였다. 정주영의 호 아산峨山도 바로 이곳 자신의 고향에서 딴 것이다.

정주영은 자신의 어린 시절을 "지독히 가난했던 시기"로 기억한다. 그는 아버지 정봉식에 대해 "손톱이 닳아 없어질 정도로 돌밭을 일궈 한 뼘 한 뼘 농토를 만드셨다."고 회고한다. 가난 때문에 송전소학교초등학교만 졸업해 그의 최종 학력이 '국졸'로 기록된 것도 그의 가난을 입증하는 사례로 널리 알려져 있다.

하지만 실제 정주영의 어린 시절이 당시 한국 민중들의 평균적 삶에 비해 지독하게 가난한 것이었는지에 대해서는 의문이 남는다. 정주영의 할아버지는 마을에서 훈장 노릇을 했는데 정주영은 이에 대해 "가난한 동네에서 아이들만 가르치면서 선비처럼 사셨기 때문에 집은 가난할 수밖에 없었고, 그래서 장남이었던 아버지가 소년 가장으로 가계와 여섯 동생 모두를 책임져야만 했다."고 설명한다. 하지만 이 설명이 맞는다고 해도 그의 할아버지는 훈장이라는 엄연한 지식 노동자였고, 어찌됐건 훈장은 당시로는 이례적으로 글을 아는 엘리트 계층이었다.

게다가 정주영은 송전소학교를 졸업한 어엿한 학생 출신이었다. 지금 기준으로야 초졸이 가난을 상징하는 초라한 학력일지 몰라도, 일제강점기인 1920년대 민중들의 자녀 가운데 학교 문턱에도 못 가본 이들은 셀 수 없이 많았다.

또 정주영은 스스로 회고에서 "6남 1녀의 장남이었던 아버지가 여섯 여동생을 차례로 결혼시키며 땅 몇 떼기라도 떼어주기 위해 부지런히 일해야 했다."고 말한 것으로 보아, 정봉식이 비록 부농富農은 아니었지만 '떼어 줄 땅 몇 떼기'를 보유했을 정도는 됐었던 것 같다.

소학교를 졸업한 뒤 맞은 정주영의 청소년기를 한 마디로 요약하자면 그 한 마디는 '가출'이었다. 그는 "지독한 가난이 싫어 가출을 했다."고 여러 차례 밝혔는데 첫 가출은 16세가 되던 해 이뤄졌다.

이때 정주영은 친구와 가출을 해 원산 인근 철도 공사장에서 막노동을 하다 아버지에게 붙잡혔고, 이후에도 세 번이나 더 가출을 했다. 첫 가출이 1931년에 이뤄졌는데 네 번째 가출 시기가 1933년이었으니 정주영은 16~18세 3년 동안 모두 네 번이나 가출을 한 셈이었다. 1932년 세 번째 가출을 할 때 정주영은 아버지가 소를 판 돈 70원을 훔쳐 서울로 향하기도 했다.

가출 청소년 정주영은 1934년 19세의 나이에 서울에서 복흥상회라는 쌀가게 점원으로 취직했다. 그리고 1938년 이 쌀가게를 인수해 경일상회로 이름을 바꾸고 경영자 생활을 시작했다.

이때가 그의 나이 23세. 그야말로 약관의 나이에 사업을 시작한 한 셈이다. 사실 그가 쌀가게를 인수한 사정에 대해서는 어떤 객관적 기록도 남아 있지 않기에 남아 있을 이유도 없다, 사정을 짐작하기 위해서는 정주영의 기억을 빌릴 수밖에 없다. 정주영에 따르면 배달원이었던 그는 특유의 성실성으로 사장으로부터 큰 신뢰를 받았고, 사장이 사정이 생겨 갑자기 가게를 인수할 것을 권해 배달원 생활 4년 만에 경영자가 됐다는 것이다.

이후 정주영은 1940년 '아도 서비스'라는 이름의 자동차 수리공장을 차렸고, 해방직후인 1946년 현대자동차공업사를 세워 사업을 확장했다.

정주영의 무데뽀 정신이 그의 경영에 처음 선을 보인 것은 1947년이었다. 자동차 정비업을 하던 그는 수리 대금을 받으러 관청에 갔다가 '눈이 번쩍 뜨이는' 장면을 보게 된다. 자기는 뼈 빠지게 자동차 수리해도 겨우 몇 백 원을 받는데 건설업자들은 단 번에 몇 만 원씩을 받아 가더라는 것이다.

정주영은 대번에 동료들을 모아놓고 "돈이 되는 건설업을 시작하자."라고 주장한다. 동료들은 말렸지만 정주영은 예의 그 "해보지도 않고 왜 미리 안 된다고 생각하느냐?"라는 말을 남기며 건설업 진출을 밀어붙였다. 그리고 그는 마침내 1947년 현대토건사를 세운다. 바로 이 회사가 오늘날 현대그룹의 모체가 된 현대건설이다.

1950년 발발한 한국전쟁은 정주영을 그야말로 큰 부자로 만드는 절호의 기회를 제공했다. 전쟁 통에 대부분 건설 사업은 미군이 발주를 했는데, 하늘이 도왔는지 정주영의 동생 정인영이 일본 유학 생활을 통해 당시로는 드물게 영어를 할 줄 아는 젊은이였던 것이다. 정인영은 그 시절 미군 공병대에서 통역을 맡았었는데, 이런 정인영의 눈부신 활약으로 정주영은 미군이 발주한 수많은 공사를 싹쓸이했다.


## 건설 현장에서 싹 튼 정주영의 무데뽀 정신

이 시절 정주영의 무데뽀 정신을 잘 설명해주는 두 가지 일화가 있다.

1952년 12월 미국 대선에서 승리를 거둔 아이젠하워 대통령 당선자가 극비리에 한국을 방문한 일이 있다. 문제는 그가 묵을 운현궁의 시설이 너무 낙후돼 있었다는 점이었다. 당황한 미군이 해결 방법을 찾아 나서자, 정주영은 미군 앞에 나서서 "단 15일 만에 공사를 해낼 수 있다."고 호언장담했다. 정주영은 "공사를 기일 안에 제대로 해놓으면 공사비의 갑절을 보너스로 받고, 공사를 제대로 못 하면 갑절을 벌금으로 내겠다."는 파격적 제안으로 공사를 따낸다.

공사를 딴 정주영은 우선 일꾼들을 용산 쪽으로 몰아 보내 피난으로 비어있던 부유층의 집을 닥치는 대로 털었다. 주인 없는 집에 침입해 양변기는 물론 욕조, 세면대, 파이프 등을 싹쓸이해온 것이다. 정주영은 당시의 기억에 대해 "나중에 물건 값을 받으러 오라는 메모를 붙였다."고 자랑스럽게 말했고, 세간의 역사가들도 이를 '정주영의 뚝심이 잘 발현된 장면'이라고 표현했다. 상식적으로 보면 분명히 가택 침입과 절도주거지 침입과 2인 이상의 절도는 심지어 '특수절도'에 해당한다이지만, '성공한 쿠데타는 처벌할 수 없'듯이, 성공한 경영자의 절도 역시 뚝심으로 미화돼야 하는 모양이다.

정주영의 무데뽀 정신을 말해주는 또 다른 일화는 부산 광안리 UN군 묘지 공사 건이었다. 정주영에 따르면, 아이젠하워가 이곳을 방문하기로 하면서 미군 공병대가 자신에게 "이곳 묘지에 푸른 잔디를 심어 달라."고 요청했다는 것이다.

한겨울에 푸른 잔디가 있을 리 없었지만 정주영은 당당히 공사비의 세 배를 요구하고 공사를 맡았다. 정주영의 생각은 간단했다. '잔디가 아니더라도 풀처럼 퍼런 게 나 있으면 되는 것 아니냐?'는 게 그의 생각이었다.

정주영은 트럭 수십 대를 끌어 모은 뒤 낙동강 일대 보리밭에서 보리 포기들을 거의 통째로 파내 묘지에 심었다. UN군의 묘지는 졸지에 청보리밭으로 변했고 정주영은 "미군들이 '원더풀, 굿 아이디어!'라고 감탄했다."며 이 사실을 자랑했다.

이런 일화들은 정주영의 자서전이나 각종 기록에 '경영자 정주영'의 위대함을 칭송하는 수많은 사례 중 하나로 기록돼 있다. 당사자 정주영에게도 무데뽀 정신으로 일군 성과가 더 없이 소중한 기억으로 남았던 듯하다.

하지만 이는 다른 각도에서 보면, 내가 돈을 벌기 위해서는 남의 집 재산 정도는 가볍게 훔칠 수 있다는 비도덕적 생각, 잔디를 심어야 할 자리에 보리를 얹어놓고 "퍼러면 됐다."고 자찬하는 비상식적 사고로 볼 수도 있다.

하지만 어찌됐건 1970, 1980년대를 주름잡았던 정주영과 현대의 무데뽀 경영 방식은 이 시기 마치 '경영의 교과서'처럼 여겨진 게 사실이었다. 그리고 정주영의 이런 사고는 부실이건 눈속임이건 눈에 보이는 결과만을 중시했던 군인정신으로 충만한 박정희 군사정부와 제대로 각이 맞고 말았다. 미군 발주 공사를 싹쓸이하며 시작된 현대의 신화가 마침내 개발독재라는 토양을 딛고 급성장 가도를 달리기 시작한 것이다.

## 리틀 정주영의 '바이 코리아' 사기극

건설 현장에서 꽃 피운 정주영의 무데뽀 정신은 무수히 많은 그의 추종자들을 양산해 낸다. 그리고 이런 '리틀 정주영' 중 한국 현대사에 단연 큰 족적을 남긴 인물이 한 명 있다. 현대건설 출신으로 1999년 '바이 코리아' 열풍을 주도하며 한국 증권가에 희대의 주가 조작 사건을 역사에 써내려간 이익치가 바로 그 주인공이다.

외환위기에서 막 벗어났던 1999년 초, 현대증권 회장이었던 이익치는 '바이 코리아 펀드'를 출시하며 "3년 안에 100조 원을 모으겠다."는 황당한 계획을 발표한다. 이익치는 바이 코리아 판매를 독려하면서 모든 언론에 대고 "한국 증시는 3년 안에 지수 2,000까지 올라갈 수 있다."고 장담했다. "허황된 이야기"라는 세간의 비웃음에 그는 한 술 더 떠 "6년 안에 6,000도 가능하다."고 맞받아 쳤다.

이익치는 건설과 금융의 차이를 몰랐다. 오랫동안 정주영의 비서로 일했던 그는 "가장 존경하는 경영자는 당연히 정주영 명예회장"이라는 말을 입에 달고 살았다. 그는 스스로 목표를 세우면 무조건 그를 달성해야 했고, 목표 달성을 위해 물불을 안 가리는 스타일의 인물이었다. 1996년 현대증권 사장에 취임했을 때 그의 별명은 '리틀 정주영', 혹은 '나를 따르라.'였다. 증권가에서 "이익치는 건설과 금융을 헷갈려 하는 것 같다."고 비웃자 그는 "금융은 곧 건설이다."라는 희대의 명언을 남기기도 했다.

바이 코리아 펀드가 열풍을 일으키면서 이익치는 한국 증권가의 슈퍼스타로 떠올랐다. 그는 한 주에 두 차례씩 투자설명회 강사로 직접 나섰는데, 설명회 장소마다 선량한 아줌마 부대들이 객석을 가득 채웠다. 마치 아이돌의 콘서트 장을 방불케 하는 열기였다. 그리고 이익치는 자신을 믿고 찾아온 아줌마들에게 이렇게 외쳤다.

"돈은 돈이 있는 곳에 몰립니다. 여러분, 생각해 보세요. 우리나라에서 제일 돈 많은 분이 누구입니까? 바로 정주영 명예회장님 아닌가요? 여러분은 지금 현대를 선택한 것만으로도 돈 버는 길에 들어선 겁니다!"

"어려운 시절 나라를 구한 것은 여성입니다. 여러분들이 바이 코리아 펀드에 투자하면 바로 나라를 구하는 겁니다!"

길거리 약장사도, 사이비 교주도 이런 싸구려 멘트로 사람을 속이지 않는다. 하지만 이익치는 '3년 안에 100조 원을 모으겠다.'는 허황된 목표를 세우고, 자신의 정신적 멘토인 정주영이 그랬던 것처럼 거침없이 일을 추진해 나갔다. 그의 머릿속에는 '투자자 보호'나 '리스크 관리' 같은 금융상품의 기본적 개념조차 탑재돼 있지 않았다.

이익치는 결국 그 해 9월 주가조작 혐의로 구속됐다. 바이 코리아 펀드로 시중자금을 무려 12조 원이나 쓸어 모은 이익치는 기대만큼 수익을 내지 못하자 현대증권 창구를 이용해 현대전자 주가를 조작하다가 적발됐다. 이 듬해에는 저조한 수익률로 투자자들로부터 집단 소송을 당해 배상을 하기까지 했다. 이익치 신화는 '이익치의 대국민 사기극'으로 마무리됐고, 금융시장에서도 '무데뽀 경영'이 먹힐 것이라고 믿었던 리틀 정주영의 꿈은 산

한국 재벌 흑역사

산이 부서지고 말았다.

## 군사문화와 가장 잘 어울렸던 경영자

경영학자들은 경영을 할 때 가장 현명한 방법으로 "준비-조준-발사
Ready-Aim-Fire의 3단계를 거쳐야 한다."고 말한다. 먼저 철저히 준비하고, 목
표를 정확히 설정한 뒤 사업을 시작해야 한다는 뜻이다.

물론 이 3단계가 언제나 들어맞는 경영의 진리는 아니다. 예를 들어 미국
의 월마트는 이런 고정 관념을 깨고 준비-발사-조준Ready-Fire-Aim이라는 변
형된 경영 방식을 도입했다. 조준목표 설정을 하기 전에 미리 시험적으로 발사
를 먼저 해 본 뒤 시행착오를 확인하고, 그제야 새롭게 정확한 목표를 세운
다는 것이다. 하지만 준비-조준-발사이건 준비-발사-조준이건 두 방식이
지향하는 바는 같다. 조준, 즉 목표를 정하기 전에 충분히 준비를 해야 한다
는 것이다.

선교사 호러스 그랜트 언더우드의 증손자이며 한국에서 경영 컨설턴트
로 활동하는 피터 언더우드는 자신의 저서 『퍼스트 무버』에서 한국의 경영
문화에 대해 이렇게 말한다.

한국은 어떨까? 나는 한국의 빨리빨리 문화를 외국 비즈니스맨들
에게 설명할 때 우스갯소리로 "한국은 발사-조준-준비의 나라다."
라고 설명한다. 준비건 조준이건 필요 없이 일단 쏘고 나서 뒷일을

생각한다는 뜻이다.

정주영은 바로 '일단 쏘고 나서 뒷일을 생각하는' 전형적 경영자였다. 그래서 그는 군사정부가 이끌었던 개발독재 시대에 가장 적합한 경영자 대접을 받았는지도 모른다. 그리고 한 때 재계 전체를 호령했던 현대그룹이, 명령보다 창의, 속도보다 안전, 양보다 질, 수직이 아니라 수평이 강조되는 21세기에 빠른 속도로 퇴보하는 이유가 이것인지도 모르는 일이다.

무데뽀 정신이 칭송받아야 할 경영 철학일까? 아니면 비판받아야 할 경영 철학일까.

이에 대해서는 모두의 판단이 다를 수 있다. '한 마디의 정답'을 찾는 것이 애초에 불가능한 논쟁 주제다. 하지만 우리는 이 사실만큼은 알아야 한다. 결과만을 향해 치달았던 정주영의 무데뽀 정신으로 한국 사회에서 실제 어떤 일들이 벌어졌는지를 말이다. 이익치가 만들어 낸 바이 코리아 사기극은 무데뽀 정신이 낳은 수많은 일들 가운데 하나일 뿐이다.

다른 예를 하나만 더 들어보자. 1970년 개통한 경부고속도로는 개통 수개월 만에 1,522군데에서 도로 파손이 발생해 누더기가 됐는데 이 중 가장 많은 파손이 일어난 곳이 서울~몽단이 구간전체 파손의 무려 79%인 1,180곳이었다. 그리고 이 구간 공사를 담당한 곳이 현대건설, 건설 현장을 이끌었던 간부가 이명박이었다. 이명박당시 상무은 2년 뒤인 1972년 허가도 받지 않고 매머드 빌딩을 불법으로 짓다가 건축법 위반 혐의로 수배된 뒤 결국 붙잡혀 구속되고 만다.

정주영식 경영의 신격화 이면에는 바로 이런 한국의 어두운 현실이 자리를 잡고 있다. 무데뽀 경영 신화의 과실은 대부분 정주영 일가가 차지했고, 그로부터 생긴 폐해는 대부분 한국 사회가 감당해 왔던 것이다.

# 정주영을 살린 박정희, 8.3 사채 동결 조치
## - 정주영과 박정희의 각별한 관계

초법적 경제 조치의 좋은 사례

"당신이 지금 백만장자가 된다면 무슨 일을 제일 먼저 하시겠습니까?"

"당장 자살하겠소."

"네? 아니, 왜요?"

"난 지금 억만장자거든."

이 철 지난 코미디가 실제 백주대낮에 벌어졌던 나라가 있었다. 백만장자가 된다면 당장 자살을 고려해야 하는 나라 말이다. 2015년 6월 아프리카의 짐바브웨는 자국 화폐의 통용을 금지하는 초법적 경제 조치를 발동한다. 사실 말이 초법적 조치이지, 이 나라에서 자국 화폐짐바브웨 달러는 이미 휴지 조각보다 못한 존재이긴 했다.

짐바브웨에서 자국 화폐 통용을 완전히 금지하면서 그 돈을 얼마에 바꿔 주기로 했는지 살펴보자.

짐바브웨 국민들은 6월부터 3개월 반 동안 집에 있는 돈을 싸들고 은행으로 가서 달러로 바꿨는데, 0달러에서 17경5,000조 짐바브웨 달러까지는 미화 1달러로 교환해 줬다. 17경5,000조 짐바브웨 달러보다 많을 경우 3경5,000조 짐바브웨 달러 당 미화 1달러로 환전해 줬다.

그러니까 이 나라 국민들은 이전까지 대충 30,000,000,000,000,000,000짐바브웨 달러쯤 가게에 들고 가면 캔 커피 하나 정도 사 먹을 수 있었다는 이야기다.

화폐 단위를 바꾸는 것도 아니고, 아예 자국 화폐 사용을 금지하는 것은 실로 파격적 경제 조치에 해당한다. 하지만 짐바브웨의 이 파격적 조치에 반대하는 이들은 거의 없었다. 파격적 조치가 내려지지 않았다면 국민들 전체의 삶이 너무도 불편해지기 때문이었다.

경제학에서는 정부가 기존의 법을 무시하면서까지 내리는 이런 강력한 경제 조치들을 '초법적 경제 조치'라고 부른다. 법을 초월한 초법적 경제 조치는, 당연히 국민 전체의 삶과 민감한 관계가 있을 때만 내려져야 한다. 아무리 정권을 잡은 집권자라 해도 법을 넘어서는 강력한 경제 조치를 내릴 때에는 신중에 신중을 기해야 한다는 뜻이다.

한국 현대사에서도 '초법적 경제조치'라고 불릴만한 사건이 하나 있었다. 이는 두 차례 있었던 화폐개혁이나, 국보위의 기업 통폐합 정도는 명함도 내밀지 못할 정도의 초법적 조치였다. 이것이 바로 1972년 8월 3일 박정희 정권이 발표한 '경제의 안정과 성장에 관한 대통령의 긴급명령 15호', 세간에 '8.3 사채 동결 조치'로 알려진 그 조치였다.

## 전경련의 '협박'과 박정희의 '협조'

사채 동결 조치의 핵심 내용은 모두 여섯 개였다. 대부분이 기업에 돈줄을 대주는 내용이었는데 그 중 가장 충격적이었던 것이 첫 번째 항목이었다. 내용은 이랬다.

> 기업의 부담을 줄이고 재무구조를 개선하기 위해 기업이 보유한 사채를 조정한다. 모든 기업은 1972년 8월 2일 현재 보유하고 있는 사채를 정부에 신고해야 한다. 신고 된 사채는 1972년 8월 3일자로 월리 1.35%, 3년 거치 후 5년 분할상환의 새로운 채권채무관계로 법에 따라 조정되거나 돈을 빌린 기업의 자본금으로 변경한다.

이게 무슨 뜻인가? 1971년 기준으로 사채 금리는 월 4.5%, 연 이자율로 따지면 54%에 해당하는 고금리였다. 그런데 사실 이는 당시 상황을 감안해 보면 그렇게 높다고만 볼 수도 없는 수치였다. 은행권 대출 금리가 1971년 기준으로 약 연 24%에 달했기 때문이다. 지금 생각하면 상상도 할 수 없는 고금리지만, 당시에는 은행 예금 금리도 연 22%에 이르렀던 시절이었다. 사채 이자율 연 54%는 당시 시대 상황과 끼워 맞춰보면 얼추 나올 수 있는 수치였던 것이다.

게다가 사채는 국민들이 사적으로 맺은 계약이다. 그 계약이 법에 저촉되지 않는 한, 정부가 손을 대는 것은 민주주의 국가에서 가당치 않다.

그런데 박정희 정권이 갑자기 이 사적인 계약을 사실상 모조리 무효화해

버린 것이다. 기존 계약에서 이자율을 몇 %로 약속했는지 상관없이 사채의 이자율을 모두 월 1.35%<sup>연 16.2%</sup>로 통일했다. 게다가 당장 오늘이 만기인 사채도 모두 3년 거치 5년 분할상환이라는 파격적 조건으로 상환 기간을 늦췄다. 월 1.35%, 즉 연 16.2%는 심지어 제1금융권인 은행 대출 금리보다도 낮았다. 권력이 법 위에 있었던 박정희 철권 통치시절이 아니었다면 결코 가능하지 않을 이야기였다.

여기서 점검해 보아야 할 것이 있다. 박정희는 왜 이런 초법적 경제 조치를 발동했을까? 서두에서도 언급했지만 초법적 경제 조치는 함부로 내리는 것이 아니다. 거의 모든 국민이 공감할 수 있는 조치여야만 가능할까 말까 한 것이다. 그렇다면 당시 거의 모든 국민들이 사채의 고금리로 고통 받고 있었다는 이야기일까? 그런데 그게 그렇지 않았다는 게 흥미롭다. 사채를 쓴 사람이 없지야 않았겠지만, 일반 국민들의 사채 사용 정도는 그야말로 동네에서 돈놀이 하는 수준이었다.

게다가 금리 수준도 연 54%라면 사채로는 충분히 받아들일 수 있는 수준이었다. 요즘 같은 초저금리 시대에도 제2금융권 금리가 연 30%를 넘지 않나? 외환위기 직후 때의 사채 금리였던 연 365% 정도는 돼야 "이건 좀 지나친데? 뭔가 조치를 취해야 하는 것 아냐?"라는 말을 할 수 있는 것이다.

그런데도 박정희가 이 같은 초법적 조치를 발동한 이유는 바로 기업들의 민원 때문이었다.

당시 대부분 한국 기업들은 재벌 형성 초창기에 외형을 확대하느라 시중의 돈을 있는 대로 마구 끌어다 썼다. 정부가 도입한 외자는 물론이고, 은행권 대출까지 쓸 수 있는 돈은 다 쓴 상태였다. 외형 확장에 재미를 들인 재벌들은 사채에까지 손을 뻗었다. 심지어 일부 재벌들은 개인 돈을 사채시장에 돌려 돈놀이를 하기도 했다. 오너가 자기 돈을 자기 회사에 빌려주고 고금리를 챙기는 이른바 '위장 사채'도 횡행했던 것이다.

기업들은 "사채 고금리 때문에 기업이 곧 부도날 판"이라며 징징거렸다. 유신 장기집권을 획책 중이던 박정희에게 "이대로 가면 우리 망합니다."라는 기업들의 보챔은 결코 쉽게 무시할 수 있는 일이 아니었다.

1971년 6월 11일 청와대에서 박정희는 전경련 회장이었던 김용완<sup>경방 회장</sup>과 부회장이었던 정주영을 불렀다. 정부쪽에서는 총리 김종필, 부총리 김학렬, 재무부장관 남덕우, 청와대 비서실장 김정렴 등이 배석했다.

김정렴의 회고에 따르면 김용완은 "고리사채에 대해 정부가 비상한 결단을 내리지 않는 한 모든 기업이 연쇄적으로 도산할 것"이라고 대통령에게 '역설'했다고 한다. 하지만 이것은 '역설'이 아니라 '협박'이었다. 왜냐하면 재무부장관 남덕우가 김용완과 정주영에게 "100억 원 차관기업 특별지원 자금을 배정할 테니 지원 받을 대상을 전경련에서 정해 달라."는 파격적인 지원책까지 내놓았는데도 김용완과 정주영은 이를 '턱도 없는 대책'이라고 생각하고 '정중히' 거절*했기 때문이다.

군사 정부의 경제 수장이 100억 원을 내놓았다고 하면, 상식적으로 기업

★ 김입삼, '시장경제와 기업가 정신', 〈한국경제신문〉 2000년 3월 20일

한국 재벌 흑역사

인들은 "어이쿠, 감사합니다." 하고 받는 것이 정상이었다. 하지만 김용완과 정주영은 그렇게 하지 않았다. 그들은 알고 있었던 것이다. 유신 장기집권을 꿈꾸던 박정희가 자신들의 요구를 결코 거부할 수 없었다는 사실을 말이다.

김용완과 정주영의 도박은 멋지게 성공했다. 박정희는 결국 두 달 뒤 전경련의 요구를 받아들여 전국의 모든 사채를 동결하는 파격적 조치를 내린다. 그리고 이 과정에서 정주영은 경방의 오너였던 김용완에게 큰절을 넙죽 해야 할 만큼 고마워해야 할 일이 생긴다. 박정희가 전경련의 요구를 받아들일 때 가장 먼저 "김용완의 경방이 사채를 얼마나 쓰고 있는지 알아보라."고 지시했기 때문이다. 김용완 스스로 사채에 시달리고 있었다면 전경련의 주장은 김용완 개인의 사적 이익을 위한 것이 될 수도 있었다. 하지만 김용완은 당시 경성방직의 공장 부지를 다 팔아 사채를 완전히 정리한 상태였다. "사채를 해결해 달라."는 김용완의 주장은 그만큼 사심이 없었다는 뜻이었고, 박정희는 이 사실을 확인한 뒤에야 사채 동결 조치를 최종 재가했다.


## 구사일생, 사채 동결에 만세를 부른 정주영

정주영에게는 더 할 나위 없는 행운이었다. 만약 박정희가 6월 11일 그날 회의에 함께 참석했던 정주영도 사채를 쓰는지 여부를 확인하라고 했다면, 박정희의 마음이 바뀌었을지도 몰랐던 일이었다. 그 시절 정주영은 온갖 곳에서 사채를 끌어 쓴 상태였다. 정부가 사채 문제를 해결해주면 정주영은 가장 큰 수혜를 입는 입장이었다. 그런데 여기서 한 가지 주목할 만한 점이 있다. 1970년대 들어 국내 재벌들이 무분별한 확장 정책으로 경영난을 겪은 사실은 이미 앞에서 설명한 바와 같다.

그런데 수출을 촉진하겠다며 정부가 원화 가치 평가 절하를 주도해 1971년 환율이 18%나 오른 것이 기업 경영에 또 다른 직격탄이 됐다. 당시 재벌들은 대부분 외국 돈을 빌려 경영을 했는데, 환율 인상으로 원화 가치가 뚝 떨어져버려 갚아야 할 달러 빚이 눈덩이처럼 불어난 것이다. 이 때문에 전경련이 정부에 SOS를 요청할 때 "1970년대 대내외 경제 상황이 기업을 짓누르고 있다."는 명분을 앞세울 수 있었던 것이다.

하지만 당시 막대한 부채에 시달리던 정주영이 진 빚은 1970년대 경제 상황보다도 그의 사업 초기 상황과 더 큰 연관이 있었다. 정주영의 부채 중 상당액이 1953년 고령교 복구공사 때 생긴 것이었기 때문이다.

미군 발주 공사를 싹쓸이했던 정주영은 겁도 없이 경북 고령에서 공비 토벌을 위한 고령교의 복구공사를 맡았다. 공사 계약 금액이 5,400만 환이었는데, 정주영은 사업성 검토나 충분한 장비 준비 없이 예의 그 '무데뽀 정신'으로 공사에 달려들었다가 빚더미에 올랐다. 정주영이 이 사업에서만 본 적자가 무려 6,500만 환이었다.

정주영은 미군 사업으로 벌어들인 돈을 홀라당 날렸다. 수익성이 괜찮았던 미군 차량 정비 사업도 매각해야 했고, 동생들의 집도 팔았다. 정주영 스스로도 "사업 실패의 파장이 얼마나 컸던지 한강에 투신하려 인도교를 서성인 적도 있다."고 할 정도였다.

그리고 정주영은 "이 빚을 다 갚는데 20년이 걸렸다."고 회고했다. 세상 사람들은 이 사실을 두고 "실패에도 굴하지 않는 정주영의 기업가 정신이 오늘날의 현대를 일궜다."고 칭송한다. 하지만 이는 전혀 사실이 아니다. 정주영이 사업 실패로 진 빚을 다 갚은 1등 공신은 그의 불굴의 정신이 아니라 20년 뒤 박정희가 베풀어 준 사채 동결 조치였기 때문이다.

고령교 공사의 기록은 정주영의 자서전 『시련은 있어도 실패는 없다』에 나와 있는데, 보다 냉정히 이를 기록하자면 책 제목을 〈시련은 있어도, 박정희의 도움만 있다면 실패는 없다〉로 수정하는 것이 마땅할지도 모른다.

한국 경제 현대사에서 사채 동결 조치는 재벌의 형성에 결정적인 역할을 한 사건으로 평가받는다. 정부가 나서서 이처럼 대놓고 기업들의 빚을 탕감해줬는데, 경영자가 바보가 아닌 이상 그 정도 우호적 환경에서 자본 축적을 못한다는 것은 말이 안 되기 때문이다. 실제로 정주영 역시 사채 동결 조치로 홀가분하게 빚을 털고, 1970년대 현대그룹의 재벌화에 성공했다.

한국의 재벌이 창업주 일가의 '불굴의 기업가 정신'으로 만들어진 것인지, 아니면 정부의 말도 안 되는 지원<sup>이 지원에는 당연히 국민의 고통이 따른다</sup>에 의한 것인지를 판단해야 한다면, 사채 동결 조치는 매우 중요하게 고려해야 할 요소다. 이 현상에 대한 서울대 경제학부 이준구 교수의 평가★를 잠시 들어보자.

지금 관점에서 보면 말도 안 되는 친기업적 조처였지만, 그때는 그런 것이 별 저항 없이 받아들여졌다. 사채도 두 당사자 간의 계약이고, 그 계약을 유명무실화했다는 점에서 사유재산권 침해의 소지가 있었지만 그때 기억으로는 어느 누구도 그것에 대해 이의를 제기하지 않았다.

이와 같은 재산권 침해가 일어났을 때 제일 먼저 저항하고 나서야 하는 것이 바로 자유주의자들이다. 왜냐하면 자유주의에서 가장 중요한 것은 바로 개인의 정당한 권리니까.

그런데 지금 자유주의자를 자처하는 사람들 중 그런 조처에 격렬하게 저항한 사람은 하나도 기억에 없다. 내가 우리 사회에서 자유주의자를 자처하는 사람들을 경멸하는 이유가 바로 거기에 있다.

그 사람들 입만 열면 법과 질서를 부르짖고 악법도 법이라는 소리 늘어놓지만 정작 개인의 정당한 권리가 침해되어도 찍소리 못한 사람들이다.

그때는 대놓고 기업, 특히 대기업에 이득이 되는 일들을 하는 시절이었다. 그 과정을 잘 알고 있기 때문에 나는 요즈음 대기업들이 큰소리 칠 때 냉소적이 된다. 정부의 특혜를 받을 때가 불과 얼마 전인데 조금 컸다고 정부를 대놓고 비판하느냐는 말이지.

★ 이준구 교수 홈페이지 jkl123.com

한국 재벌 흑역사

## 박정희-정주영, 두 닮은꼴의 밀월

1952년 미국 대선에서 공화당의 아이젠하워가 공화당 후보로 뽑혔다. 전쟁 영웅이었던 그는 민주당 애들레이 스티븐슨 후보를 꽤 큰 격차로 여론조사에서 앞서 나가며 20년 만에 정권을 공화당으로 찾아올 가능성을 높였다. 8년의 재임기간을 끝으로 퇴임할 예정이었던 트루먼 당시 미국 대통령은 다가오는 대선에서 아이젠하워의 승리를 예견하며 이런 걱정을 남겼다.

"아이젠하워는 대통령이 될 것이다. 그리고 군인 출신답게 늘 하던
대로 이렇게 명령하겠지. 당장 이걸 해! 당장 저걸 고쳐! 그런데 그
거 알아? 아이젠하워가 아무리 명령을 해도 아무 일도 일어나지 않
을 거라는 사실 말이야. 그게 군대와 사회의 차이점이라고."

박정희와 정주영, 1970년대 철권통치와 개발독재를 함께 이끌었던 이 두 사람은 닮아도 너무 닮았다. 그리고 요즘 말로 둘은 각이 무척 잘 맞았다.

군인 출신 박정희는 국가의 운영을 마치 전쟁 시뮬레이션 게임을 치르듯 했다. 명령을 내리면 실제 군사들은 그렇게 움직여야 했다. 전투 중에 생기는 인명 피해는 너무나 당연한 것으로 생각했다. 이른바 한국에 뿌리 깊이 박힌 '명령 경제'의 출발점이었다.

그런데 박정희는 아이젠하워보다는 행운아였던 듯 싶다. 박정희 역시 아이젠하워처럼 "당장 이걸 해! 당장 저걸 고쳐!"라고 쉴 새 없이 명령했는데, 한국 경제계에는 그의 명령을 어김없이 수행해 낼 정주영이 있었기 때문이

었다. 게다가 당시 한국은 아이젠하워 시대의 미국에 비해 민주화 진척도가 현저히 떨어져 있었다.

정주영은 그야말로 박정희의 돌격대장이었다. 정주영은 하달된 명령을 수행하는 일이라면 노동자들의 생명 따위는 결코 안중에도 두지 않았다. 한 번은 이런 일이 있었다. 1975년 여름 어느 날, 박정희가 정주영을 급히 청와대로 불렀다. 그리고 박정희는 정주영에게 이렇게 말했다.

> "달러를 벌어들일 좋은 기회가 왔는데 일을 못하겠다는 작자들이 있습디다. 임자가 한 번 중동에 다녀와요. 만약 임자도 안 된다고 하면 나도 포기하지요."

정주영이 "무슨 이야기시냐?"고 묻자 박정희는 "1973년 석유파동으로 중동 국가들이 달러를 잔뜩 벌어들여 그 돈으로 여러 인프라를 건설하려 하는데, 날씨가 너무 더워 일하러 가는 나라가 없다더라. 우리나라에도 일할 의사를 타진해 왔기에 관리들을 보냈더니, 2주 만에 돌아와서 하는 말이 너무 더운데다 건설공사에 꼭 필요한 물이 없어 공사를 할 수 없는 나라라더라."고 설명했다. 정주영은 곧 중동으로 떠났고 5일 만에 돌아와 이렇게 보고했다.

> "각하, 중동은 이 세상에서 건설공사 하기에 제일 좋은 지역입니다. 1년 열두 달 비가 오지 않으니 1년 내내 공사를 할 수 있고요. 건설에 필요한 모래, 자갈이 현장에 있으니 자재 조달이 쉽고요. 더위는

천막을 치고 낮에 자고 밤에 일하면 됩니다."

박정희는 단번에 비서실장을 불러 "현대건설 중동 진출에 정부가 총력을 다 해 지원하라."고 지시했다.

중동에 진출한 정주영은 박정희 앞에서 보고한 것과 달리, 낮에 천막을 치고 자고, 밤에 일하지 않았다. 그는 3교대 작업 시스템을 도입해 24시간 내내 낮밤을 가리지 않고 노동자들을 일터로 내몰았다.

군대를 다녀온 사람은 알 것이다. 세상에 이런 좋은 돌격대장을 사랑하지 않을 군사 지휘관은 없는 법이다. 무엇을 시키든 반드시 결과를 가져온다. 그리고 무엇을 시켜도 싫은 내색 하나 하지 않는다. 정주영의 보고도 그랬다. 그의 대답은 "어렵지만 할 수 있습니다."도 아니고, 심지어 "마음만 먹으면 충분히 할 수 있습니다."도 아니었다. "중동은 세상에서 공사를 하기에 제일 좋은 지역입니다."가 그의 대답이었다. 어찌 이런 돌격대장을 안 좋아할 수 있을까? 그래서 박정희는 실제로 정주영을 좋아했다. 정주영은 자서전 『이 땅에 태어나서』에서 "대통령이 시도 때도 없이 나를 찾아왔다. 막걸리도 많이 마셨다."며 박정희와의 우정을 과시했다.

1952년 고령교 복구공사 실패로 빚더미에 올랐던 정주영은 이런 박정희의 총애 속에 빚도 다 갚고 1970년대 비약적인 성장을 시작했다. 1970년대 후반 현대그룹은 어느덧 이병철의 삼성과 자웅을 겨룰 정도로 성장해 있었다.

# 현대조선 폭동과 식칼 테러
## – 현대만의 격렬한 노사문화 탄생의 배경

### 1987년, 두발 자유화의 추억

견장에 호루라기를 찬 교련 선생이 "야! 너 이리와 봐. 복장이 불량
하다. 명찰을 왜 안 달았어?"라며 구둣발로 정강이를 찼다. 하지만
우리는 아무런 대꾸도 하지 못하고 분을 삭이며 교실로 향해야 했
다. 머리가 조금이라도 길면 바리캉으로 강제 삭발을 당하고 "이 새
끼, 저 새끼" 하는 욕을 먹었다.

교복과 두발 자율화가 실시되기 이전 한국의 남자 중고등학교에서 흔히
볼 수 있었던 장면이다.

아무리 군사정부 때라 하더라도 돌이켜보면 참 어이없던 시절이었다. 멀
쩡한 배움의 터전인 학교에서 검은 점박이 옷을 입고 모형 소총을 든 채 제
식훈련을 받아야 했던 시기. 명찰을 안 달았다는 이유로 구둣발로 조인트를
까이는 일은 다반사였고, 머리가 조금이라도 길면 교사들이 거침없이 학생

들의 머리에 바리캉을 들이댔다.

　그래서 이 시절 학생들은 "내가 졸업만 하면"이라는 말을 입에 달고 살았다. 입고 싶은 옷을 자유롭게 입고, 머리도 멋스럽게 기르고, 복장 때문에 폭행을 당하지 않는 그런 '정상적인 삶'을 사는 것이 그때 청소년들의 꿈이었던 것이다.

　그런데 사실 이 장 맨 앞에 소개한 저 문장은 학생이 쓴 글이 아니다. 어느 노동자가 적은 글 원문을 학생 입장에서 약간 각색한 것이다. 이제 그 노동자가 적은 원문을 그대로 옮길 테니, 독자들께서는 앞에서 소개한 각색 글과 비교해 봐 주시기 바란다. 그리고 이 원문의 주인공이 어느 직장에 다녔던 사람인지도 주의 깊게 봐 주시기 바란다.

　　견장에 호루라기 찬 경비들이 출근하는 노동자들을 검지로 "야! 너 이리와 봐. 복장이 불량하다. 명찰을 왜 안 달았어?"라며 워커발로 정강이를 찼지만 아무런 대꾸도 하지 못하는 노동자는 분을 삭이며 일터로 들어갔습니다. 머리가 조금이라도 길면 바리캉으로 강제 삭발을 당하고 "이 새끼, 저 새끼" 하는 욕을 먹었습니다.
　　현장은 더욱 가관이었습니다. 몸이 아파도 조퇴와 월휴는 불가하며, 하루 물량을 채우지 못하면 퇴근은 언제가 될지 모르고, 불량 하나만 발생하면 온갖 욕설과 구타까지 감내하며 아픈 몸을 이끌고 남들이 말하는 대한민국 최고기업 현대자동차에 다녔습니다.

그렇다. 이 글은 1987년 '대한민국 최고기업' 현대자동차에 속했던 노동자가 쓴 글이다.

중고교 학생들의 두발과 교복도 1983년 자유화 됐다. 그런데 그로부터 4년이나 지난 1987년까지 현대자동차의 작업 현장에서는 경비들이 출근하는 노동자들의 복장을 검사하고 조인트를 까댔다. 공교롭게도 이 시기 현대자동차와 현대중공업 공장 경비들은 대부분 해병대 출신들이었다. 작업반장들은 어엿한 20, 30대 성인 노동자들의 머리가 길다며 바리캉으로 노동자의 머리를 밀었다.

이걸 자유민주주의 사회라고 부를 수 있을까? 최소한의 인권이 보장된 사회라고 볼 수 있을까?

"설마, 저랬겠어? 좀 과장된 이야기 아니야?"라는 의문을 가지는 사람들이 있을까봐 다시 한 번 말하지만 이것은 엄연한 현실이었다. 1987년 7, 8, 9월 노동자 대투쟁의 불씨가 피어난 곳은 울산이었고, 가장 먼저 거리로 나섰던 이들은 현대그룹 노동자들이었다. 그런데 노동자 대투쟁을 주도했던 현대자동차 노동자들이 현대그룹과 정주영을 향해 가장 먼저 외쳤던 구호는 "임금 인상"이 아니라 "두발 자유화"였다. 그들에게 임금 인상보다 더 급했던 것은 바로 인간다운 삶이었다.

그렇다면 이제 우리는 새로운 질문을 마주하게 된다. "도대체 정주영이 노동자들에게 무슨 일을 저질렀기에, 1987년 노동자들이 제일 먼저 '인간다운 삶'부터 찾고자 했을까?"라는 질문 말이다.

이 질문에 답을 찾을 수 있다면 우리는 오늘날 한국 사회에 던져진 또 다른 중요한 질문 하나에 대한 해답도 함께 발견할 수 있다. "왜 현대그룹에서는 매년 격렬한 노사분규가 끊이지 않을까?"라는 질문 말이다.

## 한 가지 사실, 두 가지 해석

정주영이 현대토건을 세운 것은 1947년이었지만 실제 현대라는 이름의 '그룹'이 형태를 갖춘 것은 1970년대였다. 정주영은 1950, 1960년대 주로 건설업에 총력을 쏟아 부었다. 1967년 설립된 현대자동차는 이때만 해도 해외 브랜드의 자동차 부품을 들여와 조립 판매하는 수준의 회사였다.

그래서 많은 사가史家들은 현대가 그룹으로서 면모를 갖춘 실질적 시기를 현대조선현재 현대중공업이 출범했던 1970년★으로 본다. 특히 조선 사업으로의 진출은 정주영이 건설 일변도의 사업 구조를 최초로 다각화하려 했다는 점에서 남다른 의미가 있었다. 정주영은 같은 해에 현대시멘트를 설립한 뒤 이듬해인 1971년 '제 1대 현대그룹 회장'에 취임하면서 현대의 '그룹화'를 선포했다.

1973년 별도법인으로 독립한 현대조선은 이듬해 6월, 26만 톤급의 대형 유조선을 완성한다. 각 언론은 이 사건을 두고 "한국이 마침내 조선입국의 기틀을 마련했다."며 대서특필하기 바빴다. 이 유조선 완공에 얼마나 국가

---

★ 사실 1970년에 설립된 것은 현대조선이 아니라 현대건설 내부의 조선사업부였다. 하지만 현대중공업 스스로도 자신의 모체를 이때 세워진 조선사업부로 보기에, 1970년을 실질적인 현대조선의 출범기로 보아도 무방하다. 현대조선이 현대건설로부터 완전히 분리된 때는 1973년 12월이었다.

적 관심이 모아졌냐 하면, 영부인 육영수가 건조식에 직접 참석해 배의 이름을 '어틀랜틱 배론'으로 명명할 정도였다.

그런데 이 유조선을 만든 조선소의 기공식이 1972년 3월에 열렸다는 사실을 눈여겨 볼 필요가 있다. 이 말은 배를 만드는데 필요한 조선소조차 없는 상태에서 유조선을 만드는 작업이 시작됐다는 뜻이다. 정주영은 조선소 기공식을 열면서 "조선소를 짓는 동시에 배도 완성한다."는 황당한 전략을 세웠다. 그래서 1974년 26만 톤급 유조선을 완성한 것이다.

다시 한 번 계산해보자. 이건 아주 간단한 산수 문제다. 현대와 정주영은 '조선업의 초짜 중에 초짜'였다. 그런 회사가 무려 26만 톤급의 대형 유조선을 만드는 데에 걸린 시간이 고작 27개월. 이마저 조선소와 배를 동시에 만드는 데 걸린 시간이었다.

당시 언론에 따르면 이 배의 규모는 "전장 345미터, 높이 27미터, 상판갑 넓이가 서울운동장 축구장의 3배나 되어 바다 위에 떠 있는 산과 같다."고 할 정도였다. 그렇다면 이 큰 배를 단 27개월 만에 만드는 데 얼마나 많은 노동력이 투입됐을까? 현대조선에 따르면 당시 이 프로젝트에 동원된 연인원이 무려 100만 명이었다.

△노동3권이라고는 찾아보기 어려웠던 1970년대 초반 △프로젝트의 수장은 '무데뽀 정신'의 살아있는 화신 정주영 △조선업을 4대 국책 사업으로 정한 유신 독재자 박정희가 관심 있게 지켜보는 사업. 이 세 가지 팩트를 융합하면 어떤 결과가 빚어질까?

역사를 자본가의 입장에서 기록하는 이들에게 이 사건은 "정주영이 27개월 만에 26만 톤 유조선을 만들어 마침내 조선입국의 기틀을 다졌다."고 보이겠지만, 조금만 상식적으로 생각할 줄 아는 사람이면 '연인원 100만 명의 노동자들이 얼마나 살인적인 노동 환경에서 일을 했기에 이런 일이 가능할까?'라는 의문이 들어야 정상이다.

당시 울산조선소의 건설 구호는 "빨리, 더 빨리"였다. 정주영이 27개월 만에 26만 톤 유조선 완성이라는 대기록을 달성하는 동안 노동자들이 치러야 했던 대가는 혹독했다.

1973년 한 해 동안에 조선소에서는 1,894건의 산재 사고가 일어났는데 이 중 34명이 목숨을 잃었다. 1974년에도 7월까지만 무려 1,566건의 산재 사고가 발생했는데 이 가운데 25명이 숨졌다. 당시 현장에 있었던 한 노동자는 "정말 미친 듯이 일했다. 용접을 했는데 최고 40시간까지 잠 한숨 못 자고 일한 적도 있다. 정신이 멍한 상태에서 이동하다 떨어져 죽은 사람도 수두룩했다. 죽은 사람이 손에 쥔 것은 몇 푼의 보상금이었다."고 치를 떨었다. 정주영이 자랑한 '26만 톤 유조선과 조선입국'은 사실 59명 노동자들의 소중한 목숨 위에 세워진 것이었다.

가끔 '관점에 따라 똑같은 팩트가 어떻게 이토록 달리 해석될 수 있을까?' 하는 의문이 생길 때가 있다. 지금부터 소개할 일화들에 대해서도 나는 늘 비슷한 의아함을 가지고 있었다.

정주영의 자서전과 수많은 기사들에서 이 팩트들은 '정주영이 얼마나 위

대한 인물인지'를 설명하는 소재로 쓰인다. 하지만 나는 이 팩트를 도대체 어떻게 받아들여야 '정주영의 위대함'으로 해석이 되는지 궁금할 따름이다. 어느 쪽이 비정상인지 독자들의 의견을 묻고자 한다. 26만 톤급 유조선을 만들 때 생겼던 일이라며 정주영과 그의 일당들이 세상에 알렸던 세 가지 일화다.

우선 가벼운 것부터 시작하자. 정주영은 1974년 조선소 안에서 캐딜락을 몰고 공장을 돌아보고 있었다. 어두운 밤 비가 오는 날이었는데, 정주영은 야드를 돌아보다가 차에 탄 채로 바다에 빠졌다. 정주영의 말에 따르면 "비가 와서 그랬는지 라이트를 켰는데도 앞이 잘 안 보였다."는 것이다.

이 이야기가 "정주영이 바다에 빠질 정도로 열심히 일을 해 조선입국의 기치를 다졌다."로 해석되는 게 정상인가? 아무리 비가 왔다고 하나 차를 타고 라이트를 켰는데도 앞이 안 보일 정도로 엉망인 조명시설. 그런데도 월화수목금금금정주영이 직접 한 말이었다을 기치로 일주일 내내 하루 16시간씩 노동을 강행하는 뚝심. 그룹 회장이 차를 몰고도 바다에 빠지는 판에, 플래시도 변변히 없는 노동자들이 바다에 안 빠져 죽는 게 이상한 상황이다. 이런 근로 환경에서 일을 하는 게 정상이란 말인가?

조금 더 무거운 일화. 앞에서 언급했던 이 무리한 공사는 1973년에만 노동자 34명의 목숨을 앗아갔다. 그런데 이에 대해 〈중앙일보〉에 2007년 보도된 내용이 이렇다. 현대미포조선 회장을 지낸 이정일이 한 말이란다.

"그런 여건에서 사고가 안 났다면 오히려 이상한 거지요. 작업 조건
도 나빴고 정신들이 해이해져 있었다고 봐야 합니다. 모든 안전사
고는 안전시설이 미비해 발생하기도 하지만 정신 상태가 어떤가에
따라 달라지는 것 아닙니까? 정신 상태가 그만큼 중요했단 말입니
다."

내가 정신이 이상한 건지, 이 사람의 정신이 이상한 건지 헛갈리기 시작
한다. "그런 여건에서 사고가 안 났다면 오히려 이상한 거"라면서, 그 이유
가 "(노동자들의) 정신들이 해이해져 있었기 때문"이란다. 안전 여건을 갖
추지 못한 것을 미안하게 생각하는 수준은 바라지도 않지만, 속으로 그렇게
생각하더라도 저 정도 비인간적이고 패륜적 생각이라면 어디 가서 떠들고
다닐 일은 아니지 않은가?

마지막으로 내가 가장 슬프게 느꼈던 일화. 미포조선 사장을 지낸 백충기
가 했다는 말이다.

"당시 하루 16시간 정도 작업을 했어요. 그렇게 열심히 하면서도
직원들은 심리적으로 상당한 압박을 느끼고 있었어요. 그 중에 신
입사원 한 사람이 도장 분야를 담당했는데 어느 날 역부족을 느끼
고 책임감을 통감한다면서 유서를 써놓고 자살했어요. 정말 능력
있는 사원이었는데 전 직원들이 비장한 심정이 됐지요. 그럴 정도
로 열악한 조건에서도 모두가 책임감을 가지고 전력을 다했기 때문

에 오늘날의 현대중공업이 있는 겁니다."

꽃다운 나이의 청년에게 도대체 어떤 심리적 압박을 줬기에 도장 일을 하다가 책임감을 느끼고 자살을 한단 말인가? 그리고 사장까지 지냈다는 사람이 그 일을 "그럴 정도로 열악한 조건에서도 모두가 책임감을 가지고 전력을 다했기 때문에 오늘날의 현대중공업이 있다."고 자랑하는 건 제정신인가? 도대체 이들의 머릿속에 사람의 생명은 무엇이었느냐는 말이다.

이런 일들이 정주영의 조선입국 신화에 사례로 등장하는 것이 지극히 비정상이라고 느끼는 내가 이상한가? 아니면 저런 일을 자랑이랍시고 떠들고 다니는 정주영과 그 일당들이 이상한가?

## 폭동으로 기록된 현대 노동자들의 첫 투쟁

27개월 만에 26만 톤 유조선 완성을 밀어붙인 정주영은 그것도 성이 차지 않았는지, 자칭 '선진 노동 관리 기법'이라고 불리는 임금 제도 능률급제를 도입하겠다고 나섰다. 현대조선의 두 번째 유조선인 '어틀랜틱 밸런 26만5,000톤급 호'의 완공을 앞두고 정주영이 프로젝트의 속도를 더 내겠다며 이런 조치를 취한 것이다. 이 제도는 요즘 말로 하면 일종의 성과급 제도인데, 이로 인해 직급별로 월급을 받았던 현대조선 기능공들의 월수입이 절반이나 날아갈 판이었다. 게다가 원칙 없는 잦은 해고로 이 시기 현대조선 노동자들의 불만은 폭발 직전까지 이른 상태였다. 또 수많은 동료들의 죽음을 목격

공장 앞마당에서 구호를 외치는 울산 현대강관 노동자들 ⓒ 원작 : 경향신문 / 제공 : 민주화운동기념사업회

한 노동자들이었다.

　육영수가 건조식에 참석해 정주영의 노고를 치하한 지 약 3개월 뒤인 9월 19일, 현대조선소 기능공 2,500여 명이 공장 본관으로 몰려들었다. 노동자들은 본관 앞에서 능률급제 실시와 잦은 해고에 항의하는 농성을 시작했다. 이들의 요구 사항은 △능률급제 철폐 △부당 해고 금지 △사원과 기능공의 차별 대우 철폐 △시간당 임금 100% 인상 △상여금 지급 △노동조합 결성 보장 △임시직의 공원 승격 보장 등 모두 13개였다.

　보고를 받은 정주영은 "미친놈들의 헛소리"라며 이들의 요구를 일축했다. 사태 해결의 열쇠였던 회장 정주영의 차가운 반응이 전해지자 노동자들은 분노에 가득 차 본관 유리창에 돌을 던지기 시작했다. 급히 현장에 내려왔던 정주영도 이 와중에 이마에 상처를 입었다. 경찰은 신속히 660여 명을 투입해 사태를 진압했다.

사태 진압 과정이 얼마나 격렬했는지 경찰과 노동자 양측의 부상자만 100명이 넘었다. 현장 기동경찰 10여 명은 사건 취재를 위해 현장에 내려온 〈동아일보〉 기자를 붙잡아 "이 판에 기자 새끼가 무슨 소용이냐. 지금 보니까 울산 사람도 아니네!"라며 곤봉으로 머리를 마구 때렸다. 노동자 663명이 현장에서 연행됐고 21명이 구속됐다. 이 사건이 바로 한국 현대사에서 '현대조선 폭동 사건'으로 기록된 그 사건이었다.

유신 독재의 서슬이 시퍼렇던 시절, 언론마저 철저히 통제됐던 탓에 이 사건의 제대로 된 기록은 사실상 거의 남아 있지 않다. 이런 이유로 당시 정황을 짐작할 수 있는 거의 유일한 기록이 현장 조사를 벌였던 여야 의원들의 국회 발언인데, 이를 잠시 살펴보고 지나가자.

"휴식 시간의 임금 공제는 일찍이 들어보지 못한 일로, 이런 임금 착취를 시도한다면 가만히 있을 수 없는 일이다."

- 유신정우회★ 김상봉

★ 유신정우회는 유신체제에서 대통령의 추천으로 통일주체국민회의에 의해 선출된 국회의원들의 원내교섭단체였다. 유신 헌정체제의 수호 및 발전을 위한 원내 전위대의 역할을 담당했다. 쉽게 말하면 박정희의 친위부대 역할을 했다는 뜻이다.

"수출 고도성장을 내세운 재벌의 오만불손한 자세는 눈 뜨고 볼 수 없을 정도다. 재산 도피, 자녀 이민 등 불법 부정이 부지기수인데 당국은 근로자의 불만이 폭발하기 전에 조치를 취해야 한다."

- 신민당 천명기

"이번 사건은 정부의 집중 지원과 지나친 보호를 받는 정치기업의 특권적 횡포에서 빚어졌다. 2만 여 명의 종업원을 거느린 큰 회사에서 복지시설은 눈을 씻고 찾아봐도 없었다. 의무실은 간판뿐이며, 구급차는 고장 난 한 대가 전시용으로 있었을 뿐이다. 동물적 수탈에 통분을 금할 수 없었다."

- 신민당 김윤덕

정주영은 비난의 여론이 높아지자 9월 24일 각 신문 1면에 '현대조선 분규에 대한 해명서'라는 제목의 대문짝만한 광고를 실었다.

이 광고에서 정주영은 "이번 사태는 일부 견습공들이 선진 노사관리 제도를 제대로 이해하지 못한 탓"이라며 "몇몇 적당주의로 일하던 조장급 기능공들이 능률급제가 도입되면 월급이 깎일 위험에 처하자 이를 피하기 위해 근로자들을 선동한 것"이라고 주장했다. 또 정주영은 "우리는 모든 노동자들에게 업계 상위 수준의 임금을 제공했다."며 본인들의 잘못이 없다고 강변했다.

제대로 기록됐다면 1970년대 최대 규모의 노동자 투쟁으로 남았어야 할 이 사건은, 철저한 언론 통제 속에 빠른 속도로 세간의 관심에서 멀어졌다.

## 누가 내 동료를 붉게 물들이려 하나고?

현대조선 폭동 사건 이후 현대그룹의 노사관계는 긴 잠복기에 돌입했다. 물론 이 잠복기가 정주영의 노동관이 변한 덕분에 생긴 것은 결코 아니었다. 그것은 오로지 유신과 전두환 철권통치가 이어지며 숨을 죽일 대로 죽이고 살아야 했던 노동자들의 기구한 운명 탓이었다.

1987년 노동자 대투쟁이 7월 5일, 그러니까 노태우가 6.29선언을 한지 꼭 1주일 뒤에 현대엔진 노동자들이 노조를 결성하면서 시작됐다. 정주영의 오랜 노동자 탄압에 숨을 죽여 온 현대그룹 노동자들도 곳곳에서 노조를 결성하겠다고 나섰다.

하지만 6월 민주화 항쟁이라는 거대한 역사적 흐름을 겪은 뒤에도 정주영의 노동관은 전혀 바뀌지 않았다. 정주영과 현대그룹은 노조를 파괴하기 위해 각종 공작을 서슴지 않았다. 흥미로운 점은 당시 정주영이 벌인 노조 파괴 공작이 '공작'이라는 단어를 붙이기조차 민망한 유치한 것들이 대부분이었다는 사실이다.

대표적 사례가 7월 16일 일어난 현대미포조선 노조 신청서 탈취 사건이다.

15일 노조를 결성한 현대미포조선 노동자들은 이튿날인 16일 시청을 방문해 노조 설립 신고 서류를 제출하기로 했다. 그런데 노조원들이 서류를 막 내려고 할 때, 어디선가 건장한 청년 7명이 튀어나오더니 서류를 빼앗아 재빨리 달아나 버린 것이다.

사회 분위기 상 옛날처럼 노동자들을 몽둥이로 패지는 못하겠고, 그렇다고 노조가 설립되는 꼴은 못 보겠고……. 그래서 고작 생각해 낸 아이디어가 노조 신청서를 '째벼서' 튀는 것이었으니, 이 시기 정주영의 노동관이 얼마나 후진적이었는지를 짐작하고도 남음이 있다.

정주영은 노동자 대투쟁 시기 현대그룹 노동자들의 파업을 모두 "외부 불순 세력의 선동 탓"이라고 주장했다. 그는 1987년 12월 회사 안에 '자유 수호 구국 직장평화봉사단'이라는 희대의 코미디 단체를 출범시킨다. "자동차와 배를 만드는 회사에서 무슨 자유를 수호할 일이 있으며, '구국'까지 해야 할 일이 무엇이었느냐?"는 상식적 질문은 정주영에게 통하지 않았다.

정주영은 12월 3일 현대중공업 운동장에서 열린 이 단체 발대식에서 "현대중공업, 현대자동차 노조는 일부 불순 세력이 만든 '각목 노조'다. 노조 활동가들도 모두 좌경 용공 분자다."라고 역설했다. 노동자들의 야유가 쏟아지자 정주영은 "공산주의자 좋아하는 사람 있으면 당장 나와 보라!"며 호통을 치기도 했다.

이날 이후 현대그룹 공장 안팎에는 용공분자들을 척결하자는 취지의 각종 플래카드가 내 걸렸다. 그 중 최고 걸작으로 평가받는 플래카드는 이것이었다.

누가 내 동료를 붉게 물들이려 하는가?
우리 함께 앞장서서 붉은 마수 물리치자!
-현대자동차 주식회사-

박정희 독재 시절 반공 표어 대회에 출품했어도 장려상도 받기 어려워 보이는 이 유치한 문구가 '현대자동차 주식회사'의 이름을 걸고 공장에 버젓이 내걸렸다. 이외에도 '좌경 용공세력 분쇄하여 내 직장 내가 지키자', '공산주의자를 색출 추방하여 자유민주주의 수호하자', '좌경세력 척결하여 산업 평화 이룩하자' 등 '무찌르자 공산당, 쳐부수자 김일성'을 연상시키는 3류 플래카드들이 공장 곳곳에 내걸렸다.

시대는 바야흐로 민주화의 물결에 휩싸였고, 한국의 민중들은 스스로의 힘으로 대통령 직선제를 쟁취했다. 노동3권과 노동자 생존권 보장은 피할 수 없는 대세였다. 역사는 그렇게 앞을 향해 나아가고 있는데, 정주영은 홀로 "무찌르자 공산당!"을 외치며 과거로, 더 과거로 달려 나갔다.

이후 그의 마음속에 노동자들을 향한 적대감은 걷잡을 수 없이 커진 듯하다. 1989년 현대그룹은 급기야 노조원들에게 식칼을 휘두르는 경지에 이른다. 이 사건이 바로 유명한 '현대중공업 노조 식칼 테러 사건'이었다.

## 조폭과의 물아일체? 현대중공업 노조 식칼 테러

칼바람이 거세게 몰아치던 1989년 1월 8일, 파업 중이던 현대중공업과 현대엔진 등 현대그룹 노조 간부들이 울산 울주군 석남사에서 수련회를 가졌다. 현대중공업 노동조합은 직전해인 12월 18일 회사 측과 단체협상이 최종 결렬되자 파업에 돌입한 상태였다.

당시 언론 보도를 종합해 보면 이 파업은 테러가 터지기 전까지만 해도

'외견상 평온하게' 진행되고 있었다.

하지만 이 '평온'은 회사 측이 34명의 괴한을 동원해 수련회장을 급습하며 일순간에 아수라장으로 변했다. 마스크와 복면으로 얼굴을 가린 괴한들은 횃불을 들고 석남 산장을 '포위'한 뒤 일거에 뛰어들어 노조 대의원 19명을 각목과 야구방망이, 곡괭이자루 등으로 마구 두들겨 팼다.

이들은 노조 대의원의 이름을 하나하나 확인하고 "우리 아버지는 김일성이다."는 말을 복창하도록 시켰다. 이를 거부한 대의원들은 '딱 죽지 않을 정도'로만 두들겨 팼다. 괴한들은 특히 1987년 노동자 대투쟁의 씨앗이 됐던 현대엔진 노조 초대 위원장 권용목을 찾기 위해 "누가 권용목이냐?"를 꼼꼼히 체크했고, 결국 권용목을 찾아내 오른 팔을 부러뜨리는 등 전치 6주의 중상을 입혔다.

현대중공업과 현대엔진 노조원 5,000여 명은 즉각 폭력테러 규탄 대회를 열고 "이번 집단 폭행은 노동운동을 탄압하려는 현대그룹 차원의 테러"라고 주장했다. 반면 현대그룹은 "이번 폭행은 정상 조업을 원하는 노조 대의원들이 중심이 돼 '자발적'으로 저지른 일"이라고 발뺌했다.

하지만 현대그룹의 이 뻔뻔스러운 거짓말은 딱 하루 뒤에 사실이 아닌 것으로 들통이 났다. 10일 경찰이 "현대엔진 전무 한유동이 범행을 지시했다."는 1차 수사 결과를 발표했기 때문이다.

테러를 주도한 것으로 알려진 한유동은 1987년 노동자 대투쟁 당시 권용목이 단식을 하자 단식 10일 째 찾아와 "오래 단식을 해서 속이 깨끗해 좋겠다."고 비아냥거린 인물이었다. 또 1988년 권영목이 회사 측의 협상 기피에 항의하며 몸에 석유를 끼얹고 분신을 시도하자, 한유동은 "지금 죽어 봐야 개죽음이다. 죽어 봐라."라며 방송 차량을 이용해 공장 내에 장송곡을 틀기도 했다. 사건 조사 결과 한유동 등은 정주영이 소련을 방문하기 직전에 "내가 돌아올 때까지 현대중공업 파업을 해결하라."는 지시를 받은 것으로 밝혀졌다.

'죄는 미워하되 사람은 미워하지 말라.'는 선현들의 말씀이 있는 것은, 모름지기 사람이란 한 번 죄를 저질렀어도 반성을 하고 새사람으로 태어날 가능성이 있기 때문이다. 설혹 반성은 하지 않더라도, 이 정도 대형 테러 사건으로 온 나라가 떠들썩해졌으면 최소한 자중 정도는 하는 게 정상적인 사고방식이다. 하지만 '무데뽀' 정주영의 두뇌 구조는 이미 이런 정상의 범주에서 크게 벗어나 있었다. 노조 테러에 대한 여론의 질타가 이어지는 와중에 정주영과 현대그룹은 1차 테러 피해자들의 핏자국이 채 마르기도 전인 2월 21일, 강도를 훨씬 높인 2차 테러를 감행한다.

이 테러에 동원된 구사대 숫자는 무려 2,000여 명. 구사대는 경찰 10개 중대 1,500명이 지켜보는 와중에 평화 시위 중이던 현대중공업 노동자들 무리로 난입해 식칼과 쇠파이프를 휘둘렀다.

쇠파이프야 상대를 다치게 만들려고 쓰는 무기이지만, 식칼은 근본적으로 상대를 죽이려고 쓰는 무기다. 그런데 구사대는 이런 식칼로 노조원들을 사정없이 베고 찔렀다. 조합원 두 명이 칼에 찔려 중태에 빠졌고, 다리가 부러지는 등 중경상을 입은 노동자 숫자는 헤아릴 수 없을 정도였다.

현대중공업 사측은 3월 18일 '국민 여러분께 드리는 글'이라는 제목으로 각 신문 1면에 광고를 내며 대응에 나섰다. 광고 중 백미는 "회사는 법과 질서 유지의 테두리 안에서 사태 해결을 위해 최선을 다하겠습니다."라는 마지막 문구였다. 실컷 쇠파이프로 패고, 식칼로 찌른 뒤에 "나는 대충 분이 풀릴 때까지 때렸으니 지금부터는 법과 질서 유지의 테두리 안에서 마무리하자."는 태도를 보인 셈이다.

이 사태는 3월 30일 경찰이 무려 1만4,000명의 경찰력을 동원해 육해공 3면 입체작전을 펼친 끝에 1차로 마무리됐지만, 이후 열흘 동안 울산 시내는 시가전에 나선 노동자들과 이를 진압하려는 경찰력의 충돌로 전쟁터를 방불케 했다.

현대중공업 노동자들은 이 해 4월 지도부가 잇따라 구속되자 다시 파업에 나섰다. 하지만 1만8,000명의 경찰이 펼친 육해공 작전에 결국 또 한 번 물러서야만 했다. 이후 현대중공업 노조는 골리앗 크레인 투쟁 등 다양한 투쟁을 이어 나갔고, 이는 1990년 5월 전노협의 메이데이 총파업으로 이어졌다.

정주영은 아무리 세월이 흘러도, 아무리 시대가 변해도 그의 '악마적 노조관'을 버리지 않았다. "눈에 흙이 들어와도 노조는 안 된다."는 생각을 가진 '꼴통' 재벌이 하나, 둘은 아니지만, "식칼을 써서라도 노조 빨갱이들을 처단해야 한다."는 악마적 노조관을 가진 인물은 정주영이 거의 유일하다시피 했다. 게다가 그는 자신이 결심한 일이면 무슨 수단을 쓰더라도 반드시 일이 성사되는 꼴을 봐야만 직성이 풀리는 '무데뽀 정신'의 소유자였다.

정주영의 사후에도 현대그룹 기업들 중에는 상생의 노사관계보다 대립의 노사 문화를 유지하는 곳이 많다. 분규마다 사정이 다를 수밖에 없기에, 각 분규의 책임이 누구에게 있는지를 단정하기는 쉽지 않다.

하지만 분명한 사실이 하나 있다. 1987년 노동자 대투쟁은 대부분의 사가史家들에 의해 '대한민국 건국 이래 노동자들이 벌인 최초의 대규모 생존권 투쟁'으로 기록돼 있다. 한국 노동운동 역사뿐 아니라 한국 현대사를 통틀어 노동자들의 권익을 드높인 자랑스러운 역사로 남아 있는 것이다.

하지만 정주영은 영원히 이 사실을 인정하지 않았다. 정주영은 살기 위해 싸울 수밖에 없었던 노동자들의 생존권 싸움조차 '빨갱이들의 소행'으로 단정 지었고, 예의 그 투철한 애국심을 바탕으로 식칼을 휘두르는 것을 마다하지 않았다.

1987년 현대자동차 공장에 '누가 내 동료를 붉게 물들이려 하는가?'라는 플래카드가 걸려 있었던가? 지금까지 우리가 살펴본 사실만으로도 이 질문에 충분한 답이 되지 않을까? 노동자들을 붉게 물들인 이는 바로 사회주의자들도, 북에서 내려온 간첩도 아닌 정주영 자신이었다는 이야기다.

수많은 사람들의 희생 끝에 이뤄진 역사는 그 자체로 소중한 것이다. 하지만 안타깝게도 시간이 흐를수록 그 가치가 잊히는 일이 많다.

역사는 이어지는 선과 같다. 지금 우리가 누리고 있는 수많은 자유와 혜택의 열매는 사실 그들의 희생 위에 꽃핀 것이다.

예를 들어 우리가 "어떻게 놀아야 이 화창한 봄날을 제대로 즐겼다고 할 수 있을까?"를 고민하는 5월 1일 노동절도 마찬가지다. 노동절은 1886년 미국 총파업 때 34만 명의 노동자가 파업하고, 8명의 노동자가 사형을 당하는 산고 끝에 얻어진 휴일이다. 그 덕에 이제 우리는 노동자로서 노동절의 하루를 온전히 가질 수 있게 됐다. 그래서 우리는 과거의 희생을 너무 쉽게 잊어서는 안 된다. 역사란 바로 그런 것이다.

박정희와 함께 5.16 쿠데타를 일으킨 주역 김종필은 2015년 한 언론과의 인터뷰에서 "이순신 장군 동상 뒤편에 경제 공로자 정주영, 이병철 두 분의 동상이 세워졌으면 한다. 언제가 될지 모르지만 배고픔을 모르고 자란 우리 후손들이 그 두 동상 앞에 서서 고마움을 표시하는 모습을 나는 상상한다."고 말했다.

그랬던가? 쿠데타의 주역으로 평생 권력 주변에 있었던 김종필은 지금 그런 상상을 하고 있는가?

나는 정반대의 장면을 상상한다. 지금 막대한 부를 손에 움켜쥐고 사회지도층연 하는 군사 쿠데타의 후손들과 이병철, 정주영의 후세들이, 죽음에 내몰릴 정도의 가혹한 노동이란 맛보지도 못한 그들이, 평생 금수저를 입에 물고 가난과 배고픔 따위는 알고 싶지도 않아했던 그들이, 마석 모란공원에 세워진 수많은 노동자들의 묘비 앞에 서서 그들에게 사죄하는 모습을 말이다.

# "부동산으로 보수를 지배하라"
## - 압구정동 현대아파트 특혜 분양 사건

갈매기는 어디 가고……, 권력자와의 질긴 인연만 남은 압구정

왠지 선대 위인들의 호는 두 글자여야 익숙한 기분이 든다. 이황은 퇴계
여야 어울리고, 이이는 율곡이어야 어울린다. 정몽주는 포은이어야 어울리
고, 정철은 송강이어야 어울리지 않나? 그런 경우가 드물기도 하지만, 호가
한 글자이거나 세 글자이면 어딘가 모르게 어색하게 느껴지는 게 사실이다.

호가 세 글자여서 어색한 기분이 드는 역사적 인물을 찾는다면 단연 먼저
떠오르는 이가 조선 세조~성종 때 대신이었던 '압구정狎鷗亭' 한명회다. 압
구정은 한명회가 지금의 압구정동에 지은 정자였다. 명나라 관료인 예겸이
이곳에 압구정이라는 이름을 붙였는데, 이후 정자 이름이 한명회의 호가 되
었다. 압구정이란 '갈매기와 친해서 가깝게 지내는 정자'라는 뜻이다. 언뜻
보아도 자연친화적인 뜻으로, '욕심을 버리고 그저 자연을 벗 삼아 조용히
사는 삶'을 뜻한다.

하지만 한명회는 '욕심을 버리고 그저 자연을 벗 삼아 지낼만한 인물'이

아니었던 듯하다.

압구정의 수려한 경관이 소문이 나 명나라 사신들이 이곳을 방문하고자 했을 때, 한명회는 성종에게 오직 왕만이 쓸 수 있는 용봉차일용과 봉황 무늬가 있는 햇빛 가리개을 연회에 쓰게 해 달라고 요청한 것이다. 누가 봐도 자신의 사위인 왕을 깔아보는 듯한 요구였는데, 성종은 이 '경우 없는' 요청에 크게 노하고 만다. 이 일을 계기로 장인 한명회에 대한 성종의 신뢰는 추락했고, 이후 한명회는 몰락했다.

최고 권력자 한명회의 몰락을 부채질했던 압구정은 그로부터 약 500년 뒤 다시 한국 사회의 권력층을 겨냥하는 부메랑으로 돌아왔다.

1978년 터진 압구정동 현대아파트 특혜 분양 사건이 바로 그것이었다. 특혜를 받은 사회 고위층만 차관급 1명, 전직 장관 5명, 국회의원 6명, 정부와 국회 공직자 190명, 언론인 37명 등 무려 600여 명이나 됐다. 이 사건으로 정주영의 차남 정몽구는 아비를 대신해 총대를 메고 구속되기에 이른다.

하지만 압구정동 현대아파트 특혜 분양 사건이 한국 사회에 남긴 파장은 단지 '유신정권 시절 특정 고위층이 특혜를 받았다.'는 사실에만 머무르지 않는다. 이 사건은 보수 정권이 부동산 특혜로 권력층에게 부를 이전하고, 그를 통해 보수층의 지지를 얻어낸 '부동산 통치'의 출발점이었다. 박정희는 물론, 전두환과 노태우, 이명박과 박근혜 등 모든 보수정권이 부동산 개발과 아파트 가격 상승에 목을 걸었던 이유는 그들이 '부동산을 통한 보수층 통제'를 매우 손쉽고 효율적인 수단으로 여겼기 때문이었다.

## '강남 공화국'의 시작, 영동의 개발

1960년대 들어 도시화가 빠르게 진행되면서 서울의 인구는 거의 포화 상태에 이르렀다. 인구를 수용할 토지가 부족하니 지가地價가 급등하는 것은 당연한 이치. 부동산 가격이 급등할 때마다 어김없이 땅을 매점해 비싼 가격에 되파는 부동산 투기가 판을 쳤다.

정부와 서울시는 넘쳐나는 인구를 수용할 새로운 지역을 찾는다는 명목으로 각종 개발 계획을 잇달아 발표했다. 계획이 발표될 때마다 부동산 투기는 어김없이 이어졌다. 부동산 투기는 1960년대 서울의 가장 큰 사회 문제 중 하나였다.

그런데 이런 현상은 한국 사회에 매우 큰 변화를 안겨 주었다. 이 중 가장 중요한 것이 정부에게 '개발 지역을 지정할 권한'이 부여됐다는 점이다.

물론 이 시기가 아니라 하더라도 새로운 택지를 지정하는 것은 원래부터 정부, 혹은 지자체의 몫이었다. 문제는 그 권한이 정부에 있다는 것이 아니라, 정부가 갖는 그 권한이 이 시기부터 실로 막강한 위력을 발휘하게 됐다는 점이었다.

생각해 보자. 어차피 인구는 넘쳐난다. 이 판국에 정부가 새로운 택지를 지정하기만 하면, 그곳에 지어진 주택은 완판完販이 보장된 것이나 마찬가지다. 정부가 새로운 개발 지구를 지정하는 순간 그 지역의 땅값 급등은 보장돼 있다는 이야기다. 지도를 펼쳐두고 "여기 개발하자."고 찍으면 수 백, 수 천 억 원의 사회적 부富가 새로 생긴다. 얼마나 막강한 권력인가?

박정희 정권은 지도에 선을 긋는 것만으로 수 백 억 원의 부를 보장할 수 있다는 사실을 적극 활용했다. 1960년대 서울 곳곳에 불었던 부동산 투기 붐에는 어김없이 권력자들이 개입됐다. 개발지구가 지정되기 전 중요한 정보는 권력의 실세들에게 공유됐고, 이들은 차명으로 땅을 미리 사 둔 뒤 개발계획 발표와 함께 급등하는 땅값을 유유히 즐겼다.

서울 도심과 강북 일대에서 해먹을 대로 다 해먹은 정부와 투기꾼들이 새롭게 눈을 돌린 곳이 바로 영동이었다. 1972년 5월, 서울시가 '영동지구 주택 건립 계획'을 발표한 것이다. 강남을 개발하는 계획의 이름이 '영동지구 계획'이었던 것은, 당시만 해도 강남 일대의 지명이 영동永東, 즉 '영등포의 동쪽'이었기 때문이다. 지금이야 강남이 한국의 중심지지만, 1970년대 초반까지만 해도 이곳은 고작 '영등포의 동쪽'으로 불릴 정도의 미개발 지역이었다. 압구정동의 정식 행정구역 명칭도 '영등포구 압구정동'이었다.

이듬해인 1973년 정부는 영동 지역을 개발 촉진 지역으로 지정했다. 촉진 지역으로 지정된 땅에는 부동산투기억제세와 영업세, 등록세 등 각종 세금이 면제됐다. 이 땅에 건물만 짓는다면 세금을 대부분 면해주는 파격적 혜택을 부여한 것이다.

특히 아파트를 짓겠다는 건설업체에게는 은행으로부터 주택건설자금을 우선 융자받을 수 있는 특혜도 제공됐다. 영동 개발은 박정희가 정권 차원에서 밀어준 최대의 부동산 개발 프로젝트였던 셈이다.

1973년 5만4,000명에 불과했던 영동 1, 2 지구의 인구는 1978년 12월

21만7,000명으로 불어났다. 급속한 인구의 유입에 따라 서울시는 1975년 10월, 이 지역을 강남구로 분구하며 '강남 공화국' 시대의 첫발을 내디뎠다.

영동의 개발은 당연히 부의 빠른 이전을 불러 일으켰다. 서울시가 본격적인 택지 개발계획을 발표한 것은 1972년이지만 말죽거리양재동 일대의 땅값은 이미 1968년 한 해 동안 600%나 치솟아 있었다.

땅 투기로 돈을 번 이들의 실체는 전혀 드러나지 않았다. 말죽거리 땅을 몇몇 재벌과 한, 두 정부 고위층이 몇 만 평씩 소유했다는 소문이 파다했다. 1970년 2월 〈경향신문〉은 "재벌 조 모 씨가 약 20만 평, 박 모 씨가 5만 평, 고위 관리를 지낸 모 씨가 3만 평, 재무부 장관을 지낸 모 씨가 1만5,000평을 샀다는 소문이 있다."라고 보도하기도 했다.

## 압구정은 정주영이 맞은 로또였다

1982년 가수 윤수일이 발표한 노래 '아파트'는 다양한 해석이 따라붙는 곡이기도 하다.

이 노래가 1970년대부터 몰아친 서울 아파트 열풍의 쓸쓸한 그림자를 노래한 것이라는 점에는 평론가들 사이에서도 별 이견이 없다. 하지만 "별빛이 흐르는 다리를 건너, 바람 부는 갈대숲을 지나"로 시작하는 첫 가사에 대해서는 약간의 논란이 있다. 이 지역이 1970년대 초반 선을 보인 여의도 시범아파트라는 설도 있고, 비슷한 시기 개발이 본격화한 강남 지역이라는 설도 있다.

윤수일이 여의도를 염두에 뒀는지, 강남을 염두에 뒀는지는 알 수 없지만 이 노래 가사가 묘하게 1970년대 초중반 영동 개발을 연상시키는 것은 사실이다. 때 마침 '별빛이 흐르는' 제3한강교가 1969년 모습을 드러냈고, 당시 신사동과 압구정동, 양재동 일대는 바람 부는 갈대숲이었기 때문이다.

심지어 "아무도 없는, 아무도 없는 쓸쓸한 너의 아파트"라는 가사를 두고 "아파트가 주거 공간이 아니라 돈만 넣었다 빼는 투기 대상으로 전락한 사실을 풍자한 것"이라는 해석도 있다.

아무튼 '별빛이 흐르는 다리를 건너면 나오는 바람 부는 갈대숲' 영동이 세간의 주목을 처음 받게 된 것은 서울시가 택지개발 계획을 발표하기보다 6년 전인 1966년이었다. 이때 제3한강교, 즉 한남대교가 착공됐기 때문이다.

한강대교에 이어 서울의 강남북을 연결한 두 번째 다리는 마포 합정동과 영등포구 당산동을 연결하는 제2한강교<sup>양화대교, 1965년 완공</sup>였다.

이 다리가 지어진 것은 한강대교만으로는 급증하는 서울의 교통량을 감당하기 어려웠던 때문도 있었지만, 도심에서 밀려난 인구가 마포와 영등포로 대거 이전할 수밖에 없었던 당시 상황 탓도 컸다. 1965년 서울시의 통계에 따르면 당시 서울의 인구는 342만 명이었는데 이 중 가장 많은 인구가 살았던 지역이 영등포구<sup>55만7,156명</sup>였다. 또 마포는 인구밀도 분야에서 중구에 이어 2위<sup>㎢당 2만5,381명</sup>를 차지할 정도로 북적이는 지역이었다.

이런 상황에서 제3한강교가 영동지역을 향한다는 것은 투기꾼들에게 매우 중요한 시그널이었다. 정부가 미래 서울의 새로운 중심지로 영동 지역을 '찍었다.'는 것을 의미하기 때문이었다. 경부고속도로를 중심으로 이곳 땅값이 천정부지로 뛰어오른 데에는 이런 배경이 있었다. 실제로 1966년 제3한강교 착공 당시 평당 200원이던 신사동 땅값은 1년 만에 3,000원으로 올랐고, 1970년엔 무려 2만 원으로 치솟았다.

영동의 지가 상승으로 어떤 투기꾼이 이익을 봤는지는 구체적으로 확인할 길이 없다. 정부로부터 정보를 미리 받아 수 십, 수 백 배의 땅값 차익을 누린 이들은 대부분 차명을 활용했기 때문이다. 또 개발계획을 통해 부를 적절히 자신의 충성스런 지지자들에게 나누어 주었던 박정희 정권 역시 땅값을 안정시키는 시늉만 했을 뿐, 투기꾼들을 적발하는 데에는 별로 관심이 없었다.

하지만 영동의 지가 상승이 현대건설과 정주영에게 '로또'에 가까운 행운을 안겨다 주었다는 사실만큼은 명확했다. 현대건설이 제3한강교가 모습을 드러내기 이전부터 '우연찮은 기회'에 압구정동 일대에 막대한 땅을 사 두었기 때문이었다.

현대건설은 경부고속도로를 지으면서 공사 대금의 일부로 서울시로부터 한강의 공유수면을 받게 된다. 현대건설은 이 공유수면을 매립한 뒤 외국에서 수입한 각종 건설 장비를 보관했다. 이곳이 바로 압구정동 현대아파트가 들어선 땅이었다. 경부고속도로의 개통으로 과수원과 채소밭이었던 이 땅의 가치는 하늘을 찌를 정도로 급등했다.

사실 이 시기 이전까지 정주영은 아파트를 짓는 데에 별다른 관심을 보이지 않았던 것으로 알려졌다. 미군이 발주하는 공사를 싹쓸이하며 회사를 키운 정주영에게 최고의 공사는 관공서에서 발주한 공사였다. 관공서 공사는 아파트 분양과 달리 돈을 떼일 염려가 없었기 때문이었다.

하지만 넘쳐나는 서울의 인구와, 로또 당첨에 버금가는 압구정동 땅값 상승은 정주영의 생각을 바꿔놓았다. 정주영은 1974년부터 본격적으로 아파트 시장에 뛰어들었는데 이해 4월 현대건설의 첫 아파트 작품인 현대맨션이 용산구 용산동에 완공됐다.

정주영은 1976년 아파트 분양사업을 좀 더 체계적으로 진행하기 위해 주택사업부를 독립시켜 한국도시개발이라는 회사를 새로 설립한다. 이 회사의 초대 대표는 정주영의 차남 정몽구였다.

그리고 한국도시개발은 '로또의 땅' 압구정동에 현대아파트를 짓기 시작한다. 압구정동 현대아파트는 1976년 7개 동을 완공하며 세상에 처음 모습을 드러냈다.


## 재벌과 관료, 언론의 추악한 네트워크

문제는 이 아파트가 건축 허가를 받을 때 일정한 조건이 있었다는 점이었다. 현대는 모두 1,512가구를 건설하기로 했는데, 이 중 952가구를 현대의 무주택 사원에게 분양하는 조건으로 당국의 허가를 받아냈다. 1,512가구 가운데 일반인들에게 분양이 허용된 아파트는 560가구뿐이었다.

이듬해인 1977년 11월 청와대에 한 통의 투서가 날아 들어왔다. 투서에는 "현대건설이 사원용 분양 몫인 952가구 가운데 상당수를 공직자나 언론인들에게 특혜로 분양했다."는 내용이 적혀 있었다. "특혜 분양을 받은 이들은 분양권을 팔아 프리미엄을 3,000만 원이나 챙긴 사례도 있다."는 내용도 적혔다.

실제로 당시 현대아파트 분양권의 시세는 아파트 투기 광풍을 타고 분양가 평당 44만 원의 갑절을 넘어섰다. 입주도 하기 전부터 평당 45만 원가량의 시세차익이 생긴 판이었으니, 65평형 아파트 분양권 프리미엄이 3,000만 원을 넘어섰다는 투서의 내용은 충분히 근거가 있는 이야기였다. 그리고 당시 3,000만 원이면 작은 아파트 7채를 살 수 있는 어마어마한 돈이었다.

1978년 4월 이 사건이 처음으로 언론에 보도됐다. 사건을 처음 터뜨린 이는 〈합동통신〉의 이실 기자였다.

이실은 당시 서울지역에 내린 집중 호우로 집이 침수돼 어쩔 수 없이 새 집을 알아보러 다녀야 할 처지였다. 그런데 강남지역 복덕방을 찾은 이실은 뜻밖의 이야기를 듣게 된다. "현대아파트 일반 분양을 받기 위해 가정주부들이 밤을 새워 노숙까지 하는 판에, 현대가 사원용 아파트 대부분을 고급 공무원이나 언론인, 예비역 장성 등에게 빼돌리고 있다."는 소문이 그것이었다. 이실은 곧 취재에 들어갔고, 정부에서도 투서 내용에 대해 내사를 하고 있다는 사실을 밝혀냈다.

'통신사'라는 곳은 일반 독자들을 상대로 기사를 쓰는 언론사가 아니라

한국 재벌 흑역사

언론사들에게 뉴스를 제공하는 회사다. 즉 〈합동통신〉의 기사는 모든 언론사가 동시에 받아보고 자유롭게 쓸 수 있는 기사였다는 이야기다. 일반 언론사들 입장에서 〈합동통신〉의 특종을 받아서 쓰지 않으면, 모든 언론이 보도를 하는 사건을 자신만 낙종하는 사태에 직면하게 된다. 압구정동 특혜분양 사건은 이런 이유로 같은 날 동시에 전 언론에 대서특필되고 만다.

사건이 일파만파로 커지자 청와대는 어쩔 수 없이 "청와대 사정비서실에서 투서 사건을 조사한 바 있다."고 시인했다. 청와대가 사건을 시인하자 검찰이 발 빠르게 수사에 나섰다.

검찰의 수사 결과에 따르면 무주택 사원들에게 돌아가야 했던 952가구 가운데 실제 사원들에게 분양된 분량은 고작 291가구였다. 나머지 600여 가구는 전부 고위공직자차관급 1명, 전직 장관 5명 등 공직자 190명, 국회의원6명, 기업인, 언론인37명, 현대그룹 임원들의 친척과 동창들에게 분양됐다

특수 분양 형식으로 분양을 받은 이들 중 투기성 투자를 한 사람들도 56명이나 됐다. 두 가구 이상 분양을 받은 사람은 9명공직자 5명이었고, 분양권을 전매해 엄청난 시세차액을 챙긴 이들은 44명공직자 20명이었다.

검찰 발표에 언급된 이른바 '사회 지도층' 인사들의 면면은 어마어마했다. 우선 법조계에서는 법무부 감찰2과 이재상 검사와 제일변호사회 강서룡 변호사가 두 채 이상의 분양을 받은 것으로 조사됐다. 국회의원 중에는 공화당 소속 박삼철이 두 가구를 분양받았다. 공화당 육인수, 유신정우회 김진복과 이범준, 신민당 한병채와 김명윤 등도 줄줄이 분양자 명단에 이름

을 올렸다.

서울시 제2부시장 곽후섭은 분양 과정에 부정 개입한 혐의로 구속됐다. 성동지청 검사 임광준, 상공부 차관보 김선길, 국방과학연구소 서무과장 유혜선 등은 청탁 알선 혐의로 징계를 받았다. 이밖에 순천향병원 의사, 주일대사관 참사관, 국립교향악 단원 등이 투기자 명단에 포함됐다.

특이한 점은 당시 현대건설 사장으로 무주택 사원용 아파트의 분양 대상이 아니었던 이명박 역시 무려 네 채를 분양받았다는 사실이었다. 이명박은 처남과 형<sup>이상득</sup>, 장인 등의 이름으로 아파트를 네 채나 분양받았는데, 뒤가 켕겼는지 1993년 9월 처음 실시된 국회의원 재산공개를 앞두고 아파트를 모두 팔아 버렸다.

현대아파트 특혜 분양 사건에서 드러난 또 다른 현상은 언론인이 무려 37명이나 이 사건에 연루됐다는 점이었다. 이전까지만 해도 정권이나 재벌 차원의 비리에서 언론인이 관련되는 경우는 거의 없었다.

〈동아일보〉 조용철, 〈서울경제〉 엄병윤 등 두 명의 기자가 두 채 이상 분양을 받은 인물로 이름을 올렸다. 〈동아일보〉 이상하, 〈서울경제〉 이강희, 〈한국일보〉 문은모 등은 분양권을 전매한 것으로 드러났다.

검찰에 소환돼 조사를 받은 이들 중에는 〈동아일보〉 회장이었던 김상만 같은 거물도 있었다. 〈조선일보〉 정치부장이었으며 나중에 국회로 진출한 최병렬, 〈KBS〉 경제부장이었으며 역시 국회에 진출한 앵커 출신 박성범, 〈동아일보〉 오너 김상만의 아들이자 당시 〈동아일보〉의 자금부장이었던 김병건, 〈경향신문〉 편집국장이었으며 이후 〈한국디지털위성방송〉 사장을 지낸 서동구 등 내로라하는 인물들도 특혜 분양 혐의로 줄줄이 검찰에 불려 나갔다. 분양 특혜 비리를 감시해야 할 기자들이, 되레 특혜의 수혜자가 된 것이다.

사건이 커지면서 현대건설 자회사였던 한국도시개발은 아파트 건설 면허를 반납해야 했다. 정주영 역시 검찰에 소환됐지만 그는 사건에 대해 굳게 입을 다물었다. 결국 한국도시개발 대표였던 차남 정몽구가 대신 총대를 메고 75일 동안 옥고를 치렀다. 한국 기업 역사에서 아버지를 대신해 아들이 옥살이를 한 최초의 사례였다.

## 보수 정권의 부동산 통치와 권력 네트워크

압구정동 현대아파트 특혜 분양 사건은 보수 정부가 부동산을 새로운 부富의 분배 방식으로 택한 상징적 사건이었다. 이후 한국 사회에 영향을 미칠 만한 지도층들은 보수 정부가 분배하는 부동산 정책의 혜택에 기대어 빠른 속도로 보수화*됐다.

또 시간이 흐를수록 이들의 부동산 정책이 세련되어지면서 혜택을 누리

★ 정권이 부동산으로 기자들을 포섭한 대표적 사례는 전두환 정권 때 강남구 일원동에 지어진 '기자촌 아파트 (정식 명칭은 기자협회 아파트)'였다. 전두환은 집권 이후 폭압적인 언론통폐합 조치를 강행한 뒤 기자들을 달래기 위해 강남구 일원동에 기자촌 아파트의 건축을 허가했다. 주택조합 승인 자체가 매우 어려웠던 시절이었지만, 한국기자협회 주택조합은 결성되자마자 아파트 건축을 승인받았다. 일원동 금싸라기 땅에 지어졌던 이 아파트는 건축에 돌입하자마자 요즘 웬만한 직장인의 연봉에 맞먹는 800만 원의 프리미엄이 붙었다. 아파트에 들어갈 수 있는 자격은 오직 13개 중앙언론사에서 일하는 기자들에게만 부여됐다.

는 계층도 중상층으로 확대됐다.

부동산 불패의 신화를 자랑하는 대한민국에서 자가自家의 소유는 곧 중상층으로의 계급 상승을 뜻한다. 그리고 이 중상층이야말로 역대 대통령 선거에서 민심의 향배를 가르는 캐스팅 보트였다. 역대 보수 정권은 부동산으로 민심을 사고, 그것을 표와 바꿔먹은 것이다. 가까운 예로 2012년 대선에서 30, 40대 유권자들 중 상당수가 박근혜를 찍었는데, 그 이유가 "박근혜가 부동산 가격을 덜 떨어뜨릴 것 같아서"였다.

박정희가 영동 개발에 앞장서고, 전두환이 주택경기 활성화 대책을 앞세우고, 노태우가 신도시를 개발하고, 이명박이 종부세를 축소하고, 박근혜가 집권 3년 만에 부동산 규제를 모조리 푼 것은 바로 이런 배경이 있기 때문이었다.

압구정동 현대아파트 특혜 분양 사건은 정주영에게 아무런 타격도 입히지 못했다.

구속을 당한 이는 정주영이 아니라 정몽구였다. 사회의 따가운 여론도 특혜를 제공한 정주영이 아니라 그 특혜를 넙죽 받아먹은 사회 지도층을 향했다.

정주영은 되레 지도층들 사이에서 '법을 어기면서까지 지도층에게 아낌없이 퍼줄 줄 아는 통 큰 기업인'이라는 이미지를 갖게 됐다. 이런 이유에서인지 정주영은 이후에도 권력자에게 돈을 바친 자신의 행동에 대해 조금의 죄책감도 느끼지 않는 모습을 여러 차례 보였다. 한국 사회에서 재벌과 정치권력, 언론권력의 연대는 그렇게 더욱 강해지고 있었다.

# 포니에서 기아차까지……
## – 현대차가 100만 안티를 양산한 이유

### 나흘 만에 진압된 '포니 정'의 쿠데타

1999년 2월 26일 현대자동차의 주주총회장에서 세간의 예상을 완전히 뒤집는 '업셋upset'이 연출됐다.

당시 현대차는 정주영의 아들 정몽구<sup>현대차 회장</sup>와 정주영의 동생 정세영<sup>현대차 이사회 의장 겸 명예회장</sup> 투톱 체제로 운영됐던 상황. 그런데 신임 이사진 가운데 정몽구 쪽 사람들이 완전히 배제되고 정세영의 측근들이 대거 영입된 것이다. 새로 구성된 이사진 가운데 정몽구 쪽 사람은 정몽구 단 한 명뿐이었다.

'포니 정<sup>정세영의 별명</sup>의 쿠데타'로 이름 붙여진 이날의 주주총회에서 정세영은 완전히 현대차를 장악한 것처럼 보였다.

직전해인 1998년 현대그룹이 기아차를 인수하면서 그룹 내에서 현대차의 위상이 한껏 높아진 상황이었다. 누가 현대차를 갖느냐가 현대그룹 2세 승계의 초미의 관심사로 떠오른 것이다. 그런데 '현대차는 정몽구'로 정리된 듯 보였던 세간의 분위기와 달리, 1999년 초 발표된 기아차 임원 인사에서 정세영의 사람들이 대거 임원 자리를 차지했다. 당연히 현대차와 기아차 직원들은 "정몽구의 말을 들어야 하는 거냐? 정세영의 말을 들어야 하는 거냐?"라며 혼란스러워했다. 정세영은 이 무렵 자신의 현대차 지분율을 6%에서 8%대로 바짝 끌어올렸고, 정몽구 역시 현대차 지분을 2%가량 확보하며 경영권 분쟁의 긴장감을 높였다. 이런 상황에서 주주총회가 열렸는데, 그 결과가 정세영의 압승으로 끝난 것이다.

정세영이 누구인가? 1967년 정주영이 현대자동차를 설립할 때 초대 사장을 맡은 뒤 무려 32년 동안 현대차에서만 일을 한 자동차맨이었다. 별명이 '포니 정'이었을 정도로 정세영과 현대차는 떼려야 뗄 수 없는 관계였다. 정세영의 머릿속에는 '적어도 현대차만큼은 형님이 나에게 주실 것'이라는 믿음이 있었을 것이다. 실제로 정세영의 외아들 정몽규는 1988년 대리로 현대차에 입사한 뒤 1992년 부사장으로 승진했고, 1995년에는 33세의 젊은 나이에 현대차 회장에 오르면서 '현대차는 정세영의 몫'이라는 분위기가 없지 않았다. 그런데 정몽규가 현대차의 회장에 선임됐을 때 그룹 회장 자리에 오른 정몽구가 이듬해 "현대차의 계열 분리는 없다."고 선언하면서 분위기가 묘해졌다. 정몽구 스스로 삼촌에게 현대차를 양도할 생각이 없음을 분명히 한 것이다.

그리고 기아차를 인수한 현대는 1998년 12월 마침내 정몽구를 현대-기아차 회장으로 임명한다. 기존 회장이었던 정세영의 아들 정몽규는 부회장으로 밀려났다. 정주영이 이미 "그룹 회장은 내가 마지막이다. 더 이상 현대는 그룹으로 존재하지 않을 것"이라고 천명한 상태에서 현대의 2세 승계는 △자동차-정몽구 △전자, 건설, 상선-정몽헌 △중공업-정몽준으로 가닥을 잡은 것이다. 정세영은 결국 큰형이 자신에게 현대차를 물려주지 않을 것임을 확인한 뒤 직접 주주총회를 진두지휘해 쿠데타를 일으킨 셈이다.

하지만 정세영의 쿠데타는 끝내 해피엔딩을 보지 못했다. 주주총회가 끝나고 나흘 뒤 정주영은 정세영을 불러 호되게 꾸짖었고, 현대-기아차의 경영에서 손을 뗄 것을 지시한다. 왕회장의 뜻을 거스를 힘이 없었던 정세영은 결국 '나흘 천하'의 쿠데타를 끝내고 항복을 선언했다. 정세영의 측근이었던 이방주는 대표이사 자리에서 내려왔고, 또 다른 측근 부사장 김판곤은 계열사도 아니고 계열사 협력업체의 대표로 쫓겨났다. 3월 2일 정세영은 경영권을 정몽구에게 넘겨주겠다는 뜻을 밝혔고, 이사회 의장 자리에서 물러난다. 왕회장으로 불렸던 형 정주영의 의중에 맞서 현대-기아차를 자기 것으로 만들겠다는 일념으로 주주총회장을 발칵 뒤엎어놓았던 패기에 비해 정세영의 퇴장은 너무도 초라하고 허무했다.

정세영 일가는 이후 현대차의 주식을 모두 내놓는 조건으로 현대산업개발을 받기로 하고, 현대그룹에서 완전 분리돼 건설업자의 길을 걸었다.

정세영이 정주영의 이 같은 조치에 대해 얼마나 서운해 했는지를 짐작케 하는 일화가 있다. 1999년 대우그룹이 경영 위기에 빠지면서 대우자동차의 처리 문제가 수면 위로 떠오르자 정세영은 스스로 "대우차의 경영을 맡을 용의가 있다."고 밝힌 것이다.

대우차는 현대차와 숙명의 라이벌 관계를 유지해 온 기업. 정주영이 평생 눈엣가시로 생각했던 회사였다. 그런데도 정세영은 이 해 10월 전경련 회장단 회의에서 "정부와 채권단이 대우차 경영을 맡아줄 것을 제의하면 검토해 보겠다."는 폭탄 발언을 했다. 자동차 사업에 대한 미련이었는지, 아니면 형에 대한 서운함이었는지는 몰라도 정세영은 형과 척을 지고서라도 다시 자동차 기업 경영에 복귀하고 싶었던 것이다.

## 국민들의 국산차 사랑, 현대차의 독주

한국 국민들의 국산차 사랑은 전 세계에서 유례를 찾기 힘들 정도로 강했다. "외제차를 타는 것은 범죄"라는 인식마저 없지 않았다.

1971년 정부는 '외제차 자진 신고 기간'이라는 것을 만들 정도로 외제차를 억압했다. 아무리 가난한 시절이었어도, 외제차를 타는 게 간첩짓을 한 것도 아닌데 '자수'까지 종용했어야 했나 의문이 남는 것은 사실이다. 이듬해 〈동아일보〉는 '비싼 외제 자동차 꼭 타야 하나.'라는 기사를 쓰기도 했다.

1984년에는 외제차 소유자에 대한 일제 세무조사가 실시돼 외제차 소유자가 과세 당국의 표적이 된 일도 있었다. 코미디언 이주일이 국산 승용차 3, 4대 값인 일제 토요타를 몰고 다닌 다는 것이 당시 뉴스로 보도됐고 "외제차를 모는 연예인들이 애써 사치가 아니라고 변명하고 있다."는 비난성 보도도 나왔다.

수입자율화가 실시된 이후인 1990년에는 국세청이 외제차 소유자에게

10~30%씩 소득세를 중과세한 일이 화제가 됐다. 미국의 압력으로 1991년에 폐지되긴 했지만 그 이전까지 외제차에는 의무적으로 번호판 지역명 다음에 '0'을 붙여 국산차와 구분을 짓기도 했다.

이런 독특한 분위기 속에서 현대차가 국내 시장을 독점하는 것은 어려운 일이 아니었다. 1976년 현대차의 첫 자체 작품 포니가 출시됐을 때 많은 국민들이 "우리도 자동차를 만들 수 있다."며 감격의 눈물을 흘렸다. 국민들은 성능이 검증되지도 않는 국산차를, 출시가 되기 두 달 전부터 미리 사겠다고 예약을 걸었다. 현대는 포니가 첫 청약을 받은 1976년 1월 26일, 하루 만에 1,000대가 넘는 청약 주문을 받았다.

현대차는 1998년 기아자동차를 인수한 이후 2014년까지 한 번도 국내 시장에서 70% 이하의 점유율을 보인 적이 없었다. 포니의 등장 이래 한국 국민들의 마음에 '우리 기술로 만든' 자동차는 하나의 자부심이었던 것이다.

문제는 바로 여기에서 시작됐다. 사정이 이렇다보니 현대차는 국내 고객에 신경을 쓸 필요가 없었다. 게다가 워낙 높은 시장점유율을 오랫동안 보인 덕에 유수의 외제차 브랜드들도 국내 시장에서는 자포자기하는 분위기였다. 외제차 브랜드가 국내 진출을 주저하니 당연히 외제차의 부품 하나를 고치는 일도 힘들었고 AS를 받기도 쉽지 않았다. 현대차는 그야말로 국내 시장에서 땅 짚고 헤엄치기 식 영업을 해 나갔다.

국내 시장을 장악한 현대차는 당연히 수출시장에 더 많은 공을 들였다.

수출된 차가 국내에 출시된 내수용 차보다 가격이 싸다거나, 두 차종의 강판의 두께 자체가 다르다거나 하는 불만이 소비자들 사이에서 끊이지 않는 이유가 바로 여기에 있다. "국산차를 사야 한국 경제가 발전한다."고 믿었던 국민들의 조건 없는 사랑 덕분에 성장한 현대차가, '현대차 100만 안티'를 양산하게 된 것이다.

## 100만 안티의 본질, 현대차의 안하무인과 오만

2015년 7월 한 인터넷 커뮤니티에 특이한 영상 하나가 올라왔다.

동영상의 주인공은 현대차의 야심작 신형 산타페. 차주가 산타페의 시동을 끄자 잠시 뒤 자동차 아래에서 "왈왈"하는 개 짖는 소리가 들렸다. 동영상은 삽시간에 유포됐다. 비슷한 경험을 가진 산타페 차주들도 동영상을 올리면서 사건이 일파만파로 커졌다. 이것이 바로 이해 여름을 뜨겁게 달군 '산타페 개소리', 일명 '개타페' 사건이었다. "현대차가 멍멍이 옵션으로 옵션계의 신기원을 열었다.", "이제 차를 구입하면 강아지를 선물로 주는 거냐?" "강아지 끼워 팔기, 공정거래법 위반 아니냐?" 등 네티즌들의 반응도 뜨거웠다.

이미 2000년대 중반부터 한국에는 "현대차를 증오하는 '현대차 100만 안티'가 산다."는 이야기가 나돌았다. 물론 실제 현대차 안티가 몇 명인지 정확한 집계가 나오지는 않는다. 하지만 '안티 현대차의 성지'로 불리는 자동차 커뮤니티 보배드림을 비롯해 각종 자동차 관련 동호회에 올라온 글을 살펴보면 '현대차 100만 안티'는 결코 과장이 아님을 알 수 있다. 현대차와 기아차에 대한 반감은 몇몇 소수 악질 네티즌들의 반복적 소행이 결코 아니었다. 동호회 회원 중 자동차를 좀 몰아본 사람들 치고 현대차에 대해 반감을 표시하지 않는 이들을 찾아보기 힘들 정도였다.

현대차그룹도 뒤늦게 사태의 심각성을 알아차렸다. 2015년 초 정몽구의 아들이자 그룹 부회장인 정의선은 디트로이트 모터쇼에서 기자들에게 "국내 시장 점유율 하락에 대해 어느 때보다 긴장하고 있다. 신경을 많이 쓰고 있으며, 비상이라고 생각한다."고 실토했다.

오너의 우려가 전해지자 현대차는 발 빠르게 움직였다. 현대차는 정의선의 지시로 국내 커뮤니케이션 실을 신설했고, 공식 블로그에 '오해와 진실'이라는 코너를 만들어 안티 현대차 논리를 반박하고 나섰다.

정몽구도 직접 나섰다. 정몽구는 이 해 7월 "위기일수록 국내 고객에 집중하라."며 '내수 사수'의 특명을 내렸다. 사실 이 시기 현대차는 수출 시장에서의 부진으로 실적이 곤두박질치는 중이었는데, 이 해 상반기 내수시장에서마저 부진을 면치 못해 국내 시장 점유율이 최초로 70% 아래69.3%로 무너진 판이었다. 하지만 현대차의 이런 눈물겨운 노력에도 100만 안티의 불만은 좀처럼 가라앉지 않았다. 현대차가 오너의 특명을 받아 잠시잠깐 국내 고객을 위하는 척 해도, 진정성을 느낄 수 없다고 생각하는 고객이 적지 않았기 때문이었다.

사실 산타페를 비롯한 현대-기아차의 차량 결함 문제가 제기된 건 '개타페 사건'이 처음이 아니었다. 산타페는 2013년 비만 오면 차내로 물이 새는 누수 현상이 발견돼 '수타페'라는 별칭을 얻었다. 2015년 3월에는 기아차가 새로 출시한 신형 쏘렌토에서 기름이 줄줄 새는 바람에 '유렌토'라는 별명이 붙었다. 2013년 아반떼에서도 물이 새는 현상이 발생해 '달리는 수족관'이라는 명예로운 칭호가 생겼다. 하지만 현대차에 대한 안티 감정은 비단 그들 제품의 잦은 결함 때문만은 아니었다. 국내 시장을 오랫동안 70% 이상 점유해 온 독점의 폐해, 즉 근본적으로 한국 고객을 무시하는 본능적 습성이 현대차에서 사라지지 않았기 때문이었다.

'개타페' 사건만 해도 그랬다. 개타페 동영상을 올린 차주는 "항의를 했더니 '차량 기능에는 이상이 없다. 원래 엔진 소리가 그렇다.'는 답을 들었다."고 밝혔다.

더 가관인 것은 사후 처리 과정에서 보여준 현대차그룹의 태도였다. 이 사태에 대해 현대차 관계자는 모 언론과의 인터뷰에서 "일반적으로는 듣기 힘든 소리인데, 민감한 소비자에게는 거슬렸던 것 같다."며 "결함이 있는 것은 아니었지만, 온라인상의 문제제기를 적극적으로 받아들여 개선했다."고 설명했다. "차에서 이상한 소리가 나서 죄송하다."가 아니라 "차량은 멀쩡한데 소비자 분의 귀가 민감하셔서 들리는 소리다."는 식의 해명이었다.

현대차는 2014년 말부터 "국내 고객의 자그마한 불평도 소중히 듣겠다."는 말을 입에 달고 다녔다. 하지만 현대차의 실제 태도는 고객의 불평을 전혀 소중히 듣는 모습이 아니었다.

그해 12월 현대차는 '자동차 명장'으로 불리는 박병일 씨를 고소했다. "박명장이 명장의 지위를 이용해 상습적으로 현대차의 명예를 훼손했다."는 취지였다. 박병일은 2002년 고용노동부로부터 '자동차정비 명장'으로 선정된 인물이었다. 이후 여러 신문사나 방송 인터뷰에서 현대차의 결함을 지적했다. 현대차는 박병일의 쓴 소리가 심하게 귀에 거슬렸는지, 그를 불러 해명하고 잘못된 점을 고치는 태도 대신, 그를 그만 경찰에 고소해버렸다.

하지만 경찰은 명예훼손과 업무방해 고소에 대해 각각 '죄 안 됨'과 '혐의 없음' 의견으로 사건을 검찰에 송치했다. 자신에 귀에 거슬리는 말을 하는 전문가를 고소하는 용기, 현대차가 고객의 목소리를 경청하는 기업이 아니라 여전히 오만한 독점기업이었음을 드러내주는 단적인 사건이었다.

이런 일도 있었다. 2015년 3월 쏘나타 신차 발표회에서 한 기자가 김충호 현대차 사장에게 "안티 현대차의 바람이 거센데 원인이 무엇이라고 생각하느냐?"고 물었다. 그러자 김충호는 너무도 당당하게 "노사문제 때문"이라고 짧고 굵게 답했다. 자동차 결함은 소비자들이 예민한 탓, 산타페에서 들리는 개소리는 소비자의 귀가 밝은 탓, 100만 안티의 적대감은 노조 탓……, 이것이 현대차가 국내 고객 시장을 인식하는 현주소였다.

## 만만한 게 국내 시장? 진정성 없는 현대차의 노력

현대차는 문제가 제기될 때마다 "수출 차와 내수 차의 차이가 없다."고 강변했다.

하지만 현대차가 국내 고객을 상대적으로 무시해온 정황은 여러 곳에서 드러났다. 가장 대표적인 부분이 무상보증 서비스의 차이였다. 2015년 기준으로 현대차가 미국에서 제공하는 무상 수리 보증 기간은 차체와 일반부품이 5년-6만 마일9만6,500km, 엔진과 변속기 계통은 10년-10만 마일16만km이었다. 반면 국내 무상 수리 보증기간은 차체와 일반부품이 3년-6만km, 엔진과 변속기 계통이 5년-10만km였다. 거의 갑절 차이가 나는 셈이다.

가격 정책도 달랐다. 현대차는 2015년 3월 미국에서 쏘나타를 대상으로 무이자할부 혜택기간을 무려 72개월까지 늘리는 파격적 정책을 선보였다. 반면 국내에서는 5월에 사상 최초로 36개월 무이자할부 혜택을 제공했을 뿐이었다. 2013년에는 미국에서 먼저 리콜을 실시한 뒤, 미국 언론 보도가 한국에 알려지자 허겁지겁 리콜을 실시해 욕을 바가지로 먹기도 했다.

에어백 품질 차별 논란도 있었다. 2013년 현대차 사장 김충호는 국정감사에서 "왜 미국에서는 아반떼에도 4세대 에어백을 장착하는데 한국에서는 그랜저에도 2세대 에어백을 쓰느냐?"는 국회의원의 질문에 "나라마다 법규가 다르기 때문"이라고 답했다.

하지만 이는 말도 안 되는 소리였다. 한국 법규에 "더 좋은 에어백을 쓰면 혼내준다."라는 조항이 있을 리가 없기 때문이다. 국내 소비자를 위하는 마음이 있었다면 당연히 재벌 그룹들이 그토록 좋아하는 글로벌 스탠더드에 맞춰 미국 소비자들이 누리는 혜택을 국내 소비자에게도 주는 것이 정상이다. 수차례 변명과 달리 현대차의 역사는 줄곧 그들이 국내보다는 해외 소비자에게 더 많은 혜택을 베푼다는 사실을 입증했을 뿐이었다. 이런 역사가 있으니 아무리 현대차가 "국내 시장을 사수하고 고객의 목소리에 귀를 기울이겠다."고 떠들어도 소비자들이 진정성을 느끼지 못했던 것이다.

정몽구가 그룹을 장악한 이래 현대차그룹은 오너 중심으로 굴러가는 한국 재벌들 중에서도 한화그룹과 함께 유난히 강한 오너 지배력을 보여주는 회사로 평가 받았다. 정몽구의 한 마디는 그야말로 법이었다. 2014년 현대차그룹은 삼성동 한전 부지를 무려 10조 원에 사들였는데, 이 결정도 정몽구의 독단에 의한 것이었다. "10조 원이면 차량 결함 실험을 30만 번은 더 했겠다."는 국내 소비자의 불만도 정몽구의 욕심을 막지 못했다.

2015년 모습을 드러낸 현대차그룹의 '한국 고객사랑' 행보도 바로 수출 시장 부진을 만회하라는 정몽구의 지시에 따른 것이었다. 이 해 3월 "안티 현대차의 원인이 노조 때문"이라고 했던 김충호는 바로 다음 달 한 모터쇼에서 "현대차는 앞으로 고객과 더욱 적극적으로 소통하며 함께하는 기업, 고객에게 사랑과 신뢰를 받는 기업으로 거듭나겠다. 모든 임직원들이 더 낮은 자세로 더 많이 듣고 문제가 생기면 바로잡기 위해 노력하며 오해가 있으면 적극적으로 해소하기 위해 노력할 것"이라며 고개를 푹 숙였다.

이런 점만 봐도 김충호의 고객사랑 마음은 결코 그의 본심이 아님을 쉽게 알 수 있었다. 그는 내심으로는 안티 현대차의 원인이 노조 때문이라고 생각하지만, 오너가 국내 시장 사수를 명령하니 한 달 만에 태도가 180도로 바뀌었다. 결국 현대의 국내 고객사랑은 현대차의 새로운 기업 문화가 될 가능성보다 언제든지 오너의 "수출 시장에 더 신경을 쓰라."는 한 마디에 돌변할 수 있는 일시적 행보일 가능성이 높았던 셈이다.

현대차는 2014년부터 자신들의 공식 블로그에 '오해와 진실'이라는 코너를 만들고 안티들의 주장을 반박했다. 하지만 오해는 정작 현대차가 하고 있었고, 진실은 정작 다른 곳에 숨어 있었다. 해결돼야 할 오해는 "우리는 차를 잘 만들었는데 국민들이 쓸 데 없이 예민하다."는 현대차의 생각이었고, 숨어있는 진실은 "현대차야말로 오랜 시간의 독점으로 국내 고객에 대한 오만이 몸에 배었다."는 사실이었다.

1999년 현대차에서 물러난 정세영은 △고객 최고 △기술 최고 △품질 최상 △인간 최상이라는 네 개 항목을 현대차의 경영 이념으로 삼았다. 그리고 정세영은 "차는 품질이다. 품질은 정성이다. 그리고 품질에 대한 모든 책임은 회사 최고 경영진에 달렸다."는 말을 남겼다.

물론 정세영이 현대차를 물려받았다면 현대차가 △고객 최고 △기술 최고 △품질 최상 △인간 최상의 이념을 실현했을 거라고 믿는 것은 너무 순진한 생각이다. 또 역사를 적을 때 그런 불필요한 가정을 하는 것은 애초부터 의미가 없는 일이기도 하다.

하지만 그가 남긴 "품질에 대한 모든 책임은 회사 최고 경영진에 달렸다."는 말은 '100만 안티'를 양산한 현대차에 피할 수 없는 교훈으로 남는다. 소비자들이 언제까지나 독점 기업의 오만방자함을 참고만 있지 않는다는 사실은 이미 수많은 역사 속에 기록돼 있기 때문이다.

# "모름지기 기업은 시류를 따라야 한다"
## – 너무도 당당했던 정주영의 5공화국 청문회

### 바지저고리 국회의원과 정주영의 대면

"본 의원이 증인에게 맞서서 대등한 관계에서 질문을 드릴 수 있는 기회는 흔하지 않습니다. 사회적 영향력에 있어서 본 의원은 증인의 100분의 1도 따라가지 못하는 것이 현실입니다. 저는 지금 비애를 느끼면서 이 질문을 하고 있습니다. 많은 노동자들의 피눈물을 지켜보면서 함께 가슴이 녹아내리는 느낌으로 질문을 하고 있습니다."

1988년 11월 9일, 앳된 얼굴의 초선의원 노무현이 피를 토할 것 같은 표정으로 말을 이어 나갔다. 건국 이후 처음으로 국민들에게 TV생중계된 5공화국 청문회. 증인석에는 국회의원 노무현이 "영향력 면에서 의원보다 100배나 크다."고 인정한 현대그룹 명예회장 정주영이 앉아 있었다.

이 청문회는 돈 앞에서 국민들이 위임한 의회민주주의라는 권력이 얼마

정주영 증인 심문을 종료하는 5공특위 청문회 장면 ⓒ 원작 : 경향신문 / 제공 : 민주화운동기념사업회

나 작은 것이었는지를 만천하에 드러내 주었다.

　이틀 전 청문회에서 "내가 입을 열면 나라가 불행해진다."던 증인 장세동을 향해 "돌대가리", "지구촌에서 사라져야 한다." 등의 격한 단어를 써가며 추궁을 했던 평민당 김봉호는 정주영을 "증인님", "회장님"이라고 깍듯하게 부르며 "권력과 부정의 편에 설 것인가, 정의의 편에 설 것인가 하는 중요한 순간에 위대한 결단을 내려주신 데 대해 감사합니다. 회장님."이라고 혼자 뿌듯해했다. 김봉호는 청문회를 마친 뒤 같은 당 원내총무 김원기가 "너무한 것 아니냐?"고 지적하자 "내가 뭘 잘 못했다는 거냐?"라며 한바탕 설전을 벌이기도 했다.

　장세동에게 "당신은 악마", "전두환 대신 총 맞아 죽어야 하고 자결해야할 사람"이라고 몰아붙였던 평민당 손주항도 정주영에게는 "존경받는 기업인이 되어 주세요."라거나 "모금 과정의 강제성을 시인해 주어서 고맙습니다."며 굽실거렸다.

　공화당 최무룡은 '정주영씨나 되는 분'을 '증인'이라고 짧게 호칭하는것이 못내 마음이 쓰였는지 "죄송합니다. 증인이라고 부르겠습니다."라며먼저 양해를 구했다. 강원도 동해가 지역구였던 무소속 홍희표는 "고향 대선배님에게 이런 질문을 하게 돼 죄송합니다.", "후배 이야기가 거슬리더라도 양해해 주십시오."라며 청문회장을 삽시간에 강원도 향우회로 돌변시켰다.

　돈이 발휘하는 권력, 그리고 그 권력의 화신 정주영 앞에서 국회의원들은모두 '고양이 앞의 쥐'였다. 각 신문사에는 독자들의 항의 전화가 빗발쳤고,세간에서는 이날의 청문회를 인기 코미디 프로그램 코너 이름이었던 '회장님, 우리 회장님'에 빗대어 비웃었다. 이날 청문회에서 정주영을 향해 유일하게 당당한 태도를 보인 인물은 노무현뿐이었다. 하지만 노무현조차도 의회 권력이 돈 앞에서 얼마나 볼품없는 것이었는지를 이렇게 인정하고 만다.

　노무현 = 전경련은 법률이나 금융정책이나 조세정책, 또는 토지 정
　　책 등에 있어서 상당한 영향력 행사를 위해서 정부나 의회나 정당

　　　　　　　　　　　　　　　　　　　　　한국 재벌 흑역사

을 상대로 교섭을 하고 있는 것은 사실입니까?

정주영 = 아직까지는 우리나라 의회 정치가 제대로 안 됐기 때문에 주로 정부를 상대로 했습니다.

노무현 = 정부를 주로 상대했습니까?

정주영 = 네.

노무현 = 그거야 그렇죠. 칼자루를 오로지 정부가 쥐고 있으니까요. 의회 이거야 바지저고리였으니까요.

정주영 = 뭐 여지껏 그랬습니다.

국회의원 스스로가 자신의 처지를 바지저고리라고 인정하는 현실. 그리고 '일개 기업가' 정주영이 너무도 당당하게 "지금까지 의회 정치가 제대로 된 적이 없었고, 따라서 니들은 당연히 바지저고리였다."라고 화답하는 모습. 순간 청문회 장소는 웃음바다가 됐고, 질문자였던 노무현마저도 어이가 없는 듯 웃음을 터뜨렸지만, 이 장면은 한국 정치 역사에서 결코 지울 수 없는 굴종의 한 순간으로 남아 버렸다.

## 여소야대 정국과 일해재단 청문회

1988년 4월 26일 치러진 13대 국회의원 선거 결과는 그야말로 충격적이었다. 직전 해 대통령 선거에서 노태우와 민정당에게 대통령 자리를 내준 야권이 이 총선에서 선전할 것이라고 생각한 이들은 많지 않았다.

하지만 막상 뚜껑을 열어보니 연장된 군사정권에 대한 민심의 심판은 가혹했다. 여당 민정당은 지역구 87석, 비례대표 38석 등 모두 125석을 얻는데 그쳐 과반수인 150석에 한참을 못 미치는 1당으로 내려앉았다.

반면 김대중이 이끌었던 평화민주당은 단번에 70석을 거머쥐며 제1야당이 됐고, 김영삼의 통일민주당도 59석을 획득했다. 충청권을 기반으로 한 김종필의 신민주공화당도 35석을 건지며 의미 있는 정치 세력으로 부상했다. 대한민국 건국 이래 처음으로 이른바 '여소야대' 정국이 시작된 것이다.

여소야대 정국은 시작부터 막강한 위력을 발휘했다. 아무리 신임 대통령 노태우가 전임자 전두환을 '버리는 카드'로 쓰기로 했다고 해도, 둘은 군사 쿠데타를 함께 일으킨 사이였다. 전두환의 범죄를 털면 노태우도 피치 못하게 엮일 수밖에 없었던 것이다. 노태우가 5공화국 청산에 대해 소극적 자세를 취할 수밖에 없었던 이유가 이것이었다.

하지만 야당이 다수를 차지한 의회는 총선이 끝난 지 단 두 달 만인 6월 27일 '5공 비리 특별위원회'를 열고 분야별 비리를 조사하는 것에 합의를 한다. 이 합의에서 모두 4개의 소위원회가 구성됐는데, 전체 위원회를 총괄하는 위원장 역시 야당인 통일민주당의 이기택이 맡았다. 비리특위는 일해 재단, 전두환 일가 해외 재산 도피, 삼청교육대, 국제그룹 해체 사건 등 모두 44개의 항목을 조사하기로 했다.

이 중 단연 세간의 관심을 끈 사건은 일해재단이었다. 일해재단<sup>1988년 5월 세종연구소로 이름을 변경</sup>은 1983년 설립됐다. 정주영은 1987년 9월 이 재단의 이사장으로 취임했는데, 취임 당시 정주영은 "1983년 10월 9일 버마 암살 폭발 사건 이후 전두환 대통령을 수행해 귀국하는 비행기에서 재단 설립이 논의 됐다. 조국의 평화통일 여건을 조성하기 위해 민간 차원에서도 인재를 양성 해야 한다는 데 의견을 모았다."고 설립 취지를 설명했다. 그러니까 정주영 에 따르면 일해재단은 순전히 평화통일 인재 양성을 위해 기업인들이 자발 적으로 세운 단체라는 뜻이었다.

그런데 정주영이 이 발언을 한 시기를 눈여겨 볼 필요가 있다. 이때가 1987년 9월, 즉 그가 청문회에 증인으로 나서기 고작 1년 전에 이 같은 발 언을 한 것이다. 당시 시중에서는 일해재단이 재단 자금으로 주가를 조작했 다는 소문이 파다했다. 신임 이사장인 정주영이 이 의혹을 해명한답시고 기 자회견을 연 것이다.

정주영은 기자회견에서 △일해재단은 평화통일 인재 양성을 목적으로 설립된 순수 민간 싱크탱크이고 △기금 출연은 기업인들이 자발적으로 한 것이며 △돈을 낸 기업은 모두 건전한 기업이고 △기금을 포함한 재단의 총자산은 558억 원이라고 밝혔다.

정주영은 직접 읽은 발표문에서 "재단 이름은 전두환 대통령의 아호인 일 해日海에서 따 왔지만, 이름 외에 대통령과 관련된 것은 아무 것도 없다."고 강조했다. 또 그는 "3년 간 500억 원이 모인 것은 국가에 이익이 될 수 있는 연구소 설립에 기업인들이 크게 공감한 덕분"이라고 주장했다.

그런데 새 대통령이 선출되고 전두환이 권좌에서 물러나자, 정주영은 딱

1년 만에 눈부신 변신을 시도한다.

일해재단 청문회의 최대 쟁점은 '일해재단이 사실상 정권 차원에서 강압적으로 정치자금을 모았고, 그 돈을 전두환 개인을 위해 사용하려 했다.'는 점이었다. 따라서 재단의 기금 모금이 강제성을 띠었는지 여부는 청문회의 성패를 가름하는 매우 중요한 사안이었다.

그런데 세간의 예상을 깨고 정주영은 청문회에서 너무나 쉽게 "네, 그래요. 그 돈은 전두환이 강제로 걷어간 거였어요. 나는 무서워서 돈을 냈을 뿐이에요."라고 실토를 해 버린 것이다. 아무리 '정승집 개가 죽으면 사람들이 문전성시를 이루고, 정승이 죽으면 개 한 마리도 안 온다.'는 게 세상의 인심이라 해도, 정주영의 변신은 너무 극적이었다. 불과 1년 전 자신의 입으로 "자발적 기부"라느니 "야당이 뭘 몰라서 자꾸 의혹을 제기한다."느니 했던 정주영이 아니었던가?

게다가 정주영은 그런 극적인 변신을 하면서도 청문회에서 표정 하나 변하지 않았다. "달라고 해서 줬다. 뭐가 문제냐?"는 태도를 일관되게 보인 것이다. 당시 청문회 때 문답 내용을 잠시 살펴보자.

> 안병규 = 장세동 증인은 모금에 강제성이 없다고 했고, 양정모전두환에 의해 해체된 국제그룹의 오너 증인은 강제모금도 있을 수 있다고 했다.
>
> 정주영 = 1차는 날아갈 듯이 냈고, 2차는 자발적으로 냈고, 3차부터는 내는 것이 편하다는 생각으로 냈다.

안병규 = 일해에 기부금을 낸 것이 부의 사회 환원 차원이었나?

정주영 = 나는 사회 환원이라는 얘기를 싫어한다. 기부 요청을 해서 낸 것뿐이다.

김봉호 = 기금 출연에 참여했던 기업인들 대부분이 특혜를 받았다고 생각하지 않는가?

정주영 = 그렇게 생각하지 않는다. 단번에 낸 것도 아니고 여러 해 동안 냈는데……, 그 정도 내고 이권을 달라는 얌체 같은 생각을 하지는 않았을 것이다. 다만 정부쪽의 기분을 크게 나쁘지 않게 하고, 일이 지장을 받지 않도록 편안하게 앞길을 닦아 나가려고 했을 것이다.

김봉호 = 전두환의 노변정담爐邊情談을 위해 결국 국민의 부담으로 돌아가는 600억 원이라는 돈을 모았는가?

정주영 = 내가 노변정담을 하려 한 것이냐. 왜 나를 성토하느냐?

정주영은 시종일관 당당한 태도를 잃지 않았다. 이날 그가 남긴 말 중 단연 압권은 통일민주당 소속 심완구가 "전두환 씨에게 한 마디 해보라."는 질문에 대한 답이었다.

"관심도 없고, 잊고 싶은 생각뿐입니다."

## "나는 그저 시류를 따랐을 뿐", 정주영의 시류론

정주영 청문회는 의외로 싱겁게 막을 내렸다. 정주영이 청문회 초반부터 기금 모금의 강압성을 인정해버렸기 때문이었다.

정주영 답변의 요지는 "100억 원까지는 자발적으로 냈다. 하지만 그 이상은 시류에 따라 냈다."는 것이었다. 시류時流, 즉 시대의 흐름이 돈을 내야 하는 것이었기 때문에 냈다는 뜻이다. 정주영이 일말의 반성의 기미 없이 거침없이 시류론을 설파하자 노무현이 분노를 참지 못했다.

노무현은 "증인이 말하는 시류론이라는 게 힘 있는 사람이 하는 쪽으로 따라가는 것이라고 했는데, 그렇다면 일해재단 비리 소문이 시중에 나돌 때에는 침묵하다가, 권력이 퇴조하자 (그 권력에) 거스르는 이야기를 하는 것도 시류에 순응하는 철학에서 나온 것이냐?"고 쏘아붙였다. 불과 1년 전까지 전두환 뒤에 숨어 수 백 억 원을 갖다 바치며 물고 빨고 하던 정주영이, 전두환이 권좌에서 물러나자마자 "관심도 없다."며 돌변한 태도를 문제 삼은 것이다.

노무현은 또 "힘 있을 때 붙고, 힘이 없을 때 떨어지는 게 증인의 시류론이라면, 자라나는 청소년들이 뭘 보고 배우겠느냐? 왜 6.29 이전에는 오늘 같은 이야기를 안 한 것이냐?"고 추궁했다. 정주영은 결국 "우리가 그런 용기를 못 가졌던 것에 대해 죄송스럽게 생각한다."고 사과 아닌 사과를 했다. 자정까지 이어진 길고 긴 청문회에서 정주영의 입에서 '죄송'이라는 단어가 나온 것은 이때가 유일했다.

정주영은 청문회 말미에 "증인의 오늘 증언은 6공화국의 바뀐 시류에 따른 것이냐?"는 공화당 김현의 질문에 "나는 1공화국부터 여러 공화국을 거치면서 생각을 정립하고 있다. 따를 것은 따르고, 안 따를 것은 안 따르며, 어느 정도 기업관과 사회관을 갖추고 있다."라고 답했다.

힘 있는 자가 달라고 하면 시류에 따라 주고, 그가 힘을 잃으면 헌신짝처럼 내버려도 괜찮은 것이 그가 1공화국부터 6공화국까지 기업 생활을 하면서 '정립'한 철학이었다는 것이다.


## 환호하는 현대그룹과 뒤바뀐 여야

청문회가 '무사히' 끝나자 현대그룹은 완전히 한시름을 놓은 표정이었다. 그날의 청문회가 무난히 끝난 데에는 노무현을 제외한 야당 의원들의 솜방망이 태도가 큰 영향을 미쳤다.

이에 대해 당시 언론들은 "현대그룹의 야당 집중 로비가 제대로 먹혔다. 현대그룹은 이에 환호하는 분위기"라고 상황을 전했다.

실제 현대그룹의 로비는 대략 11월 6, 7일경부터 시작된 것으로 알려졌다.

당시 현대그룹 회장이었던 정세영이 시내 호텔에서 5공 특위 소속 국회의원들을 자주 만난 사실이 언론에 포착된 것이다.

실제로 모 야당의 국회의원은 "총무가 청문회 직전에 불러서 '정 회장을 신문할 때 언어 선택에 신중을 기해 달라'고 하더라."고 털어놓았다. 다른 야당 의원은 "총재가 나를 불러 정 회장을 너무 몰아세우지 말라고 했다." 고 실토했다. 또 몇몇 야당 의원들이 여당 의원들을 찾아가 "현대그룹의 금강유원지 운영과 울주군 그린벨트의 유원지 문제는 거론하지 말자."고 야합을 제안했다는 소문도 나돌았다.

사정이 이렇다보니 청문회가 끝난 이후 국회에서는 누가 야당이고, 누가 여당인지 구분이 안 가는 웃지 못 할 상황이 벌어졌다.

특위 민정당 간사였던 김중권은 기자들을 불러 모은 뒤 "어제 청문회에서 야당 의원들이 '회장님' '증인님' 하는 것을 보고 깜짝 놀랐다. 이걸 6공 비리로 봐야 하는 것 아니냐?"고 비아냥거렸다. 또 그는 "현대가 정세영 회장을 앞세워 엄청난 로비를 했는데, 야당 의원들에게 자동차를 줬다는 소문도 있더라."며 의혹을 제기했다.

이 의혹이 사실인지 정치공세인지 지금은 알 길이 없지만, 야당 의원들이 청문회에서 "회장님, 고맙습니다." 하는 순간 이미 이 같은 일이 벌어질 빌미는 제공된 셈이었다.

정주영은 이 해 12월 14일 다시 청문회에 모습을 드러냈다. 그는 "왜 청문회가 이렇게 길게 가는지 모르겠다.", "100번을 물어봐도 시류에 따르겠다는 생각은 변함이 없다."며 고집을 꺾지 않았다.

하지만 2차 청문회 내내 그의 시류론이 도마에 오르자 청문회 말미에 정주영은 "잘못된 시류는 용기를 내서 따르지 않는 것이 좋다.", "청문회에 나와서 많이 배웠다. 앞으로는 시류에 무조건 따르지 않겠다."고 꼬리를 내렸다. 1차 청문회 때의 솜방망이 질문으로 여론의 질타를 받았던 국회의원들이 2차 청문회에서는 나름대로 질문 강도를 높였던 덕분이었다.

약하게 추궁할 때에는 용기백배했다가, 상대가 조금이라도 세게 나오면 꼬리를 내리는 정주영의 청문회 태도. 역시 그는 시류를 거스르지 않는 현명한 경영자였다.

## 5공화국과 정주영

그동안 세간에서는 정주영과 5공화국의 사이가 그다지 좋지 않았다고 많이 알려져 있다.

5공 초기 국보위가 출범하면서 산업구조조정이 감행됐을 때 정주영은 전경련 회장이었다. 국보위가 기업을 마음대로 해체한 뒤 사고팔아버리자 정주영의 불만이 하늘을 찔렀다는 게 지금까지 알려진 이야기다.

실제 정주영은 현대양행지금의 두산중공업을 국보위에 빼앗겼고, 이 과정에서 동생 정인영이 현대양행 자금 83억 원을 빼돌린 혐의로 열흘 동안 구속되기도 했다. 정주영이 경총 회의석상에서 "공산국가도 아니고, 민간이 설립한 기업을 정부가 강제로 합쳐라, 말라 하는 경우가 어디 있느냐?"며 반발했다는 확인되지 않은 이야기도 전설처럼 전해진다. 국보위 시절 신군부 젊은 실세들이 "현대를 탱크로 밀어버리겠다."고 위협했다는 이야기도 남아 있다.

실제로 정주영 식 무데뽀 경영이 전두환 정권의 경제 철학과 맞지 않는다는 평가도 있다. 전두환은 통치하는 방식 면에서 박정희와 비슷한 군인 독재였지만, 경제 정책을 운영하는 면에서는 박정희와 완전히 결별한 새로운 인물이었다. 박정희가 사회주의 경제체제를 방불케 하는 철저한 계획 경제 추종자였다면, 전두환은 '경제 대통령'이라고 불렸던 경제수석 김재익을 앞세워 한국에 자유주의 경제 사상을 뿌리내린 인물이었다. 그래서 이런 여러 역사적 사실들을 추려내 보면, 정주영-전두환 라인이 정주영-박정희 라인에 비해 각이 잘 맞지는 않았던 것은 분명해 보인다.

하지만 이것은 상대적인 결론일 뿐이다. 정주영-전두환이 정주영-박정희만큼 좋지 않았다는 뜻이지, 정주영-전두환의 정경 유착이 없었다거나, 적었다는 이야기는 아니기 때문이다. 사실 경부고속도로 건설, 조선업 등 중화학공업 주도, 사채동결 조치 실시 등 철저한 계획경제를 추구했던 박정희와 '무데뽀 정신'의 소유자 정주영의 관계가 이례적으로 좋았을 뿐, 정주영의 현대그룹은 전두환 시대에도 승승장구를 거듭했다.

정주영은 '시류론의 대가'답게 전두환 시대에도 일해재단 이사장과 올림픽 추진위원장을 역임하며 정권과 늘 가까운 곳에 있었다. 일해재단 이사장만 해도 애초 전경련 회장이었던 구자경으로 내정돼 있었으나, 전두환의 의중이 반영돼 막판에 결과가 뒤집어졌다.

또 정주영은 청문회에서 일해재단 이사장으로서 스스로 나서 기업인들에게 기금을 낼 것을 독촉했다고 시인했는데, 누구에게 돈을 받을지 정한 사람도 정주영 자신이었다. 전두환에게 정치자금을 제공하는 일에 정주영은 가장 헌신적이었던 '브로커'였던 셈이다.

5공 시절 일해재단 기부금을 포함해 민정당 지정 기탁금, 새세대 심장재단 기부금, 새세대 육영회 기부금, 새마을성금 등 공식적으로 확인된 5대 정치자금 가운데 현대는 총 185억 7,000만 원을 내 삼성162억 원을 제치고 이 분야에서 당당히 1위에 올라섰다.

또 현대는 매출 기준으로 1979년 삼성을 제치고 1위 재벌2조2,428억 원에 올랐고, 자료가 공개된 1984년에도 1위4조9,700억 원를 차지했다. 1987년에는 매출 순위 1위를 삼성에게 내주었으나 총자산 규모에서 현대는 여전히 1위 재벌이었다. 강한 자 앞에서는 고개 숙여 돈을 바치고, 약자들은 거침없이 탄압하는 정주영 특유의 '시류 경영'은 전두환 시대에도 예외 없이 성과를 나타냈던 것이다.

일해재단 1차 청문회 때 바지저고리를 자임했던 노무현은 자신이 할당받은 질문 시간 중 상당히 긴 시간을 할애해 정주영에게 현대그룹의 노동자 탄압에 대해 물었다. 노무현은 바로 현대그룹 노동조합 설립 때 사건을 담당했던 변호사였다. 하지만 정주영은 이 같은 대답 한 마디로 '바지저고리' 의 추궁을 일축했다.

"나는 그때 2선으로 물러나 있어서 모릅니다."

# 정치권력 위에 서고자 했던
# 경제권력의 욕망과 좌절
## - 정주영과 통일국민당

### 적자생존의 현장과 재벌-권력의 관계

2015년 7월 24일 청와대에서 박근혜 대통령과 재벌 총수들의 오찬 간담회가 있었다. 3시간 10분 동안 이어진 이 회동의 내용은 사실 시시하기 짝이 없었다. 박근혜는 끊임없이 깨알 당부를 쏟아냈고, 재벌들은 "창조경제 사업에 적극 나서겠다."<sup>정몽구</sup>, "국가, 지자체, 기업이 삼위일체로 다시 도약하자."<sup>이재용</sup>는 입에 발린 소리로 화답했다.

그런데 이 오찬과 관련한 여러 언론 보도에서 단연 눈에 띄는 한 장의 사진이 있었다. 박근혜가 깨알 당부를 하는 동안 내로라하는 국내 재벌 총수들이 모두 고개를 푹 숙이고 수첩에 '대통령의 말씀'을 열심히 적는 모습이 실린 사진. 〈경향신문〉은 그 사진에 '한 자라도 놓칠라.'라는 사진설명을 붙였는데, 정말 적절한 제목이 아닐 수 없었다.

한 네티즌은 재벌 총수들이 대통령 말씀을 그처럼 열심히 적어대는 장면을 이렇게 네 글자로 표현했다. '적자생존.'

단 한 명 정도라도 고개를 들고 대통령이 무슨 말을 하는지 지켜볼 법도 한데, 재벌 총수들은 약속이라도 한 듯 고개를 파묻고 묵묵히 그녀의 말을 받아 적었다. 메모를 중요시하는 대통령 치하에서는 아무리 날고 기는 재벌 총수라도 대통령 말씀을 적어야 살 수 있다는 뜻. 이 사진은 '적는 자만이 살아남을 수 있다.'는 '적자생존' 시대의 중요한 상징이었던 셈이다.

정치권력과 경제권력의 관계에 대해 한국에서는 하나의 굳어버린 이미지가 있다. 그것은 바로 "정치권력이 경제권력보다 압도적으로 강한 힘을 지녔다."는 생각이다.

이승만–박정희–전두환 등 3대에 이은 철권통치기를 거치면서 이 같은 생각이 국민들 사이에서 굳어진 것은 충분히 이해가 가는 대목이다. 이승만, 박정희 시대야 말할 것도 없고, 전두환 시대 때에도 국제그룹의 회장 양정모가 전두환이 주최한 만찬에 1시간 지각을 했다는 이유로 그룹이 해체됐다는 이야기가 나돌 정도니 더 말할 나위가 없었다. 하지만 냉정을 찾고 한국 역사를 다시 살펴보면, 저 선입견에 대해 몇 가지 의문이 생긴다. 과거는 그렇다 쳐도, 과연 지금도 재벌들이 이끄는 한국의 경제권력이 정치권력에 '압살'을 당할 정도로 약한 것인가? 저 선입견은 과거의 역사일 뿐, 지금은 다른 관점이 새로이 정립돼야 하는 것이 아닌가 하는 의문 말이다.

중진국이나 후진국이 아닌 경제개발협력기구OECD 수준의 선진국에서 경제권력이 정치권력보다 터무니없이 약하다는 주장은 사실 말이 되지 않는다. 자본주의가 발달한 선진국의 상황을 살펴보면 정치권력이 경제권력을 압도하는 사례는 거의 없다고 해도 과언이 아니기 때문이다.

예를 들어 이렇게 질문을 해보자. 미국의 지배자가 공화당이나 민주당 소속 정치인들인가? 아니면 그들을 이끄는 유태계 금융자본과 군수자본인가? 이 간단한 질문에 대한 답을 생각해 봐도 정치권력과 경제권력 사이의 힘의 역관계는 "당연히 정치권력이 더 세지!"라고 쉽게 답할 문제가 아니다. 가장 최근에 일어났던 전쟁들만 봐도 그렇다. 베트남 전쟁을 촉발한 1964년 통킹만 사건, 즉 베트남 동쪽 통킹만에서 북베트남 경비정과 미군 구축함이 충돌한 사건은 사실 미국 군수업체들이 주도한 의도적 도발이었다. 군수업체의 이해관계 때문에 전쟁이 발발했다는 이야기다.

걸프전이라는 이름 아래 중동 지역에서 벌어진 전쟁의 본질 또한 석유를 차지하기 위한 쟁탈전이었다. 2001년 알카에다가 일으킨 9.11 테러 사건에서 그들이 겨냥한 미국의 심장은 백악관이 아니라 미국 금융자본의 중심지인 월드 트레이드 센터였다.

한국이라고 다를까? 물론 한국의 재벌들은 여전히 대통령 앞에서 그녀의 훈시를 열심히 받아 적는 척 한다. 하지만 그 장면이 재벌의 권력이 대통령의 그것보다 못하다고 말할 수 있는 증거일 수는 없다. 아무리 한국 사회를 둘러봐도 그것은 사실이 아니다. 정치권력은 유한하나 경제권력은 거의 무한하다. 언젠가부터 한국에서도 정부의 드라이브가 재벌을 일사불란하게 움직일만한 힘을 갖지 못하기 시작했다. 경제권력은 겉으로는 열심히 메모를 하며 '적자생존'의 약한 모습을 보이지만, 정작 이해관계에 맞지 않는 일이라면 결코 정부에 협조하지 않는다. 2015년 현재 정부가 재벌들을 향해 아무리 투자를 늘리라고 소리를 쳐도, 재벌들은 수 백 조 원에 달하는 현금을 풀지 않는 것이 좋은 사례다.

물론 역사적으로 살펴보면 한국에서 정치권력이 오랫동안 경제권력에 비해 압도적 우위를 지켜왔던 것은 분명하다. 하지만 언젠가부터 이 역관계는 뒤집어졌다고 보는 것이 보다 합리적이다. 지금 한국 사회의 모습이 그러하기 때문이다. 그렇다면 우리는 이런 현상이 언제부터 시작됐는지를 유추해 볼 필요가 있다. 물론 역사라는 것이 어느 시점, 어느 한 순간에 모든 것이 뒤바뀌었다고 판단하기는 쉽지 않은 면이 있다. 따라서 그 시점을 몇 년 몇 월 며칠로 단정할 수는 없을 것이다. 하지만 유추의 근거가 되는 사건을 추적해 볼 수 있을 것이다.

1992년 1월 10일, 현대그룹 명예회장이었던 정주영이 통일국민당 창당을 선언했다. 그리고 1년 뒤 국민당은 대선에서 패하고 사실상 해체 수순을 밟는다. 한국 정당 역사에서 단 1년 만에 사라진 정당은 수도 없이 많다. 하지만 정주영과 국민당이 한국 역사에 남긴 여진은 단지 1년짜리 여느 정당의 그것과 비교할 수 없을 정도로 크다. 이 사건은 한국의 재벌이 정치권력에 대해 벌인 본격적인 도전의 시작이었던 것이다.

## 도로까지 막은 정부의 전방위 압력과 세무조사
1991년 11월 1일, 국세청이 현대그룹을 상대로 벌여온 세무조사 결과를 발표했다. 결과는 당시로서는 충격적인 1,361억 원의 추징금 부과. 이는 국세청 세무조사가 시작된 이래 사상 최대 금액이었다.

추징된 세금의 상당 부분이 상속, 증여와 관련된 것들이었다. 당시까지만 해도 재벌들은 비상장 회사 주식을 이용해 편법으로 부를 2세에 증여하는 것이 일종의 매뉴얼처럼 돼 있었다.

상장기업의 가치는 주식이 증시에 상장돼 있으니 평가하기가 비교적 쉽지만, 비상장 기업의 주식은 그 가치를 정확히 평가하기 어렵다. 재벌들은 이를 이용해 일부러 주력 계열사의 상장을 늦추고, 비상장기업의 주식을 실제 가치보다 터무니없이 싼 가격에 2세에 넘겼다. 임원들의 차명 계좌를 이용해 2세에게 편법으로 부를 승계하는 방식도 매우 자주 사용됐다. 현대그룹 명예회장이었던 정주영도 이런 방식을 사용해 정몽구 등 2세들에게 부를 이전시키고 있었다.

하지만 국세청은 단호하고 신속하게 이 문제를 파헤쳤다.

정주영에게는 소득세 및 방위세 96억 원, 정몽구에게는 증여세와 소득세 등 407억 원, 정몽준에게는 33억 원, 조카인 정몽규에게는 127억 원의 추징금이 줄줄이 부과됐다. 현대건설과 현대중공업 등 주요 계열사들도 216억 원과 138억 원의 세금 폭탄을 맞았다. 국세청이 세무조사에 돌입한 지 한 달 만에 일군 성과였다.

요즘 시각으로 보면 삼성그룹 등 기타 재벌에 비해 현대그룹 2세들의 편법 승계 의혹이 상대적으로 덜 한 편인데 그 이유가 바로 1991년 세무조사

덕분이었다. 정주영의 현대가 편법 승계를 하지 않았던 것이 아니라, 1991년에 미리 세무조사 직격탄을 맞는 바람에 편법 승계 내역이 대부분 공개되면서 막대한 추징금을 세금으로 토해냈던 것이다.

정주영이 이에 대해 발끈하고 나섰다. 정주영은 해명서를 내면서 "회사 사정이 어려워 납부할 돈이 없음을 유감으로 생각한다."고 배짱을 퉁겼다. 탈세에 대해 미안하다는 것이 아니라 아예 "배를 째라."는 태도로 나온 것이다. 칼을 빼 든 정부 역시 "나 돈 없으니 알아서 한 번 가져가봐라."는 정주영의 뱃심에 물러설 수가 없는 상황이었다. 명색이 정부인데, 그것도 박정희–전두환 철권통치의 뒤를 이어받은 정부인데 정주영 하나를 못 다루는 것은 있을 수 없는 노릇이었다.

11월 20일 정부는 한 고위당국자 이름으로 "현대와 정주영을 국가 기강 차원에서 조사하겠다."고 나섰다. '국가 기강 차원으로 다루겠다.'는 말은, 쉽게 풀이하면 "건방진 놈을 용서할 수 없다."는 뜻이었다. 이후 "현대가 세금을 제대로 납부해야 한다."는 여론조사가 일제히 발표됐다. 정부는 곧 이어 현대그룹에 대한 강도 높은 2차 세무조사를 예고했다.

사건 초창기에 현대와 발걸음을 맞추면서 정부의 현대그룹 세무조사에 공동으로 대응할 태세를 갖췄던 몇몇 기업들도 정부의 타깃이 됐다. 정부가 '손을 봐줘야 할 기업'들에게 세무조사의 위협을 가하자 재벌들이 펼친 반反 정부 공동 전선은 삽시간에 무너졌다.

정부는 계동 현대그룹 본사 사옥 앞 도로의 좌회전 차선을 막는 등 어찌

보면 유치하기 짝이 없는 방법까지 동원하며 현대를 압박했다. 결국 정주영은 세금을 내겠다며 일단 백기를 들고 물러섰다.

정주영과 6공화국의 관계가 원래부터 나쁜 것은 아니었다. 6공화국 상반기까지만 해도 정주영은 노태우의 가장 큰 신뢰를 받은 기업인이었다.

노태우는 대북관계를 개선함으로써 자신의 정통성을 찾으려 했다. 노태우는 5공화국과는 다른, 자신만의 성과를 남북관계 개선으로 생각했다.

중공업과 자동차 등 노동착취형 기업 구조를 가지고 있던 정주영 역시 북한 진출에 관심이 많았다. 그는 1987~1989년 벌어진 현대그룹 노동자들의 대투쟁을 겪으면서 '더 이상 임금만 높고 말도 안 듣는 한국 노동자들을 데리고는 돈을 벌 수 없다.'는 생각을 굳혔다. 이 시기 정주영은 시도 때도 없이 "북한에 진출하면 낮은 임금으로 고졸 이상 숙련 노동자들을 마음껏 쓸 수 있다."는 말을 하고 다녔다. 이것이 바로 노태우와 정주영의 이해관계가 일치하는 지점이었다.

1989년 정주영은 노태우로부터 북한 방문 허용이라는 엄청난 선물을 받았다. 정주영은 정권의 2인자인 박철언의 지원 아래 김일성을 직접 만나 남북 경제협력 확대방안을 도출하는 획기적 성과를 올렸다. 북한 역시 그들의 경제난 때문이었는지, 1980년대 후반 노동자 탄압에 가장 앞장섰던 현대의 정주영을 '민족 기업가'로 극진히 대접했다.

하지만 노태우와 정주영의 이런 밀월이 깨지기까지 오랜 시간이 걸리지 않았다. 남북관계 진전이라는 공통된 이해관계가 잠시잠깐 두 사람을 묶어

두긴 했어도, 두 사람 사이에는 근본적인 철학의 차이가 있었다. 그리고 무엇보다 시대의 변화가 두 사람의 관계를 가까이 두려야 둘 수 없는 상황으로 몰았다. 당시 세계는 신자유주의의 열풍이 부는 중이었다. 미국의 레이건, 영국의 대처 등이 남긴 유산이 세계 시장 질서를 빠르게 신자유주의 아래로 재편해 나갔다.

한국도 이에 발 맞춰 5공화국 시절부터 재빠르게 신자유주의 정책을 도입했다. 우리가 이미지만으로 박정희와 전두환을 '도긴개긴, 비슷비슷한 독재자'로 평가해서 그렇지, 두 정권 사이의 경제 정책은 하늘과 땅만큼의 큰 차이가 있었던 것이 사실이다. 박정희가 사회주의식 강력한 개발경제 통제 시스템을 갖추고 국가를 끌고 나갔다면, 전두환은 경제수석 김재익을 앞세워 전형적인 시장방임형 개방경제를 추구했던 것이다.

박정희 시대에 숨을 죽이고 '각하의 입'만 쳐다봤던 재벌들도 1980년대 들어 서서히 자신들의 정체성을 찾아나갔다. 비록 국제그룹 해체 등으로 드러난 여전히 막강한 군사정권의 위력을 무시할 수는 없었지만, 그들에게는 이제 "시장질서는 오로지 시장에 맡겨라."는 자유주의의 기치를 높이 들 정도의 각성이 시작된 것이다.

정주영은 이런 각성을 매우 절실히 느낀 재벌의 선각자 중 하나였다.

정주영은 1990년 11월 27일 열린 관훈클럽 토론회에서 "최근 국내 정치와 경제가 혼란을 겪는 것은 확고한 지도자가 없는 탓", "국회는 있으나 마나 한 곳" 등의 강성 발언을 쏟아내며 노태우 및 정치권에 각을 세웠다. 같은 해 12월 노태우가 10대 재벌 총수들을 초청해 연 송년 만찬 모임에서도 정주영은 대통령 면전에서 "6공화국 경제 상황이 3공화국에 비해 엉망 아니냐."며 노태우의 속을 긁었다. 이 모임에서 럭키금성의 구자경, 한진의 조중훈 등도 정주영의 의견에 동의한 것으로 알려졌다.

물론 만찬 이후 럭키금성은 곧바로 자신들의 실수를 청와대에 사과했고, 한진도 이듬해 중반 세무조사를 당해 무려 650억 원의 세금을 추징당하고 무릎을 꿇긴 했다.

하지만 '무데뽀의 화신' 정주영은 굴복하지 않았다. 그는 스스로를 '재계의 대통령'이라고 믿었고, 자신마저 무릎을 꿇으면 재계가 정치권력의 노예로 다시 전락한다고 확신했다. 정주영은 세계적으로 확산되는 신자유주의의 물결 아래에서 '이제 한국도 시장은 기업에게 맡겨 둘 때가 됐다.'는 확신을 놓지 않은 것이다.

1991년 국세청이 벌인 현대그룹에 대한 강도 높은 세무조사와 정주영의 반발은 단순히 노태우와 정주영 두 개인의 충돌이 아니었다.

그것은 신자유주의라는 물결 속에 정치권력을 넘어서고자 했던 재벌의 도전과, 신자유주의는 허용했지만 여전히 시장 통제권은 정부가 쥐고 있어야 한다고 믿었던 군사정부의 응징이 마주친 일대 격전이었다. 결국 노태우는 세무조사라는 칼을 통해 정주영을 일시적으로 굴복시키는 데 성공했지만, 정주영은 이에 굴하지 않고 스스로 정치판에 뛰어드는 방식으로 전투를 확대한다.

## 이주일, 최불암, 강부자와 함께 일군 총선의 국민당 돌풍

1992년 1월 10일, 정주영이 통일국민당 창당을 선언했을 때 세간에서는 "노친네가 드디어 노망이 났다."며 그의 행보를 황당해 했다. 하지만 국민당의 등장은 단지 정주영의 노망으로 치부할만한 간단한 일이 아니었다.

우선 정주영에게는 돈이 있었다. 3당 합당 이전 야권의 창당이 오로지 김영삼, 김대중, 김종필 세 정치인을 통해서만 가능했던 것은 그들만이 창당을 감당할 돈줄을 쥐고 있었기 때문이었다. 하지만 정주영에게 돈의 부족은 문제가 될 일이 없었다.

게다가 정주영은 절대 정치 행보를 포기하지 않을 뚝심을 가진 인물이었다. 또 당시 민자당 대선 후보로 유력했던 김영삼에 대한 정주영의 반감은 거의 '경멸' 수준이어서, 정주영의 전투력은 나날이 새로워진다고 할 정도였다. 정주영은 사석에서 "내 살아생전에 저렇게 말귀를 못 알아먹는 인간은 처음 봤다."고 말했다.

실제로 정주영은 그 해 치러진 대선 유세에서 "노 대통령이 3년 동안 김영삼 후보를 밥상머리에 앉혀놓고 교육시켰으나 안 되겠다 싶어 결국 민자당을 탈당해 중립 내각을 구성한 거 아니냐?"며 김영삼을 향해 '밥상머리 교육 실패론'을 설파하기도 했다.

야당 대선 후보 선출이 확실시됐던 김대중 입장에서도 국민당은 묘한 존재였다. 하나의 여당과 다수의 야당으로 치러진 직전 대선에서 야권의 분열이 결국 패배로 이어졌다는 것은 주지의 사실이었다.

하지만 국민당과 정주영의 지지 세력이 야권의 분열을 야기할지, 여권의 분열을 야기할지에 대해서는 김대중 입장에서도 계산이 제대로 서지 않았다. 정주영의 국민당은 태생부터 당시 정국에서 제3지대를 교묘히 흔들만한 상당한 잠재력을 지닌 정치세력이었다는 이야기다.

국민당은 2월, 김동길이 이끌던 새한당을 흡수해 세를 불리더니 3월 실시된 14대 총선에서 괄목할만한 성과를 거둔다. "내가 아파트 싸게 짓는 데는 전문가"라며 정주영이 내세운 '반값 아파트 공약'이 총선 정국에 일대 파장을 일으켰다.

정주영을 호위한 연예인 군단의 위세도 단연 화젯거리였다. 코미디언 이주일<sup>본명 정주일</sup>은 구리에 출마해 당당히 당선됐고, 탤런트 최불암<sup>본명 최영한</sup>도 전국구로 금배지를 달았다. 전국구 8번을 받았던 강부자는 국민당이 전국구 7석을 차지하는 바람에 아깝게 국회의원의 기회를 놓쳤지만 이듬해 3월 의원직을 승계해 끝내 여의도에 입성했다. 연예인은 아니었지만 연예인 급으로 얼굴이 알려졌던 김동길은 민자당의 텃밭인 강남 갑에서 당선되면서 정주영 돌풍을 이끌었다.

국민당은 지역구에서 무려 24명의 당선자를 내면서 총 31석의 국회의원을 배출했다. 뒤이어 김영삼과의 충돌 끝에 민자당을 탈당한 박철언과 김복동이 합류하면서, 정주영의 국민당은 단숨에 실체가 있는 대권 도전 세력으로 떠올랐다.

무개차 위에서 지지자들 사이를 누비며 유세 중인 정주영 국민당 후보의 모습
ⓒ 원작 : 경향신문 / 제공 : 민주화운동기념사업회

독설, 또 독설……,

재벌의 수장 정주영이 퍼부은 한국 정치에 대한 저주

사실 재벌의 삶은 통상 장막에 가려져 있는 것이 정상이다.

한국의 재벌들이 대부분 정당한 치부致富의 과정을 겪지 않았기에, 그들

이 떵떵거리고 사는 것은 한국 사회에서 결코 내세울 만한 일이 아니었다.

그래서 한국의 재벌들은 서양의 부호들과 달리, 사치를 해도 조용히 하고

그 사실을 가급적 세상에 알리지 않는 편이었다. 처첩들을 줄줄이 끼고, 어

미가 다른 자식들을 줄줄이 키우는 것도 일부일처제 사회에서 흉이면 흉이

됐지 칭찬을 들을 일은 결코 아니었다.

그런데 정주영은 정치인이 되고나서부터 "재벌이 이제 대통령까지 하려는 것이냐?" "국민당은 결국 재벌당" 등의 세간의 비판에 대해 거침없이 정면으로 돌파하고 나섰다. 그는 스스로 궁전 속의 삶을 걷어차고 국민의 심판대 앞에 섰다. 그 자신감이 어디서 나왔는지는 몰라도, 정주영은 자신의 삶에 대해 대단히 큰 확신이 있었던 듯했다. '적어도 내가 정치를 하면 저따위 인간들이 정치를 하는 것보다 100배는 잘 할 수 있다.'는 확신이 그것이었다.

그는 대선의 주요 의제로 '민부民富론'을 들고 나왔다. 국민을 부강게 하는 것은 정치권력이 아니라 민간분야라는 사실, 그리고 그 민간분야의 대표가 바로 자기 자신이라는 말을 국민들에게 하고 싶었던 것이다.

정주영의 자기 확신은 정치권을 향한 독설로 이어졌다.

가난한 농민의 아들로 태어나 세계적인 부호가 된 자신에 비해, 정주영의 눈에 김영삼, 김대중은 그저 경제권력이 대주는 자금으로 연명해 온 정치 쓰레기였다.

경제권력을 대표하고자 했던 그는 정치권력과 논리적 투쟁을 벌이지 않았다. 그저 자신에 비해 한 없이 하찮은 정치권력을 비웃는 방식으로 자신의 출마를 정당화했을 뿐이었다. 그는 현대그룹 직원들이 그를 황제처럼 떠받들어 준 것처럼, 자신의 삶을 제대로만 알리면 국민들은 당연히 '정치 쓰레기' 대신 자신을 선택해 줄 것이라 믿었다.

김영삼을 향해 퍼부었던 '밥상머리 교육 실패론'은 서론에 불과했다. 다음은 그가 1992년 대선 과정에서 정치권력을 향해 퍼부었던 독설들이다. 한번 감상해보자.

3년 내 무역흑자 300억 달러, 국민소득 2만 달러, 아파트 반값 인하 등 국민당 공약을 민자당은 불가능하다고 한다. 물론 민자당 썩은 머리로는 불가능할 것이다.

두 김 씨는 자신을 정치 9단이라고 한다. 대통령 선거에서 재수, 삼수하는 게 무슨 정치 9단이냐. 정치 9단이 아니라 정치 건달이다.

두 김 씨가 컴퓨터에 연말 대선에서 "누가 당선될 것이냐?"고 물었더니 '정주영'이라고 대답했다. 알고 보니 현대전자에서 만든 컴퓨터였다더라.

얼마 전에 김영삼 씨가 경제공부를 한다기에 "이제 공부해서 언제 대통령 하느냐? 나 하는 것을 보고 5년 뒤에 나가는 게 좋겠다."고 충고해 줬다.

("선거 과정에서 정부가 국민당을 탄압하는데도 왜 노 대통령에 대한 항의나 비난은 안 하나?"는 질문에 대해) 노 대통령은 후보가 아니고 또 내 상대도 아니다. 김영삼 씨가 주로 나쁜 짓을 하고 못됐으니까 김 씨를 비판하는 거다.

("유세가 너무 짧다. 건강에 문제가 있는 거 아닌가?"라는 질문에 대해) 추운 날씨에 서서 듣는 사람들에게 너절하고 길게 이야기 하는 것은 머리 나쁜 바보나 하는 짓이다.

("김영삼 후보에 대해 폭탄선언을 할 용의가 있느냐?"는 질문에 대해) 김 대표가 무슨 '폭탄감'이나 되느냐. 소총 사격감 밖에 안 된다.

김영삼 씨는 젊은 사람이 겉으로는 성실한 척 하면서 속으로 좋지 않은 생각을 하니까 머리가 희어진 거다.

용이 단번에 용상으로 올라가야지 한 번 떨어지면 이무기, 두 번째는 미꾸라지, 세 번째는 지렁이가 된다.

## 재벌의 역부족과 패퇴, 하지만 그가 남긴 긴 여운

정주영의 국민당은 1992년 대선에서 참패했다. 당선을 확신했던 그가 얻었던 득표율은 16.3%. 김영삼, 김대중에 이은 3위였다.

어찌 보면 정주영의 참패는 사실 그만 모르고 있었을 뿐, 예견된 것이나 다름없었다. 사람들은 그가 내뱉었던 정치권에 대한 격렬한 저주를 듣고 통쾌해했다. 하지만 정치란 그런 쾌감만으로 유권자를 설득할 수 있는 게 아니었다. 유권자의 표를 얻으려면 그들의 마음을 사는 비전이 있어야 했는데, 정주영에게는 그것이 없었다.

한국 재벌 흑역사

유세 과정 내내 "허황된 공약"이라거나 "공약이 일관되지 않다."는 비판이 있을 때마다, 정주영은 논쟁하고 설득하려 하지 않았다. 그는 그저 예의 그 무데뽀 정신을 발휘해 "그들의 머리로는 안 될지 모르지만 나는 할 수 있다. 가난한 농군의 아들로 태어나 현대그룹이라는 세계적 기업을 만든 나를 믿어 달라."고 호소했을 뿐이었다.

정주영은 결정적으로 현대건설 직원들과 유권자의 차이를 알지 못했다. 현대건설에서는 비전을 제시하지 않고도 명령을 하면 직원들이 따랐지만, 유권자들은 그렇지 않았던 것이다.

또 냉정하게 말해 그 동안 정주영이 이뤄냈다고 알려진 수많은 신화들은 사실 노동자들의 희생 위에 세워진 것이었다. 아무리 정주영 스스로가 "나는 자본가가 아니라 돈 많은 노동자"라며 노동자 코스프레를 했다고 해서, 불과 2년 전까지 현대그룹 노동자들을 잔인하게 탄압했던 정주영이 단번에 노동자의 마음을 사는 존재가 될 수는 없었다. 현대그룹 회장일 때에야 노동자들은 정주영에게 '밟아도 시원찮을' 하찮은 존재였지만, 선거에서 그들은 정주영의 운명을 가를 위대한 유권자였다. 정주영 신화의 기반 자체가 노동자들에 대한 착취 위에서 세워진 한, 그는 태생적으로 '돈 많은 노동자'일 수 없었던 것이다.

정주영은 대선 참패 직후 김대중을 찾아 "야권 연대를 통해 김영삼을 압박하자. 부정선거로 몰아가자."며 결기를 세웠다. 하지만 김대중은 정주영만큼 아둔한 인물이 아니었다. 김대중은 정주영에게 "당신은 YS를 모른다.

지금은 물러나야 할 때이지 나설 때가 아니다."라는 말을 남기고 대선 결과가 발표되자마자 즉각 정계 은퇴를 선언했다.

정주영은 이후 김영삼 당선자에게 화해의 제스처를 취하며 정치인으로서의 삶을 연명하려 시도했다. 하지만 안타깝게도 YS는 정주영의 기대와 달리 앙금을 훌훌 털어내는 대인배가 아니었다.

정부가 전방위로 현대와 국민당을 압박하고 나섰다. 결국 정주영은 이듬해 2월 9일 국민당사에서 정계 은퇴를 선언했다. 은퇴를 선언하면서 정주영은 "김영삼, 김대중 씨 등 경쟁 후보를 동반자로 생각하고 칭찬했어야 하는데, 그분들을 공격한 것에 대해 미안하게 생각한다."고 고개를 숙였다. 최소한 현대그룹이라도 건지고자 했던 처절한 심정이 '시련은 있어도 실패는 없다.'는 신념으로 가득 찼던 정주영의 무릎을 꿇게 만든 것이다. 통일국민당도 1994년 박찬종이 이끌었던 신정치개혁당과 합당해 역사 속으로 사라졌다.

재계의 이단아 정주영이 주도했던 경제권력의 정치권력에 대한 직접적 도전은 이렇게 참담한 실패로 막을 내렸다.

결과론적인 이야기지만 어쩌면 정주영은 너무 빨리 경제권력이 지배하는 세상을 꿈꿨는지도 모른다. 1992년은 시기상조였지만, 10여 년만 더 기다렸다면 정주영은 굳이 자신이 나서지 않았어도 경제권력이 자연스럽게 정치권력을 지배하는 모습을 볼 수 있었다.

물론 그가 고령이었기 때문에 성급해진 면이 있었다고 볼 수도 있었지만,

정주영은 늘 "100세까지 똑같은 열정으로 일을 하겠다."는 말을 입에 달고 다녔던 인물이었다. 인내심만 있었다면 충분히 기다릴 수 있었다는 이야기다. 하지만 그는 자신이 나서야 자신이 꿈꿨던 세상, 즉 경제권력이 마침내 세상을 지배하는 세상을 볼 수 있을 것이라고 오판을 한 셈이었다.

정주영의 실험은 실패로 끝났다. 하지만 그의 실험이 한국 사회에서 아무 의미를 남기지 않은 것은 아니었다. 그 실험은 정치권력의 압도적인 힘의 우위가 점차 경제권력으로 넘어오는 사회적 분위기 속에서 이뤄졌기 때문이었다. 그 실험이 이뤄졌다는 점이야말로 두 권력의 역관계가 서서히 변화하기 시작했다는 역사의 신호탄이었다.

이런 관점에서 정주영이 1989년 북한을 방문해 김일성을 만났을 때 했다는 말은 지금 다시 한 번 진지하게 그 의미를 되새겨 볼만하다. 정주영은 국제적으로 고립돼 고전 중이던 김일성을 만나 자신의 가치를 이렇게 설명했다. "우리 현대는 국제 신용도가 높아서 30~50억 달러 정도는 쉽게 동원할 수 있다. 우리 현대와 손을 잡으면 북한이 겪고 있는 외자 도입의 어려움 역시 해결이 가능하다."

그리고 정주영은 이 한마디를 김일성에게 덧붙였다.

"6공화국은 유한하지만, 우리 현대는 영원합니다."

# 정주영의 소떼 방북……
## - 신의 한 수였나, 지옥행 급행열차였나?

500마리 소떼가 몰고 온 비주얼 쇼크

세계적 문명 비평가 프랑스의 기 소르망은 그 장면을 두고 "20세기 최후의 전위예술"이라고 표현했다.

과연 그랬다. 그 장면은 감동적이었고, 장엄했다. 21세기 첨단 정보사회를 앞둔 시절, 20세기 마지막 분단국가에서 농업사회를 상징하는 500마리의 소떼가 판문점을 넘는 모습. 그 장면에는 분단의 한과 통일의 희망이, 정보통신의 미래 비전과 농업사회의 과거 추억이, 정주영이라는 성공한 기업인의 신화와 그의 가난했던 어린 시절의 역경이 모두 공존하고 있었다. 어떤 이들은 활짝 웃었고, 어떤 이들은 벅찬 감동의 눈물을 흘렸다. 1998년 6월 16일, 현대그룹 명예회장 정주영이 충남 서산 농장에서 기르던 소떼 500마리를 이끌고 판문점을 넘어 마침내 북한 땅을 밟은 것이다.

정주영의 소떼 방북은 분단 70년 역사에서 남북한 관계의 새로운 지평을 연 역사적 사건이었다는 평가를 받는다. 정주영은 민간인 최초로 판문점을 공식 통과해 군사 분계선을 넘은 인물이었다. 소떼 방북은 곧 금강산 관광으로 이어져, 민간 분야 외교의 혁신적인 새 장을 열기도 했다. 이런 역사적 의의에 더해 소떼 방북을 더 도드라지게 만들었던 것은 바로 사건을 뒷받침해주는 스토리였다. 소떼 방북에 마치 동화에서나 나올 법한 감동적 이야기가 더해지면서 스토리는 마침내 판타지의 경지로 승화한 것이다.

북한에 고향을 둔 실향민 정주영은 열일곱 살 때 아버지가 소를 판 돈 70원을 훔쳐 세 번째 가출을 한 바 있다. 그랬던 정주영이 이제 83세의 노인이 돼, 66년 전 자신이 훔쳤던 소 한 마리의 아픔을 잊지 않고 마음의 빚을 갚겠다고 나선 것이다.

정주영이 방북을 하면서 몰고 갈 소의 숫자를 1,001마리<sub>정주영은 1차 방북 때 500마리, 2차 방북 때 501마리를 끌고 가 1,001마리를 채웠다</sub>로 정한 것은, 한 마리는 자신이 훔친 소이고 나머지 1,000마리는 그 빚의 이자로 계산을 한 것이었다.

방북 당일 오전 83세의 노<sup>老</sup>기업인은 기자들 앞에서 "한 마리의 소가 1,001마리의 소가 돼, 이제 그 빚을 갚으러 꿈에 그리던 고향산천을 찾아간다."고 말했다. 정주영은 1992년부터 서산 농장에 소 150마리를 사주고 방목을 지시하면서 꿈에 그리던 고향 산천을 소떼와 함께 찾아갈 그날만을 기다렸다고 했다. 아, 이 멋진 판타지에 누가 찬사를 보내지 않을 수 있겠는가? 사실 조금만 냉정을 찾고 생각을 해보면 정주영이 만들어 낸 이 판타지에는 논리적 허점이 없지 않았다. "소를 훔치기는 아버지한테 훔쳤는데, 왜 그 빚을 북한 민중들에게 갚겠다고 나서는 거지?"라고 물으면 대답하기가 다소 난감하기 때문이다. 하지만 소떼 방북이 몰고 온 비주얼 쇼크는 이 정도 논리적 오류를 조금도 문제 삼지 않았다.

정주영의 방북 당일 거의 모든 언론들이 서산에서 소들이 차에 실리는 장면부터 전 과정을 상세히 다뤘다. 〈CNN〉도 이 장면을 전 세계에 생중계할 정도였다. 서산 농장에서 풀 뜯으며 평화롭게 살던 소들은 졸지에 '통일의 염원을 담은 소'가 돼, 온 국민의 뜨거운 환대를 받고 트럭에 올랐다. 적어도 그날 그 순간만큼 대한민국 국민들에게 '평화의 상징'은 비둘기가 아니라 소떼들이었다.

## 김대중과 재벌의 합의, 정주영이 연 첫 번째 지옥문

그로부터 20년 가까운 세월이 흐른 지금도 수많은 분석가들은 소떼 방북이 남긴 남북관계의 진전과 의의에 대한 분석을 남긴다. 그런데 여기서 우리가 주목할 만한 점이 한 가지 있다. 가난한 실향민 출신으로 세계적인 기업가로 성공해 소떼를 몰고 고향을 찾은 정주영의 판타지, 그 판타지가 과연 한국 경제와 현대그룹 자신에게 어떤 결과를 남겼느냐는 것이다.

우리는 지금부터 도대체 왜 정주영이 소떼 방북이라는 판타지를 만들어 냈으며, 그 판타지가 어떤 결과를 낳았는지를 살펴보려 한다. 그리고 보다 차분히 역사를 살펴보면, 정주영의 소떼 방북은 정주영과 현대그룹에게 '신의 한 수'보다 '지옥행 급행열차'에 가까웠다는 사실을 발견하게 된다.

소떼 방북의 정황을 추정하기 위해 먼저 확인해야 할 사실이 두 가지 있다. 하나는 1997년 건국 이래 최초로 선거에 의한 수평적 정권교체가 이뤄졌다는 점이고, 다른 하나는 외환위기의 여파로 1998년 그 어느 때보다 재벌 대기업에 큰 위기가 닥쳤다는 점이다.

1997년 7월, 현대그룹은 위기에 빠진 한보철강 인수를 본격화하며 제철 사업에 진출할 뜻을 드러냈다. 하지만 당시 여론은 현대의 제철 사업 진출에 극히 비우호적이었다. 현대의 제철 사업 경쟁력에도 의문이 따랐고, 시장 포화를 우려한 포항제철도 반대의 의사를 분명히 했다.

이런 판국에 외환위기가 터졌다. 국가 부도 사태가 현실화한 것이다.

대통령 당선자 김대중은 1월 13일 아침부터 4대 재벌 총수들을 모두 불러 모았다. 삼성 이건희, 현대 정몽구, LG 구본무, SK 최종현이 김대중의 호출을 받았다. 김대중은 이 자리에서 4대 재벌에게 획기적인 기업구조조정을 요구했다. 문어발 확장을 자제하고 경쟁력 있는 분야에 집중하라는 요구였다. 4대 재벌 총수들은 그야말로 찍소리도 못했다. 재벌들의 무분별한 확장과 계열사 간 상호 보증이 외환위기를 불러 일으켰다는 여론이 극에 달했을 때였다. 게다가 회의를 주재한 인물은 앞으로 5년의 임기가 보장된 막강 권력의 대통령 당선자였다. 이날 정부와 4대 재벌은 △경영 투명성 제고 △계열사 간 상호 지급보증 해소 △재무구조의 획기적 개선 △핵심 분야 설정과 중소기업과의 협력 강화 △지배주주 및 경영진의 책임 강화 등 5개 항목에 '합의'했다. 기업의 지배구조를 바꿀 때 지배주주가 자기 재산을 내놓고, 경영 부실에 대해 책임을 진다는 내용도 발표됐다.

말이 '합의'지 이건 그냥 재벌을 수술하겠다는 김대중의 통고였고, 총수들은 수술을 앞둔 집도의사 면전에서 수술 동의서에 도장을 찍어준 셈이었다. 지배구조조정에 대해 이건희는 "기업의 사활이 걸린 문제이니 하지 말라 해도 해야 한다."고 맞장구를 쳤고, 구본무도 "이의가 없다.", 최종현도 "100% 동의한다."며 꼬리를 내렸다. 정몽구는 김대중이 조선업계 업황을 묻자 수주 현황을 장황하게 보고하기도 했다.

그런데 이날 오전 조찬 간담회가 끝난 뒤 정주영이 장고에 들어갔다. 정주영은 당시 대부분 그룹 일을 차남 정몽구★에게 맡기고 외형상 현업에서 물러난 상황이었다.

그리고 이날 오후 늦게 현대그룹은 뜻밖의 파격적인 인사를 발표한다. 차남 정몽구를 그룹 회장에 유임한 상태에서, 그룹 부회장이었던 5남 정몽헌을 공동 회장으로 승진시킨 것이다. 한국 재벌 역사상 유례를 찾기 힘든 1그룹 2회장 체제가 모습을 드러냈다.

재계가 받은 충격은 엄청났다. 여태껏 현대그룹의 실질적 후계자는 정몽구라고 여겨졌기 때문이었다. 그래서 그룹 회장 자리도 정몽구에게 넘긴 것이 아니었던가? 그런데 정몽헌을 공동 회장으로 추대해 버리니 현대그룹의 후계구도가 단번에 예측불가의 상황으로 바뀌고 말았다.

그런데 여기서 생기는 한 가지 의문점이 있다. 그때까지 2선으로 물러나

---

★ 정주영의 장남 정몽필은 1982년 불의의 교통사고로 세상을 떠났다. 이후 현대가에서는 차남 정몽구가 사실상 장남 노릇을 해 왔다.

외형상 조용히 살던 정주영이 직접 나서 후계구도를 엉클어버린 것은 둘째 치고라도, 왜 하필 정몽구가 그룹 회장 자격으로 김대중 당선자를 만나 5개 항에 합의를 해 준 그날 정주영이 이런 인사를 지시했느냐는 점이다.

정몽구가 김대중을 만나 '재벌 수술 동의서'에 도장을 찍어준 것이 13일 아침, 정주영이 정몽헌을 공동 회장으로 승진시킨 것은 이날 밤이었다. 누가 봐도 정몽구가 뒤통수를 맞은 형국이었다. 그룹을 대표해 대통령 당선자를 만나 합의까지 하고 왔는데, 그날 밤 졸지에 정몽구는 '그룹을 대표하는 회장'이 아니라 '그룹을 대표하는 회장 중 하나'로 추락해 버린 셈이었으니 말이다.

설혹 정주영이 '정몽구-정몽헌 투톱 체제'를 일찌감치 계획하고 있었더라도, 굳이 그날 이 사실을 발표할 이유는 하나도 없었다. 대놓고 정몽구를 망신주자고 마음먹지 않았다면 말이다.

현대그룹의 발표에 따르면 공동 회장이 된 정몽구는 국내 업무를 전담하고, 신임 회장이 된 정몽헌은 해외 업무를 전담한다고 했다.

그런데 이 발표도 이상한 것이, 두 사람의 업무를 국내-국외로 나눈다면서도 기존에 정몽헌이 관리해 온 현대상선, 현대종합상사, 현대건설, 현대전자 등 8개 주력 계열사의 경영은 계속 정몽헌이 맡는다고 발표했다. 그러니까 자동차를 제외한 알짜는 여전히 정몽헌이 쥐고 있고, 나머지 계열사의 해외 진출 업무도 정몽헌이 맡는다는 이야기였다. 현대그룹의 차기를 노려온 정몽구는 그야말로 낙동강 오리알 신세가 되고 말았다.

재계에서는 이 판단을 "정주영이 김대중과 정몽구에 대해 동시적으로 반감을 표현했다."고 해석했다. 정주영은 살아생전 단 한 순간도 확대를 멈춰본 적이 없는 사람이었다. 심지어 1980년 신군부가 집권하고 국보위가 구조조정을 요구했을 때에도 "나는 내가 키운 기업을 단 한 번도 내놓은 적이 없는 사람"이라고 버틸 정도로 정주영은 '자기 기업'에 대한 욕심이 강한 사람이었다.

그런데 김대중은 4대 재벌 총수들을 불러모아놓고 '기업구조조정을 통한 핵심 분야 집중'을 요구했다. 자칫하면 현대가 추진했던 제철사업을 비롯해 벌여놓은 여러 계열사들을 잃을지도 모르는 판이었다. 정주영은 성격상 이를 용납할 사람이 아니었다.

정주영이 세상에 던진 메시지는 분명해 보였다. 그 첫 번째는 "김대중, 당신이 오늘 아침 만나 합의를 했다는 현대그룹 대표 정몽구는 사실 현대를 온전히 대표하는 사람이 아니다. 정몽구하고 당신이 뭐라고 합의를 했건, 현대그룹의 대표는 나 정주영이고 나는 결코 호락호락하게 사업을 접지 않을 것이다."라는 점이었다. 다른 하나는 "정몽구, 너는 이제 보니 현대를 대표할 그릇이 못 된다. 지금부터 동생하고 피 터지게 경쟁을 해라."는 것이었다.

두 마리의 호랑이는 한 울타리 안에서 살 수 없는 법이다. 어느 조직이건 보스가 둘인 조직은 없다. 정주영은 김대중과 4대 재벌이 구조조정에 합의한 그날, 정몽구를 비토하는 방식으로 반감을 드러냈다. 그리고 이 조치는

나중에 현대그룹 후계구도를 놓고 2세들이 벌인 추악한 '왕자의 난'의 씨앗
이 됐다. 이것이 바로 정주영이 겁도 없이 열어버린 첫 번째 지옥문이었다.

## 정주영의 신의 한 수, 국민의 정부를 강타하다

김대중은 당선자 시절부터 예상대로 재벌들에게 강도 높은 개혁을 요구
했다.

특히 김대중은 국민들 앞에서 재벌들이 먼저 사재를 증자금으로 활용해,
기업을 살리는 데에 솔선수범하는 모습을 보여줄 것을 요구했다. 작은 지분
으로 수 십 개 계열사를 거느리며 떵떵거리지 말고, 증자에 참여해 지분율
도 높이고 어려운 회사의 자금난도 해결하라는 취지였다.

김대중의 의중에 롯데 회장 신격호가 가장 먼저 화답했다. 신격호는
1998년 1월 18일 사재 160억 원을 그룹에 출자하겠다고 밝혔다. 삼성 이건
희도 부동산을 팔고 예금을 깨서 1,380억 원 정도를 유상증자에 쓰기로 했
다.

그런데 재계 순위 100위 권 밖이었던 세풍그룹 회장 고병옥이 갑자기
1,500억 원 상당의 계열사 지분을 회사에 내놓겠다고 나서면서 인수위의
분위기가 돌변했다. 당선자 측에서는 "우리가 언제 재벌들보고 기부하라고
했느냐. 증자에 참여하라는 것 아니냐? 100위 권 밖의 기업도 1,500억 원
을 내놓는데, 내로라하는 재벌들이 지금 뭐 하고 있는 거냐?"는 분노의 목
소리가 터져 나왔다.

이 와중에 현대그룹이 1월 19일 구조조정 안을 발표했다. 그런데 이 발표는 김대중과 인수위의 기대에 못 미쳐도 정말 크게 못 미치는 수준이었다. 우선 현대는 오너 일가의 사재 출자에 대해 일언반구도 하지 않았다.

대신 제철사업 진출을 '유보'하겠다고 발표했다. 사업에서 손을 떼겠다고 약속한 계열사도 고작 〈문화일보〉 하나뿐이었다.

현대의 발표를 들은 김대중이 크게 노했다. 김대중은 즉시 자민련 총재 박태준에게 전화를 걸어 현대의 형편없는 발표에 큰 실망감을 표시했다. 박태준도 당일 기자들을 불러모아놓고 "대기업들이 성의 표시를 해야 한다. 나라 경제를 이 모양으로 만든 것에 책임이 있는 총수들인데, 응분의 조치를 취하는 것은 당연하다. 그런데 지금 발표되는 대기업 구조 개혁 내용을 보면 우리 생각과 거리가 있다."고 독설을 쏟아 냈다. 누가 봐도 현대와 정주영을 겨냥한 독설이었다.

정부의 압박이 거세질수록 정주영은 입을 닫았다. 세간에서는 "재벌개혁과 구조조정 국면에서 정주영이 긴 칩거에 들어갔다."고들 했다. 김대중 정권이 신군부도 아니고, 정주영으로서는 "정권이 또 나를 괴롭혀 계열사를 빼앗으려 한다."고 몽니를 부릴 수도 없는 상황이었다. 정주영에게는 난국을 타개할 묘수가 필요했다.

그 해 5월 1일, 정주영이 마침내 묘수를 들고 나왔다. 1,001마리의 소와 함께 고향을 방문하는 농군의 아들, "소를 몰고 고향으로 가겠다."는 정주영의 판타지가 바로 정주영이 들고 나온 '신의 한 수'였다.

환송회장에서 통일소의 고삐를 잡고 주민들과 현대 직원들에게 손을 흔드는 정주영 회장의 모습
ⓒ 원작: 경향신문 / 제공: 민주화운동기념사업회

이미 1989년 김일성과 만나 극진한 민족기업가 대접을 받은 바 있는 정
주영은 독자 채널을 가동해 북한과 접촉했다. 그리고 먼저 옥수수 1만 톤
지원으로 군불을 땐 뒤, 소떼 방문 의사를 북측에 전달했다.

옥수수는 배에 싣고 오면 되지만 소는 그렇게 할 수 없다. 소는 건강상의
이유로라도 반드시 육로로 이송돼야 한다. 정주영은 소 1,001마리를 내주
면서 북한에 이렇게 외친 셈이다.

"자, 내가 소떼를 몰고 평화의 상징으로 북한을 방문하겠다. 육로를
열어다오!"

재벌 개혁만큼이나 남북관계 개선을 중시했던 김대중 정부로서도 현대의 이런 행보를 반대할 이유가 없었다. 아니 반대할 이유가 없는 정도가 아니라 불감청고소원不敢請固所願, 정주영에게 절이라도 해야 할 판이었다. 게다가 소떼 방북이 성사만 되면 사실상 분단 이후 처음으로 남북한의 육로가 개방되는 역사적 진전을 얻을 수 있었다.

판문점을 평화의 상징보다도 분단의 상징으로 남겨두고 싶어 했던 북한도 결국 정주영의 요청을 받아들였다. 심각한 식량난을 겪던 북한으로서는 소 1,001마리라는 현실적 이익도 거부하기 어려웠지만, 무엇보다 '각이 잘 맞는' 정주영을 통해 경제적 이익을 얻을 기회를 적극 활용하고 싶어 했던 것이다. 북한이 마침내 소떼가 지나갈 육로를 개방하면서, 정주영이 기획한 장엄한 판타지는 현실 속의 그것이 됐다.

장고 끝에 들고 나온 정주영의 '신의 한 수'는 국민의 정부와 현대의 껄끄러운 관계를 단번에 복원시켰다. 그 동안 정주영과 현대를 압박했던 재벌개혁 이야기는 쏙 들어갔다.

북한은 소떼를 몰고 온 정주영에게 김정일을 '알현'할 기회를 부여함으로써, 정주영에게 엄청난 힘을 실어 주었다. 김대중 정부조차 방북 결과 보고를 듣기 위해 정주영의 입만 쳐다볼 수밖에 없는 상황이 만들어졌다.

정주영은 그렇게 '외환위기의 책임이 있는 재벌 총수'에서 단번에 '통일의 화신'으로 거듭났다. 정주영은 그 험악했던 1998년 재벌개혁의 칼날을 멋지게 피해 나간 것이다.

한국 재벌 흑역사

## 독주, 또 독주……'현대 공화국' 시대의 개막과 몰락의 전조

1998년 10월, 현대차의 기아차 인수가 확정됐다. 자동차 마니아 이건희의 집착에도 불구하고 기아차는 이건희가 아니라 정주영의 품에 안겼다. 뒤이어 추진된 각종 빅딜에서도 현대는 그야말로 독주, 또 독주하는 모습이었다.

LG는 공들였던 반도체를 내놓아야 했다. 사실 재벌들 가운데 문어발식 확장과는 비교적 거리가 멀었던 LG는, 공들였던 반도체를 통째로 내놓는 것이 못내 억울할 수도 있었다. 게다가 LG그룹의 주력은 전자여서 반도체는 충분히 그룹 내에서도 시너지를 기대할 수 있었다. 하지만 정부가 미온적 태도를 보였던 LG에 강력한 경고를 날리자 구본무는 "아쉽지만 넘기겠다."며 백기를 들고 말았다. LG반도체를 넘겨받기로 한 현대가 그 대가로 내놓은 기업은 '고작' 데이콤이었다.

또 정부는 방위산업의 특수성을 이유로 대우중공업의 독점 사업권을 인정했던 중형잠수함 도입 사업을 갑자기 경쟁 체제로 바꿨다. 현대중공업이 이 사업에 참여할 기회를 터 준 것이었다. 현대중공업은 "오랜 숙원이 풀렸다."며 샴페인을 터뜨렸다.

게다가 현대는 향후 6년 간 금강산 관광 독점 사업권도 따냈다. 기아차와 함께 아시아자동차를 인수하는 데에도 성공했다. 같은 해 9월 현대정유는 매출 3조 원의 한화에너지를 삼키며 덩치를 불렸다.

이듬해 1월 〈한겨레신문〉이 '1대 재벌 현대 해부, 확장 독주 비결 무엇인가?'라는 시리즈 기사를 연재할 정도로 현대의 위세는 대단했다. 국민의 정부 시대에 현대는 명실상부한 대한민국 원톱의 자리에 오른 것이다.

앞에서도 밝혔듯이 정주영은 평생 사업을 확장만 해 온 사람이었다. 외환위기와 국민의 정부 등장은 그런 정주영에게 분명한 시련이었다. 하지만 정주영은 이 시련을 소떼 방북 판타지로 단번에 역전시킨 뒤 예의 그 무데뽀 정신으로 다시 한 번 확장 가도를 달렸다. 현대는 혹시 정부가 서운해 할새라, 부실덩어리였던 한남투신을 기꺼이 인수함으로써 정부의 심기를 안정적으로 관리하는 '현명함'도 잃지 않았다.

그렇다면 소떼 방북의 판타지가 과연 현대와 정주영에게 행복한 결말을 안겨 주었을까? 우리가 확인하고자 하는 것이 바로 이 부분이다.

정주영은 확장은 할 줄 알았지, 관리를 할 줄 아는 경영자가 아니었다. 삼성이 이병철 시대부터 '관리의 삼성'으로 불렸던 것과 달리, 정주영의 현대는 '지르고 수습하는' 일에 익숙한 자들이었다.

하지만 생각해보자. 1998년 한국 사회의 중요한 화두였던 재벌 개혁이 김대중 개인의 욕심에 의해 시작되었던 것인가? 김대중이 재벌을 미워해 그들을 길들이기 위해 꺼내든 칼이었느냐 말이다.

천만의 말씀이다. 그것은 그 시대가 한국 사회에 절실히 요구했던 중요한 경제개혁의 화두였다. 한 번의 꼼수로 그것을 회피할 수는 있어도, 그 회피는 결국 더 큰 재앙으로 돌아올 수밖에 없는 구조가 이미 형성된 것이다.

정주영은 매출 7조의 기아차─아시아차를 삼켰고, 매출 3조 원의 한화에

너지를 삼켰으며, 매출 2조 원의 LG반도체를 삼켰다. 그런데 그 엄청난 기업들을 삼킬만한 여력이 현대에게 있었을까? 대답은 "아니올시다."였다.

LG반도체까지 삼킨 현대그룹의 수익성은 1999년 말부터 눈에 띄게 나빠졌다. 정주영은 이제 핵심 가신 이익치가 밀어붙인 바이 코리아 열풍에 기댈 수밖에 없는 처지가 됐다.

현대증권 회장 이익치는 바이 코리아 펀드 열풍을 일으키며 그룹 계열사 중 유일하게 돈을 쓸어 담는 위치에 올랐다. 이익치는 정주영을 만나 "회장님, 오늘은 얼마를 벌었습니다."라며 자랑을 늘어놓았고, 정주영은 "이제는 금융으로 돈을 벌어야 할 때"라는 이익치의 말을 믿고 그를 점점 의지했다. 이익치를 끔찍이 싫어했던 6남 정몽준의 마음에 불만이 싹텄다. 차남 정몽구도 그룹 후계자로 정몽헌을 대놓고 밀어준 이익치와 아버지를 불신했다. 정주영이 1998~1999년 집어 삼킨 수많은 기업들, 그것은 바로 정주영이 겁도 없이 열어젖힌 두 번째 지옥문*이었던 것이다.

돌이켜보면 정주영의 소떼 방북은 오늘날 남북 관계를 한 차원 높은 단계로 진전시킨 의미 있는 사건으로 충분히 평가할 만하다. 하지만 경제적으로는 결국 정주영과 현대를 자멸로 이끈 독으로 작용했다. 국민의 정부 초반 한국사회의 원톱으로 떠올랐던 현대그룹의 몰락이 이렇게 시작되고 있었다.

---

★ 역사의 아이러니지만 이건희가 김대중의 압력을 이기지 못하고 삼성자동차를 토해낸 것은 삼성에게 행운(이건희에게는 비극이었겠지만)이었다. 그룹의 역량을 오너의 취미가 아닌, 자신들이 잘 할 수 있는 일(전자)에 집중할 수 있는 계기가 됐기 때문이다.

# 아비도, 형제도 몰라본 가족들의 이전투구
## - 현대그룹 왕자의 난

### "해봤어?" 정신과 "해봐서 아는데" 정신

현대그룹과 정주영이 오늘날 우리 사회에 남긴 정신적 유산 중 대표적인 것을 꼽자면 "이봐 채금자, 해봤어?" 정신과 "내가 해봐서 아는데……." 정신을 들 수 있을 것이다.

채금자는 '책임자'를 부르는 정주영 특유의 발음. "채금자, 해봤어?"는 해보지도 않고 안 될 것이라고 우려하는 현장 책임자를 질타하는 정주영 특유의 뚝심을 나타내는 발언이다. 하지만 이는 현대 경영학의 정신으로 보면 매우 위험한 발상이기도 하다. "채금자, 해봤어?" 정신은 "무조건 된다는 생각으로 밀어붙여라."는 결론을 도출하기 쉽기 때문이다.

경영자의 가장 중요한 덕목은 예측하고 대비하는 것이다. 기업에 있어서 성장만큼 중요한 것이 리스크 관리다. 정주영의 현대가 한때 성공 가도를 달려서 그렇지, '무조건 하면 된다.'는 정신으로 밀어붙이다가 사업을 말아먹은 기업의 사례는 셀 수 없을 정도로 많다. 인간에게 두뇌가 있고, 인간이

학습을 하는 이유는 일을 벌이기 전에 상황을 파악하고 미리 결과를 예측하는 과정을 거쳐야 하기 때문이다.

"내가 해봐서 아는데……." 정신은 현대그룹 정신의 승계자로 불리는 17대 대통령 이명박의 전매특허였다.

이 정신은 어떻게 보면 "채금자 해봤어?" 정신의 결과물이라 불릴 만하다. "해봤어?" 정신을 바탕으로 너무나 많은 일을 해본 한국의 재벌들은 자신이 거의 모든 일에 대해 잘 알고 있다는 착각을 한다. 자신의 판단이 오류일 가능성을 애초에 상정하지 않는 것이다. 그러니 모든 일에 시시콜콜 간섭을 한다. 그리고는 항상 "그거 내가 옛날에 해봐서 아는데"라며 아는 척을 한다. 자신의 권위가 전문성을 충분히 대체할 수 있다고 믿는다.

"내가 예전에 데모 해봐서 아는데", "내가 예전에 노점상 해봐서 아는데", "내가 서울시장을 해봐서 아는데", "내가 배를 만들어봐서 아는데", "나도 비정규직이었던 때가 있어서 아는데", "내가 비즈니스를 해 봐서 아는데", "나도 환경미화원을 해봐서 아는데"이보다 훨씬 많지만 지면 관계상 생략한다, 등등 이명박은 시도 때도 없이 "해봐서 아는데"를 남발하며 경력 종결자다운 모습을 보였다. 자신의 경험이 전문가의 지식이나 집단의 지성을 누를 수 있다고 믿는 착각. 이 착각은 뜬금없이 "우리도 닌텐도 같은 게임기를 개발하자."는 엉뚱한 발상일명 '명텐도 사건'으로 이어진다. 서글픈 사실은 이런 엉터리 발상이 그냥 개그로 끝나면 괜찮은데, 그래도 저것이 대통령의 말씀이어서 지식경제부가 차세대 게임기 개발을 위한 원천 기술에 투자하겠다며 혈세 60억 원을 쓰겠다고 나선 것이다. 리더가 신중하지 않으면 이런 일이 벌어지기 마련이다.

김대중 정부와 밀월을 시작해 명실상부한 재계 원톱에 오른 현대그룹. "채금자, 해봤어?" 정신을 바탕으로 1999년 현대가 얼마나 많은 일을 하고 있었는지를 잠시 살펴보자. 당시 현대는 자동차, 전자, 건설, 중공업, 증권, 상선, 종합상사 등 기본적인 주요 계열사들을 빼고도 동서관광개발, 주리원, 울산방송, 한무쇼핑, 현대쇼핑, 한국프랜지, 서한산업, 현대리바트, 현대알루미늄, 신대한, 현대종합금융, 현대정유판매, 한소해운, 문화일보, 현대자원개발, 서울프로덕션, 선일상선, 현대우주항공 등 무려 79개의 계열사를 거느리고 있었다. 사업 영역도 백화점, 홈쇼핑, 관광, 신문, 방송, 가구에 이르기까지 다루지 않는 분야가 없을 정도였다. 재벌의 이런 행태를 당시에는 '문어발식 확장'이라고 불렀는데, 사실 이는 문어에게 매우 모욕적인 표현이었다. 실제 문어발은 8개밖에 되지 않기 때문이다. 아무리 오너가 "해봤어?"를 남발했다 해도, 10마리 문어발에 해당하는 79개 계열사 숫자는 전혀 상식적인 상황이 아니었다는 이야기다. 이렇게 많은 일을 했기 때문에 이 그룹 출신 이명박이 "내가 해봐서 아는데"를 남발하는 것이다.

## 다 해봤더니 남은 것은 경영난

1999년 9월 15일 이헌재 금융감독위원장이 기자들 앞에 섰다. 그리고 그는 "현대그룹 자금 악화설이 시중에 나도는데 문제가 없다고 본다. 현대 계열사 중에는 흑자 회사가 많고, 국제경쟁력도 갖추고 있어 자금난에 빠진 대우그룹과는 차원이 다르다."고 강조했다.

경제 관료들의 이야기를 오래 지켜본 사람들은 짐작하겠지만, 책임 있는 경제 관료가 "어렵다는 소문은 사실이 아니다."라고 공식적으로 부인하면 '어렵다는 소문'은 사실일 가능성이 매우 높다. 어렵지 않다면 경제 관료가 언급을 할 이유가 없기 때문이다. 1999년 하반기 현대그룹의 자금 악화설이 경제 관료 입에서 거론됐다는 사실 자체가 바로 현대그룹의 위기를 방증하는 것이었다. 현대그룹의 자금난이 사실로 드러나기까지는 그로부터 채 1년이 걸리지 않았다. 이듬해 5월 외환은행이 "자금난을 겪고 있는 현대건설에 500억 원을 긴급 지원한다."고 밝히면서 소문은 현실이 됐다.

이용근 금융감독위원장이 나서 "현대그룹의 자금 문제는 그룹 전체 문제가 아니라 현대건설의 단순한 자금 수급상 문제이며 다른 계열사와는 무관하다. 외환은행이 지원한 500억 원 정도면 충분할 것"이라고 진화에 나섰지만 이 역시 며칠도 지나지 않아 '뻥'이었다는 사실이 드러났다. 바로 다음 달인 6월 만기가 다가온 기업 어음이 3,000억 원이었는데, 현대는 이를 지불할 능력이 없었다. "500억 원 정도면 충분할 것"이라던 이용근의 발언을 비웃듯, 외환은행의 긴급 지원액은 삽시간에 3,000억 원 규모로 불어났다.

이익치가 앞장서 덩치를 불렸던 현대투신의 부실 문제가 세상에 알려졌고, 현대건설, 현대상선 등 주력 계열사의 산더미 같은 부채 규모가 속속 공개됐다. 금융권은 현대그룹 계열사에 추가 대출의 문을 닫아버렸다. 불안

감에 빠진 삼성그룹 계열사인 삼성카드와 삼성캐피탈 등이 갑자기 현대상선으로부터 2,000억 원이 넘는 돈을 회수하면서 금융권에서 현대그룹의 신뢰도는 바닥으로 떨어졌다. 이 와중에도 현대는 '무데뽀 확장'의 못된 습관을 고치지 못한 채, 자금난에 시달리는 현대아산을 돕기 위해 현대건설과 현대상선 등 계열사들이 앞장서 1,357억 원이나 되는 증자금을 현대아산에 쏟아 부었다. 당장 돈이 없어서 어음도 못 막는 주제였던 계열사들이 현대아산을 돕겠다며 귀중한 현금을 뿌려댄 것이다.

혹자는 현대그룹의 유동성 위기가 이 해 3월 벌어졌던 2세들의 경영권 분쟁, 이른바 '왕자의 난' 때문에 발생한 것이 아니냐는 해석을 하기도 한다. 하지만 이는 본말이 완전히 전도된 해석이다.

2000년 5월 현대그룹의 유동성 위기는 외환위기에도 불구하고 문어발 확장을 지속해 온 현대의 내재적 문제였다. 1999년 이헌재가 현대그룹 자금난을 언급했던 것만 보아도, 현대는 이미 곪을 대로 곪아가고 있었던 것이다. 오히려 이런 현대그룹의 자금난이 이 해 3월 발생했던 왕자의 난의 원인으로 작용했다고 보는 것이 더 적절한 분석일 것이다. 정주영의 "채금자, 해봤어?" 정신은 1970년대 개발독재 시대에는 먹혔던 경영이었을지 몰라도 외환위기를 거치며 순수 시장경쟁 체제로 돌아선 고도 자본주의 사회에서는 먹힐 수가 없는 경영이었다. 적어도 현장의 상황을 잘 아는 채금자책임자라면 "해봤어?"라는 정주영의 말에 "그걸 꼭 해봐야 아십니까? 안 해봐도 안 되는 일이라는 걸 왜 모르십니까?"라고 말렸어야 했던 것이다.

한국 재벌 흑역사

## 이익치를 둘러싼 형제들의 상반된 시선

2000년 3월 14일, 정몽구, 정몽헌 두 공동회장 체제의 불안한 동거를 지속해온 현대그룹에서 마침내 사단이 터졌다.

정몽헌이 해외 출장을 간 틈을 타서 정몽구가 '정몽헌의 오른팔'로 알려진 현대증권 회장 이익치를 기습적으로 고려산업개발 회장으로 전보시킨 것이다. 이튿날인 15일 정몽헌은 즉시 이 인사를 보류하도록 지시한다. 그리고 24일 정몽헌은 현대그룹 구조조정위원회의 결정을 앞세워 공동회장이자 맏형 격인 정몽구를 면직해버렸다. 한국 기업 역사에서 이른바 '왕자의 난'이라는 이름으로 기록된 첫 사건이 마침내 시작된 것이다.

그런데 여기서 흥미로운 점은 정몽구─정몽헌의 골육상쟁이 이익치라는 인물의 인사 문제에서 출발했다는 사실이다. 현대그룹 왕자의 난에서 이익치는 변수가 아니라 상수였다는 뜻이다.

'무데뽀 정신의 전통을 세운 정주영, 그리고 그의 추종자가 남긴 족적'에서도 언급한 바 있는 이익치는 '리틀 정주영'으로 불렸던 인물이었다. 이익치 스스로도 자신을 '정주영과 가장 비슷한 전문경영인'이라고 생각했다. 현대건설과 정주영 비서실을 거친 이익치는 증권을 맡으면서도 "금융은 건설이다."는 말도 안 되는 모토를 앞세워 바이 코리아 펀드 열풍을 일으켰다. 이익치는 "채금자, 해봤어?"라는 정주영의 철학을 가장 잘 이해한 사람, 아니 오히려 "회장님. 우리 이것도 하고 저것도 해 보시죠."라며 정주영을 부추겼을 사람이었다.

1998년 공동회장 체제가 갖춰진 이후 이익치는 맏형 격인 정몽구가 아니라 5남 정몽헌의 편에 섰다. 그리고 정몽헌과 정주영에게 "이제는 금융을 통해 돈을 벌어야 한다. 삼성을 봐라. 금융이 강하니 그룹이 번창하는 거 아니냐."라며 자신의 역할을 과대 포장했다. 노쇠한 정주영은 병석에서도 이익치를 불러 함께 TV연속극을 볼 정도로 그를 끔찍이 아꼈다. 1999년 이익치가 주가조작 혐의로 구속됐을 때에도, 정주영은 "다 익치가 그룹을 위해 희생한 일"이라며 이익치에 대한 신뢰를 거두지 않았다.

현대그룹 내부에서는 정몽구와 정몽헌의 피 튀기는 경쟁이 진행 중이었다. 하지만 판세는 점차 정몽헌 쪽으로 기울었다. 의사 결정권을 쥔 정주영의 옆에는 이익치가 있었고, 이익치는 정몽헌의 후견인이었다. 세간에서는 이익치가 정몽헌을 밀어주고, 그 대가로 현대증권 등 현대그룹 금융계열사를 받기로 했다는 소문까지 나돌았다. 정몽구가 대세를 되돌리기 위해 이익치부터 제거하려 했던 것도, 정몽헌이 형을 면직시키면서까지 이익치를 지키려 했던 것도 다 이런 이유가 있었기 때문이었다.

이익치는 고려산업개발 회장으로 전보된 지 10일 만인 24일 정몽헌을 '대동'하고 가회동 정주영 집을 방문했다. 그리고 이날 현대그룹 구조조정본부는 "정몽구 공동 회장을 그룹 회장직에서 면직한다. 앞으로 정몽구 회장은 자동차 경영에 전념할 것"이라며 정몽헌 단독 체제의 출범을 알렸다. 적장의 가신을 먼저 치는 방식으로 그룹을 장악하고자 했던 정몽구의 쿠데타는 이렇게 처참하게 실패로 돌아가는 듯 보였다.

"니 아비의 서명이 여기 있다!" vs

"무슨 소리냐, 니 아비가 여기 있다!"

정몽헌은 27일 자신이 그룹 단독 회장에 취임하는 사실을 선언하는 기자 회견을 열 예정이었다. 형의 쿠데타를 가뿐히 제압한 정몽헌과 이익치 등 가신들 얼굴에는 승리를 만끽하는 표정이 가득했다. 27일 정몽헌이 기자회 견을 열면 현대그룹의 공식 승계자는 꼼짝 없이 정몽헌으로 굳어질 판이었 다.

기자회견을 하루 앞둔 26일, 정몽구가 뒤집기를 시도하고 나섰다. 이날 오전 정몽구는 단독으로 가회동 정주영의 집을 방문해 30분 정도 아버지와 면담을 가졌다. 그리고 그날 오후 2시 반, 현대자동차 홍보팀 직원들이 기 자회견을 갖는다는 급보를 언론사에 긴박하게 타전했다.

정몽헌이 이끌던 현대그룹은 계동 현대그룹 본사 사옥 출입을 봉쇄했다. 현대그룹은 이에 대해 "보안 공사를 하느라 외부 출입을 막았다."고 설명했 지만, 누가 봐도 정몽구의 기자회견을 사전에 막으려는 시도였다.

정몽구는 계동 사옥이 아닌 조선호텔 연회장에 모습을 드러냈다. 그리고 정몽구의 측근이었던 현대차 기획조정실장 정순원은 자랑스러운 표정으로 이렇게 말했다.

"정몽구 회장을 현대 회장직에서 물러나게 한 24일의 인사는 정주 영 명예회장의 명에 의해 철회됐습니다."

정순원은 그러면서 한 장의 문서를 기자들에게 내밀었다. 정몽구를 그룹 회장에 유임시킨다는 내용의 문서였다. 그리고 그 문서에는 정주영의 서명이 적혀 있었다. 그룹 회장직을 빼앗길 처지에 있었던 정몽구가 "보아라, 우리에게는 아버지의 서명이 적힌 문서가 있다!"며 자신의 건재를 선언한 것이었다.

오후 5시 55분, 현대그룹 구조조정본부가 반박 기자회견을 열었다. 구조조정본부는 "현대차가 외부 호텔에서 발표한 내용은 전혀 사실이 아니다. 이는 오늘 오후 5시 정몽헌 회장이 직접 명예회장께 확인한 사실이다."고 발표했다. 아버지의 서명을 무기로 들고 나온 정몽구를 향해 "너희 아버지한테 물어보니까 그런 적 없다는데?"라며 반격을 한 것이다.

오후 7시 반, 정몽구 측<sup>현대차</sup>이 다시 이를 반박하고 나섰다. "구조조정본부가 발표한 내용은 물적인 증거가 전혀 없어 신뢰할 수 없다. 그들은 지금 명예회장의 친필 서명마저 부인하려는 것이냐?"라며 '아버지 서명'의 정당성을 밀어붙였다.

그 서명은 누가 봐도 정주영의 것이었다. 정몽헌 측은 이 영문 모를 아버지의 서명에 당황한 나머지 "서명은 명예회장의 것이 아니다."라는 반박을 내놓지 못했다. 다만 "정몽헌 회장이 명예회장께 직접 여쭤보니, 그런 문서에 서명을 한 적이 없다는 뜻으로 명예회장께서 손으로 X표시를 했다."거나 "서명이 정 명예회장의 것은 맞는데, 아마도 명예회장이 너무 연로해 무슨 서류인지도 모르고 서명을 한 것 같다."는 궁색한 변명만 내놓았다.

하지만 이런 변명으로 '정주영의 친필 서명'을 뒤집을 수는 없었다. 현대는 모름지기 정주영의 한마디가 곧 법으로 여겨지는 그룹이었다. '법 그 자체'인 정주영이 서명을 했다는데, "아버지 정신이 혼미해서"라고 반격하는 것은 충효를 제일의 덕목으로 아는 한국 사회의 정서에도 안 맞고, 논리적으로도 근거가 충분치 않았다.

밤새 여론전에서 심각한 타격을 입은 정몽헌 측은 이튿날인 27일 이 모든 상황을 뒤집을 결정적 한 수를 들고 나왔다.

"아버지의 서명이 여기 있다!"고 주장하는 형에게 정몽헌은 "무슨 소리? 아버지가 여기 있다!"며 몸이 불편한 정주영을 이끌고 현대그룹 사장단 20여 명이 참석한 현대경영자협의회에 등장한 것이다.

그리고 이 자리에서 정주영은 정몽구에게 "너는 자동차나 잘 경영하라."고 못을 박아버렸다. 정몽구도 결국 "여기 모인 사장단은 몽헌 회장을 도와 열심히 일을 해 달라"는 항복 선언을 남기고 물러서야 했다. 아비도 몰라보고, 형제도 몰라본 이 경우 없는 싸움은 정주영의 등장으로 이렇게 마무리되는 듯 했다.

## 3부자 동반 퇴진? 그룹 분할로 마무리된 이전투구

사실 지금까지 진행된 과정만으로도 현대 가문 3부자의 모습은 충분히 추악했다. 현대 가문은 여기서 싸움을 멈췄어야 했다.

그런데 이 싸움은 이렇게 마무리되지 않았다. 자동차를 정몽구에게 떼어

주고, 중공업을 정몽준에게 떼어준 정몽헌은 외견상 나머지 그룹을 장악한 것처럼 보였지만 속으로 곪아가고 있었다. 자동차와 중공업은 현대그룹 수십 년 역사에서 보기 드물게 매년 이익을 내는 캐시카우였다. 반면 정몽헌이 통째로 물려받은 현대그룹 주요 계열사들은 부실 덩어리였다.

우선 현대투신이 대우채 등 부실채권을 잔뜩 인수한 것이 현대그룹의 첫 번째 부담이었다. 현대아산과 현대상선이 주도했던 대북사업 적자 폭도 눈덩이처럼 불어나는 중이었다. LG반도체 등을 삼키면서 물어야 했던 수 조 원대의 현찰을 메울 방법도 없었다. 여기에 현대건설의 단기 유동성 문제가 불거지자 금융권이 대거 대출자금 회수에 나서면서 현대그룹은 삽시간에 유동성 위기에 빠졌다.

사람들은 한국의 원톱 재벌 현대가 이처럼 빠른 속도로 몰락하는 모습을 보고 놀라워했지만, 사실 이 위기는 "채금자, 해봤어?" 정신으로 앞뒤 안 가리고 몸집을 불려온 정주영 호의 숙명과도 같은 것이었다. 정주영과 현대는 외환위기 직후 기업지배구조를 정돈할 마지막 기회마저 스스로 걷어차 버린 판이었다.

현대건설 자금난으로부터 촉발된 현대그룹 전체의 위기는 막 출범한 정몽헌 호를 위태롭게 만들었다. 김대중 정부도 그제야 자신들이 현대를 너무 방치했다는 사실을 깨달았다. 금융감독위원장 이용근은 5월 27일 공식적으로 "현대는 시장이 신뢰할 만한 조치를 내놓아야 한다."며 정몽헌을 압박했다. 금융권도 정몽헌에게 "빨리 그룹 회생 방안을 내놓아라. 구조조정을 제대로 하지 않으면 자금줄을 끊겠다."고 위협하고 나섰다.

불과 1년 전까지만 해도 현대의 든든한 뒷배가 돼주었던 정부의 태도 돌변이 현대 입장에서 못내 서운할 수도 있었을 것이다. 하지만 당시 김대중은 현대 아니라 현대 할아버지라도 사정을 봐줄 겨를이 없었다. 겨우 외환위기의 급한 불을 껐나 싶었던 상태에서 대우그룹 위기가 터졌기 때문이었다. 현대마저 대우 꼴이 나면 김대중 정부는 자신의 최고 강점으로 내세웠던 경제 분야에서 그야말로 역사에 남을만한 참패의 성적표를 손에 쥘 판이었다.

정몽헌에게는 탈출구가 필요했다. 이미 현대는 현대차와 현대중공업을 그룹에서 계열 분리하겠다고 약속한 상황. 하지만 현대의 위기는 그룹 내에서 최고의 캐시카우인 현대차와 현대중공업의 지원 없이는 넘어갈 수 없을 정도로 악화돼 있었다.

마침내 정몽헌이 결심을 굳혔다. 형과 동생에게 나눠주기로 했던 현대차와 현대중공업을 다시 되찾아 오겠다고 말이다.

정몽헌은 5월 31일 현대건설 사장 김윤규와 함께 정주영을 방문해 자신의 묘수를 설명했다. '정주영과 정몽헌, 정몽구 3부자의 동반 퇴진'이 정몽헌이 들고 나온 아이디어였다. "그룹을 살릴 수 있는 유일한 방안"이라는 정몽헌의 압박에 정주영이 결국 이 안을 수락했다. 이날 오후 2시 15분 현대그룹 구조조정 위원장 김재수가 "현대그룹이 맞은 경영 위기에 대해 책임을 지고 정주영, 정몽구, 정몽헌 3부자가 동반 퇴진한다."고 발표했다.

정몽헌의 3부자 퇴진 방안이 노리는 바는 분명했다. 아버지 정주영이야 어차피 자신에게 모든 일을 일임하고 2선으로 물러선 상황, 그리고 자신은 일선에서 물러나더라도 그룹 지배구조 정점에 있는 현대아산 등 주요 계열사의 최대주주로서 충분히 그룹을 지배할 수 있었다. 즉 3부자 퇴진이 겨냥한 목표점은 바로 현대차의 오너 정몽구의 퇴진이었던 것이다.

정몽헌은 3부자 동반 퇴진을 추진하면서 현대차와 현대중공업을 되찾을 계획을 치밀하게 실천에 옮겼다. 우선 정몽헌은 아버지 정주영이 보유했던 현대건설11.1%, 현대중공업4.1%, 현대상선2.7% 지분의 대부분을 자신과 자신이 대주주로 있는 현대건설 및 현대상선 앞으로 돌려놓았다. 그리고 아버지 정주영에게는 지분을 매각한 돈으로 현대차의 지분을 6.8%나 사들이도록 했다.

이 거래를 통해 정몽헌은 단번에 정몽준을 누르고 현대중공업의 지배주주에 올랐고, 아버지 정주영은 정몽구를 누르고 현대차의 지배주주에 올랐다. 정주영-정몽헌 부자가 마음만 먹으면 차남과 6남에게 넘기기로 했던 현대차와 현대중공업을 되찾아 올 기반을 마련한 것이다.

비밀작전처럼 진행된 이 같은 지분 이동 소식이 3부자 동반 퇴진 뉴스와 함께 세간에 알려지자 정몽구와 정몽준이 펄쩍 뛰었다. 그렇지 않아도 동생에게 그룹을 빼앗겼다고 믿던 정몽구는 현대차마저 동생이 가져가려 하자 격렬히 반발했다. 특히 "현대그룹 경영 위기에 책임을 지고" 대목에서 정몽구는 격한 언사를 사용하며 분노를 표시했다. 현대차 내에서도 "경영 위기는 몽헌 회장 쪽 회사들에서 비롯된 것인데, 왜 계열 분리가 예정된 현대차의 몽구 회장이 퇴진해야 하느냐?"며 반격했다.

정몽구는 즉각 동반 퇴진을 거부하고 경영권 분쟁에 대비해 우호 세력을 모았다. 또 정몽구는 "현대차그룹은 정부와의 약속대로 현대그룹으로부터 분리해 독립한다."는 점을 분명히 함으로써 여론의 지지를 유도했다.

현대차그룹에 속한 각 회사들도 이사회와 사장단 회의를 잇달아 열고 정몽구 회장의 유임을 선포하며 전의를 다졌다. 세간의 여론도 "아무리 그래도 정몽구가 맏형인데 한번 줬던 자동차까지 빼앗는 건 너무 한 거 아니냐."며 정몽구 쪽에 동정적인 방향으로 흘렀다. 현대중공업을 빼앗길 위기에 처한 정몽준도 "당장 이 일을 주도한 이익치를 내쳐야 한다."며 맏형의 편에 섰다.★

형제들의 싸움은 경영권 분쟁으로 번질 가능성이 높아졌다. 주주총회에서 표 대결을 통해 누가 현대차와 현대중공업의 진정한 주인이냐를 가려야하는 상황이 온 것이다.

그런데 이 싸움은 의외로 싱겁게 막을 내렸다. 현대그룹이 정부의 구조조

★ 이 일이 있기 전까지만 해도 정몽헌과 정몽준의 사이는 나쁘지 않았다는 게 주변 인사들의 한결같은 증언이다. 정몽헌은 "형제 중 몽준이와 제일 친했다."고 늘 주위에 이야기했고, 정몽준 또한 "나는 어렸을 때부터 몽헌이 형과 같은 방을 썼다."며 형에 대한 살가운 애정을 표현해 왔다. 하지만 두 형제의 우정은 이 시점에서 완전히 파국을 맞았다. 정몽준은 이익치가 자신과 형의 사이를 이간질한 인물이라고 굳게 믿었는데, 이 때문에 정몽준과 이익치는 그야말로 '개와 고양이' 사이가 돼버렸다. 2001년 정주영이 세상을 떠나자 이익치가 빈소를 방문했는데, 정몽준이 "당신은 여기 왜 왔어!"라며 이익치를 쫓아냈다는 이야기는 유명한 일화다. 이익치는 2002년 정몽준이 대선 출마를 선언했을 때 '현대전자 주가조작 배후가 정몽준'이라는 점을 암시하는 기자회견을 열어 정몽준의 뒷덜미를 잡기도 했다.

정 압박에 계열 분리를 하겠다고 약속을 했던 점이 문제가 됐던 것이다. 현대가 약속대로 계열사를 분리하려면 현대그룹은 현대차와 현대중공업의 지분을 일정 수준3% 이상 가져서는 안 됐다.

이때 정몽헌이 들고 나온 꼼수가 바로 한국 재벌 역사상 유례를 찾아보기 힘든 '역逆 계열분리'라는 희한한 방안이었다.

원래 계열분리라 하면 모기업이 그룹에 남고, 분리할 기업을 그룹에서 떼어 내는 게 정상이다. 그런데 이렇게 하면 모기업은 분리된 기업의 지분을 3% 이상 들고 있어서는 안 된다. 이렇게 돼서야 정몽헌은 캐시카우인 현대차와 현대중공업을 지배할 수가 없다.

정부와의 약속대로 계열 분리는 해야겠고, 현대차와 현대중공업은 빼앗길 수 없고……. 분리는 해야 하는데 분리를 하면 안 되는……, '분리인 듯, 분리 아닌, 분리 같은' 분리를 위해 정몽헌이 듣도 보도 못한 '역 계열분리'라는 방식을 내세운 것이다.

정몽헌의 방안은 이랬다. 현대차와 현대중공업을 모기업으로 남기고, 자신이 이끄는 현대건설 등을 되레 그룹에서 탈퇴시키겠다는 것이다. 분리할 기업을 모기업에 남기고, 모기업 역할을 해야 할 기업을 분리한다? 세상에 이런 황당한 계열 분리가 어디 있을까?

정몽헌 입장에서 이 방안의 장점은 자신이 그룹을 탈퇴하면, 다른 기업의 지분을 몇 % 들고 있건 문제가 되지 않는다는 점이다. 하지만 아무리 경영이 어렵고, 돈 앞에 부모형제도 없는 세상이어도 정몽헌의 이 아이디어는 막 나가도 너무 막 나간 것이었다. 명색이 현대그룹 회장이라는 자가, "나는 이제부터 현대그룹 안 할래요. 우리는 현대그룹이 아니고 계열 분리된 회사예요. 대신 현대그룹의 지배권은 여전히 가져갈래요."라고 국민 앞에서 선언을 한 꼴이니 누구도 이 아이디어를 좋게 볼 수가 없었다.

6월 30일 공정거래위원장 전윤철은 "현대가 제시한 역 계열분리 안은 이치도 안 맞고 법적 요건도 갖추지 못했다. 계열분리를 하려면 정주영 명예회장이 보유한 현대차 지분 9%를 3%까지 낮추라."며 현대의 신청을 일축했다.

정몽구의 현대차는 이로써 정부로부터 공식적인 실체를 인정받았다. 반면 3부자 동반 퇴진과 역 계열분리 등의 꼼수로 형제들의 기업을 빼앗으려 했던 정몽헌의 시도는 허망하게 막을 내렸다.

이듬해인 2001년 3월, 근근이 버텨오던 현대건설은 만기가 돌아온 2,000억 원의 어음을 막을 길이 없어졌다. 그리고 그 달 30일 채권단은 빌려준 돈을 자본금으로 전환하는 출자전환을 강행하기로 뜻을 모았다. 이 해 5월 18일 현대건설 주주총회에서 출자전환 안이 통과되면서 현대건설은 이제 현대그룹과 아무 관계가 없는 은행관리 회사로 탈바꿈했다.

한국 산업계의 지배자 현대그룹의 모기업 현대건설이 정주영 일가의 품에서 떠나 채권단에 자신의 운명을 맡기는 순간이었다. 그리고 그것은 리스크 관리 따위는 '개나 줘 버리고', 오로지 "해봤어?" 정신으로 문어발식 확장을 지속했던 정주영 식 경영의 종말을 알리는 순간이기도 했다.

# 족보 싸움으로 얼룩진 현대

## – 쇠락하는 현대의 '적통'

### 21세기에 벌어진 치열한 족보 논쟁

2015년 3월, 주한 미국 대사 마크 리퍼트가 괴한으로부터 피습을 당한 뒤 세브란스병원에서 치료를 받았다. 그런데 이 사건의 수사가 진행되는 동안 세브란스병원과 서울대병원은 황당하게도 철 지난 적통 논쟁을 다시 치열하게 벌이기 시작했다.

사건의 발단은 리퍼트를 치료했던 세브란스병원이 치료 경과를 설명하면서 기자들 앞에서 엉뚱하게도 자신들이 제중원의 적통임을 열심히 설명하고 나선 것. 제중원은 1885년<sup>고종 22년</sup> 문을 연 우리나라 최초의 서양식 국립병원으로 마침 이 해에 개원 130주년을 맞은 터였다.

세브란스병원의 주장은 이랬다. 리퍼트 대사의 고향이 오하이오였는데, 마침 오하이오 출신의 리퍼트를 치료하다보니 자신들의 적통이 새삼 생각이 났다는 것이다.

연세의료원장 정남식은 "제중원의 창립자 앨런 박사는 오하이오 주 출신이고, 제중원을 세브란스병원으로 다시 지으면서 이름을 딴 루이스 세브란스도 오하이오 주 출신"이라며 "고종이 오하이오 출신 앨런 박사의 요청으로 제중원을 설립했고, 제중원은 미국 선교사들에 의해 운영됐으므로 그 적통은 세브란스병원에 있다."고 주장했다. 갑자기 한국 국민들이 관심에도 없는 앨런과 세브란스의 고향까지 암기해야 할 판이었다.

그런데 이 코미디는 여기서 끝나지 않았다. 제중원의 적통을 이어받았다고 자부하는 서울대병원이 세브란스병원 측의 발표에 발끈한 것이다.

서울대병원 백재승 의학역사문화원장은 곧바로 기자들을 만나 "일일이 대응하지 않으려고 했지만 세브란스병원의 행보에 심히 유감을 느낀다."면서 "제중원을 설립한 주체는 고종이기에 운영 형태 또한 국립이었다. 당연히 제중원은 같은 국립인 서울대병원의 뿌리가 되는 것"이라며 제중원의 적통이 자신들임을 강조하고 나섰다.

사실 제중원의 적통 논쟁은 2009년부터 이어져 온 뿌리 깊은 논쟁이다. 그런데 희한한 사실은, 이런 논쟁이 진행된다는 사실을 아는 사람이 거의 없다는 점이다. 두 병원의 적통 논쟁이 의료 편의와 의료 기술 향상에 도움이 될 리도 없고, 따라서 당연히 시민들이 관심을 가져야 할 이유도 없다.

두 병원은 제중원 개원 130주년 행사를 각자 열면서 "내가 근대 서양 의학의 원조"라고 싸웠는데, 시민들은 이를 거의 "내가 진짜 1호 원조 정통 3대째 족발집이다."라며 다투는 장충동 족발 원조 논쟁쯤으로 생각했다.

2003년 현대그룹에서 경영권 분쟁이 발생했다. 이른바 '시숙부의 난'이다. 분쟁 당사자였던 KCC 명예회장 정상영<sub>정주영의 막내 동생</sub>은 "현대그룹은 정 씨 일가의 것"이라며 현대그룹 경영권 장악에 나섰다. 오로지 정 씨만이 현대의 적통이라는 게 그의 주장이었다.

2006년에도 현대그룹은 경영권 분쟁에 빠졌다. 이번에는 현대중공업 오너인 정몽준이 현대그룹의 경영권을 정조준했다. 이른바 '시동생의 난'이다. 이때에도 정몽준은 "현대그룹은 정 씨 직계 자손에 의해 경영돼야 한다."고 주장했다. 정 씨가 아닌 현정은 회장<sub>정몽헌의 아내</sub>은 결코 현대그룹의 적통이 될 수 없다는 이야기였다. 남편을 잃고 현대그룹을 맡아 경영해 온 현정은은 "내가 현 씨인 것은 내 아버지가 현 씨이기 때문이며 내 아들과 딸은 모두 정 씨"라고 반박했다.

한 때 한국을 대표했던 재벌 그룹의 자손들이 온 국민 앞에서 "도대체 당신 성이 뭐냐?"며 족보를 다투는 이 참담한 현실. "현 씨니까 안 된다.", "알고 보면 나도 정 씨" 등 희대의 코미디 같은 주장을 반복하는 이들의 볼썽사나운 다툼은, 현대그룹 경영권 논쟁을 장충동 족발 원조 논쟁 수준으로 되돌려 놓았다. 21세기 첨단 정보 시대에 한국의 대표그룹 현대에서는 이렇듯 봉건사회에서나 볼 법한 족보 논쟁이 진행되고 있었다.

## 정몽헌의 죽음으로 시작된 현대그룹의 '적통' 논쟁

2003년 8월 현대그룹 회장 정몽헌이 스스로 목숨을 끊었다. 자신과 아버지의 일생이 담긴 장소였던 계동 현대그룹 사옥에서 정몽헌은 생을 마감했

정몽헌 현대건설 회장이 기자회견에서 정주영 일행이 북한에서 김정일 국방위원장과 찍은 사진을 소개하고 있는
모습 ⓒ 원작: 경향신문 / 제공: 민주화운동기념사업회

다. 그는 유서에서 현대아산 사장 김윤규에게 "명예회장님께서 원했던 대
로 모든 대북 사업을 강력히 추진하기를 바랍니다."라고 했고, 가족들에게
는 "나의 유분을 금강산에 뿌려주기 바랍니다."라고 남기며 대북 사업에 대
한 큰 미련을 호소했다.

　그가 스스로 세상을 떠나는 길을 선택한 이유는 분명하지 않다. 다만 대
북 송금 사건과 불법 비자금 조성 의혹 등으로 옥죄어오는 검찰 수사와, 사
면초가에 몰린 현대그룹의 경영난이 그의 극단적 선택을 초래했다는 추정
만 남아있을 뿐이다. 실제 정몽헌은 숨지기 직전까지도 개성공단 조성 사업

을 위해 활발하게 출장을 다녀오는 등 대북 사업에 대한 강한 의욕을 보였다. 미국 뉴스 전문 채널 〈CNN〉은 정몽헌의 죽음에 대해 "한국이 가장 중요한 대북 창구 하나를 잃었다."고 논평하기도 했다.

정몽헌이 세상을 떠나자 현대그룹의 경영권은 그의 아내 현정은에게 돌아갔다.

현정은은 "여자는 경영에 나서지 않는다."는 엄격한 정 씨 집안의 불문율 탓에 30년 가까이 전형적인 재벌가 며느리로 살아야 했다. 그런 현정은이 2003년 10월 현대그룹 회장으로 선임되면서 남편의 사망으로 공석이 된 현대그룹의 경영 일선에 나선 것이다.

그런데 조카며느리의 경영권 장악을 도저히 눈 뜨고 볼 수 없었던 한 사람이 있었다. 바로 정주영의 막내 동생이며 KCC그룹의 명예회장이었던 정상영이었다.

정상영은 그 해 10월부터 현대그룹 지배구조의 정점에 있던 현대엘리베이터의 주식을 사 모으더니 12월 3일 '진실을 밝힙니다.'라는 제목의 장문의 석명서를 발표하며 경영권 분쟁을 공식화했다.

1만 자 분량의 이 방대한 석명서는 '진실을 밝힙니다.'라는 거창한 제목과 달리, 그들이 벌인 경영권 분쟁의 본질이 '족보 논쟁'임을 스스로 자인하는 '소소한' 내용들로 채워졌다.

정상영은 우선 정몽헌 살아생전에 "현대전자가 어려움을 겪을 때 우리가 농구단도 인수해줬고, 용인 땅도 사달라고 하기에 사줬다."며 자신이 얼마나 괜찮은 막내 삼촌이었는지를 구구절절이 적었다. KCC가 이후 농구단에 얼마나 살가운 애정을 쏟아 부었는지는 웬만한 농구팬이면 다 아는 사실이기에, 정상영이 '정몽헌을 배려해서' 농구단을 사줬다는 주장은 상당히 의아하게 들린다. 최근 KCC의 농구단 운영을 보면 '사기 싫은데 조카를 위해 억지로 인수한' 농구단이 아니라, 누가 봐도 정말로 농구단을 갖고 싶어 했던 KCC의 의욕이 엿보이기 때문이다. 또 용인 땅을 샀다는 대목도 결국 삼촌과 조카가 돈을 주고 땅을 받은 일종의 정당한 거래인데, 이것이 조카를 도왔다는 '엄청난 증거'가 될 수 있는지 의문이 들기는 한다.

하지만 이 석명서의 본질은 다른 곳에 있었다. 조카에 대한 살가운 애정을 구구절절 적은 정상영은 석명서에 '정 씨'라는 표현을 무려 8번이나 쓰며 현대그룹이 '정 씨 일가의 것'임을 분명히 하려 했다. 그가 기업경영에서 얼마나 성씨를 중시했는지, 또 얼마나 족보에 집착했는지를 직접 살펴보자.

현대의 경영권과 관련한 본인의 입장은 처음부터 정 씨 일가의 경영 지배를 위한 것이라는데 변함이 없습니다.

현대의 경영권 분쟁은 이제 정 씨 일가와 김문희<sup>현정은의 어머니로 정상영에</sup><sup>게는 사돈이 된다</sup> 씨 간의 문제입니다. 외국인의 적대적 인수합병 위험이 사라진 이때 정 씨 일가의 경영권을 침해할 우려가 있는 사람은 김문희 씨입니다.

딸 4명 등 상속인들 모두에게 상속이 이루어진다면 정몽헌의 유족인 정 씨 일가에게는 그 상속 후 지분이 미미할 가능성이 많을 것으로 보입니다.

현재 정 씨 일가의 경영 지배를 위협하는 상황이 초래된 것은 김문희 씨가 현대가의 반대에도 불구하고 현정은이 정몽헌의 자산과 부채를 상속을 받도록 강력히 요청하였기 때문이며……

덧붙여 본인은 '네가 김문희 씨로부터 지분을 모두 넘겨받게 되면 비로소 현대가 정 씨의 소유가 되는 것인데, 그것만으로는 안정적 지분이 부족하니 너를 도와주기 위해 개인적으로 샀다.'고 설명해 주었습니다.

나흘 뒤 현정은이 회장에 취임한 것은 결국 김문희 씨가 본인 등 정 씨의 개입을 막기 위해 서둘러 결정한 것이었다고 볼 수밖에 없는 상황이었습니다.

1만 자나 되는 석명서의 분량으로 보아 이 글은 정상영이 무척이나 고심에 고심을 거듭해 쓴 글임을 알 수 있다. 그러니까 이게 딴에는 한국에서 영향력 좀 있다고 하는 재벌 총수의 '고심 끝에 나온' 주장인데, 그 고뇌의 산물을 한 줄로 요약하면 "현대그룹은 족보를 잘 따져서 정 씨 핏줄만 소유해야 한다." 정도가 될 듯하다.

며느리는 '정 씨'로 치지도 않는 봉건적 사고방식이야 그렇다 쳐도, 그룹 경영권이 일제강점기 지주들의 토지도 아니고, 족보 따져 '땅 주인' 가리기 식으로 접근하는 사고방식이 실로 놀랍지 않은가? 위기에 빠진 그룹을 구하기 위해 "누가 이 위기를 타개할 가장 뛰어난 경영자인가?"를 논의해도 그룹이 살아날까 말까 한 판에, 이들이 고작 고뇌 끝에 한다는 일은 족보 책 펼쳐놓고 성씨부터 판별하는 일이었다.

결국 이 경영권 분쟁은 2년여의 긴 다툼 끝에 2006년 2월 현대 측이 충분한 우호지분을 확보하며 현정은의 승리로 마무리됐다. 하지만 이 황당한 족보 논쟁은 시숙부의 난이 마무리된 지 단 2개월 만에 시동생 정몽준의 도발로 다시 시작된다.


## 시숙부로는 끝나지 않는다. 이번에는 시동생이다!

2006년 4월은 가문 따지기 좋아하는 현대 측 표현을 빌자면 '범 현대가'에 큰 위기가 닥친 시기였다. 4월 27일 검찰이 가문의 장형長兄 격인 현대차그룹 회장 정몽구에 대해 1,000억 원의 비자금을 횡령한 혐의와 3,000억 원 상당의 업무상 배임 혐의로 사전구속영장을 청구했기 때문이다.

그런데 같은 날 정몽준이 이끄는 현대중공업그룹이 기습적으로 현대그룹의 핵심인 현대상선 주식을 싹쓸이하며 최대주주에 올랐다. 맏형이 감옥에 끌려갈 판에 정몽준은 현대그룹을 장악하겠다며 형수와의 분쟁을 시작한 것이다. 겨우 시숙부의 '정 씨 타령'을 진압한 현정은에게 이는 또 다른 엄청난 시련이었다.

금강산 관광이 중단된 이후에는 부실 덩어리로 전락했지만, 현대상선은 당시만 해도 현대그룹이 자랑하는 핵심 캐시카우였다. 2005년 현대상선의 매출은 무려 4조8,455억 원으로 그룹 전체 매출6조6,768억 원의 73%를 차지했다. 한 해 벌어들인 순이익도 3,864억 원이나 됐다. 게다가 현대상선은 현대택배30.11%, 현대아산36.86%, 현대증권12.79%, 현대UNI23% 등 주요 계열사의 최대 주주여서 현대상선만 삼키면 현대그룹 전체를 지배할 수 있는 상황이었다.

이번에는 현정은이 '사랑하는 현대그룹 임직원들께'라는 제목의 장문의 편지를 공개하며 강하게 반발했다.

현정은은 "계절은 봄에서 여름을 재촉하는 초록의 싱그러움이 더하지만, 지금 제게는 계절에 피는 꽃들의 아름다움이 보이지 않고, 그 속에서 뛰어노는 아이들의 웃음소리가 들리지 않습니다."라는 감성적 문구로 분위기를 잡은 뒤, 정몽준을 향해 "그 분정몽헌 형제이며 아이들의 삼촌인 정몽준 의원이 현대그룹의 경영권을 빼앗으려 한다.", "어려울 때 팔짱만 끼고 있던 정몽준 의원이 이제 와서 정 씨 직계 자손에 의해서만 경영이 이루어져야 된다고 하니 이처럼 전근대적이고 시대착오적인 사고로 어떻게 정치지도자가 될 수 있느냐?"며 정몽준을 비난했다.

현정은은 또 그 동안 "너는 정 씨가 아니라서 안 된다."는 족보 논쟁에 큰 상처를 받았는지 "저는 정 씨 집안으로 시집와서 30년의 세월을 살았습니다. 또한 어떠한 경우라도 정 씨 집안의 사람이라는 것을 부정하지 않습니다. 제가 현 씨인 것은 제 아버님이 현 씨이기 때문입니다. 저의 아들과 딸들은 모두가 고 정몽헌 회장의 자식들이며 모두가 정 씨입니다."라며 '정 씨집 며느리 자격'을 강조했다.

또 현정은은 "딸은 시집가면 그만이고, 아들은 어려서 기업을 계승할 수 없기 때문에 기업을 접수해야 한다는 식의 어처구니없는 이유로 비열한 짓을 자행하고 있습니다. 과연 이러한 사고를 가진 사람들이 정치지도자로서 기업경영인으로서 도덕적 자질이 있는가를 의심케 하는 부분입니다."며 시동생에 대한 서운한 감정을 여과 없이 드러냈다.

시숙부에 이어 시동생이 다시 걸어온 "너는 정 씨냐?" 논쟁은 2015년 경영난에 빠진 현대중공업이 현대상선 주식을 내놓기로 하면서 다시 한 번 현정은의 승리로 마무리됐다.


## 시동생이 안 되면 아주버님이 나선다!

2010년 7월, 오랫동안 채권단 관리를 받던 현대그룹의 모태 현대건설이 마침내 인수합병M&A 시장에 매물로 나왔다. 사실 냉정하게 말해 한국 경제만 생각해보면, 현대건설은 건설을 가장 잘 할 수 있는 기업이 인수하는 게 제일 바람직했다.

하지만 현대그룹 일족들에게 현대건설은 전혀 다른 의미로 다가왔다. 그들에게 현대건설은 건설업을 통해 사업 시너지를 확대할 수 있는 기업체가 아니라, 가문의 적통을 상징하는 왕좌의 도장, 즉 옥새와도 같은 것이었다.

시숙부와 시동생이 줄줄이 현대그룹 경영권 쟁탈전에서 패하자, 이번에는 정 씨 가문의 맏형이자 현정은의 아주버님인 현대자동차그룹 정몽구가 나섰다.

현대차그룹은 이미 엠코라는 대형 건설사를 보유하고 있었지만, 그들은 '아버지가 물려준 왕좌의 옥새'를 향해 거침없이 돈질을 시작했다. 심지어 〈월스트리트저널WSJ〉 같은 세계적 신문조차 "현대차그룹이 현대건설을 인수하려는 이유는 옛 현대그룹 제국에 대한 향수 때문"이라며 "현대차그룹은 주주들의 이익을 위해서라도 현대건설 인수에서 손을 떼야 한다."고 비판해도 정몽구는 아랑곳하지 않았다.

그룹 사수의 의지를 드높였던 것은 현정은도 마찬가지였다. 쇠락할 대로 쇠락한 현대그룹에게는 현대건설을 인수할 자금도 충분치 않았고, 건설사를 꼭 계열사로 보유해야 할 이유도 없었다. 하지만 그 동안 "네가 왜 정 씨냐?"며 가문에서 왕따를 당했던 현정은은, 자신이 정 씨 가문의 적통임을 증명하기 위해서라도 현대건설을 반드시 되찾아오려고 했다.

2010년 11월에 벌어진 현대건설 입찰 경쟁에서 1차 승자는 현정은이었다. 현정은의 현대그룹이 입찰 가격으로 무려 5조5,000억 원을 써내며, 5조1,000억 원을 적은 정몽구에 판정승을 거둔 것이다.

입찰 경쟁이 본격화기 한 달 전, 현대그룹은 주요 신문 1면에 '세계 1위 자동차 기업을 기대합니다.'라는 광고를 내며 명분을 쌓았다. 광고 내용은 현대차그룹을 응원하는 것이 아니라 "현대차는 자동차 전문기업으로 잘 커나가시고, 현대건설의 미래는 현대그룹이 지키겠다."는 것이었다.

또 현대그룹은 TV 광고를 통해 안전모를 쓰고 공사 현장을 누비는 정몽헌의 영상을 공개하며 "현대건설을 지키기 위해 끝까지 애쓰던 사람, 누구입니까?"라며 자신의 적통성을 강조했다.

현대건설이 입찰 경쟁에서 승리하자 언론에서는 "현대그룹이 잃었던 현대건설을 되찾겠다는 명분을 쌓은 것이 승리의 요인이 됐다."며 현정은의 적통성 전략을 높게 평가했다.

그런데 현정은이 누린 적통의 기쁨도 잠시, 채권단이 현대그룹의 매각 대금 중 프랑스 은행이 보유한 1조2,000억 원의 출처를 문제 삼으며 갑자기 입찰 결과를 뒤집었다. 역전의 찬스를 잡은 현대차그룹이 발 빠르게 채권단을 압박했고, 결국 채권단은 현대건설을 현대자동차그룹에 팔아 치웠다.

2000년 왕자의 난 때 동생에게 패해 현대그룹으로부터 계열 분리를 당했던 정몽구가 마침내 적장자의 신분을 앞세워 '적통의 상징'인 현대건설을 되찾은 것이다. 현정은은 시숙부와 시동생을 물리쳤지만, 막강한 자금력을 앞세운 아주버님의 공세에 끝내 무릎을 꿇으며 '적통의 상징'을 찾아오는 데 실패하고 말았다.


적통에 집착했던 현정은과 정 씨 가문, 그리고 현대그룹의 쇠락
사실 금융권에서는 2010년 현대그룹이 현대건설 인수에 실패한 것을 '하

늘이 현대그룹에 내린 행운'이라고 평가한다. 당시 5조5,000억 원의 인수 가격을 써낸 현대그룹에게는 그만한 자금 여력이 전혀 없었다. 현대그룹은 5조5,000억 원 중 4조 원가량을 대출에 의지했어야 할 판이었다. 만약 현정 은이 4조 원이라는 거금을 빌려 현대건설을 인수했다면, 현대그룹의 몰락 은 더 빨랐을 것이라는 게 금융권의 일반적 분석이었던 셈이다.

여기서 우리가 가지는 의문점은 하나다. 도대체 '적통의 상징'이 무엇이 기에, 현정은과 정 씨 문중은 그룹의 유동성 위기 따위는 전혀 고려하지 않 고 그것을 그토록 탐을 냈느냐는 것이다.

현정은은 2003년 그룹 회장에 취임한 이후 2009년까지 모두 7차례 평양 을 방문했고, 2005년과 2007년, 2009년 세 차례나 김정일을 만났다. 그리 고 그녀는 김정일로부터 백두산 관광 사업권을 따 내기도 했다.

현정은의 대북 사업 노력을 폄훼할 생각은 없지만, 그녀는 대북 사업에 너무 집착한 나머지 현대그룹 경영 전체의 어려움을 가중시켰다. 더 의아한 것은 그녀의 대북사업 집착이 사업가로서 경영적 판단에 의한 것이었는지, 아니면 시아버지와 남편으로부터 물려받은 현대그룹의 적통성을 확보하기 위한 무기였는지 확실치가 않다는 점이었다. 2009년 그녀가 김정일을 만나 고 돌아왔을 때 〈서울신문〉은 '玄회장 현대가 적통 공고히……재계 위상도 강화될 듯'이라는 기사를 내보냈다. 현정은이 대북 사업에 몰입하면서 '현 대의 적통성'을 확보했을지는 몰라도, 2008년 이후 금강산 관광 사업이 중 단되면서 현대그룹은 끝 모를 추락을 거듭해야 했다.

사람들은 사실 누가 현대가의 적통인지에 대해 아무런 관심을 갖지 않는다. 시민들은 그저 정몽구에게는 좋은 자동차를 생산할 것을 기대하고, 정몽준에게는 좋은 배를 잘 만들 것을 기대하며, 정상영에게는 품질 좋은 장판과 섀시 생산을 기대하고, 현정은에게는 대북사업이 원활히 재개돼 남북 관계가 한 걸음 더 개선되기를 바랄 뿐이다. 따라서 "내가 정 씨의 적통"이라고 소리 높여 외치는 그들의 다툼은 그야말로 '정 씨 집안 일'일 뿐인 셈이다.

2003년 정몽헌의 자살로 촉발된 현대 가문의 족보 논쟁은 이렇게 승자도 패자도 없이 마무리됐다.

그리고 2015년 10월 현재, 현대가문의 적통임을 그토록 입증하고 싶어 했던 현정은의 현대호에는 현대상선, 현대엘리베이터, 현대아산, 현대UNI, 현대경제연구원, 에이블현대호텔앤리조트, 현대종합연수원, 현대투자네트워크, 현대저축은행, 현대자산운용, 현대증권 등 10여 개의 계열사밖에 남지 않았다. 그나마 현대증권을 비롯한 금융 계열사들은 모두 M&A 시장에 매물로 나와 있어 현대그룹과의 결별이 눈앞으로 닥친 상황이다.

"너는 과연 정 씨냐?"는 족보 논쟁의 끝에서 현대그룹은 이렇게 끝없는 쇠락의 길을 걷고 있는 중이다.

# 재벌 2세 정몽준이 헬조선에서 사는 법
## - '정치인' 정몽준의 감출 수 없는 귀족 본능

나라 전체를 '선데이 서울'로 만든 7공자 사건

1975년 여름, 시온그룹 창업자 박태선 장로의 아들이자 태광실업 대표였던 박동명이 경찰에 체포됐다. 박동명이 당시로는 상상도 하기 힘든 거액이었던 26만5,000달러의 외화를 밀반출한 혐의였다.

그런데 경찰이 동부이촌동 박동명의 아파트를 덮쳤을 때, 박동명은 대낮부터 여배우와 자기 집에서 노닥거리고 있었다. 그의 집에서는 여성용 핸드백, 목걸이, 반지, 팔찌 등 200여 점의 사치 귀중품이 나왔다. 경찰 수사 결과 재벌 2세 박동명은 낮에 여성지나 주간지를 보며 마음에 드는 여자 연예인을 찍은 뒤 그들을 자신의 집에 데려와 농락한 것으로 밝혀졌다.

이 〈선데이 서울〉급 기사는 꼬리에 꼬리를 물었고, 결국 박동명이 다른 재벌 2세 6명과 어울려 다니며 이른바 '7공자 모임'이라는 것을 만들었다는 사실이 밝혀졌다.

7공자들은 외제차를 끌고 다니며 여자 연예인들과 사치스러운 모임을 숱하게 가졌다. 서울의 고급 유흥가는 이미 7공자의 손에 장악됐다는 소문도 나돌았다. "도대체 7공자가 누구냐?"부터 시작해서 "7공자와 놀아난 여자 연예인은 또 누구냐?"는 의혹까지, 박동명이 불러일으킨 7공자 파문은 그 야말로 온 나라를 〈선데이 서울〉로 만들었다.

이에 대해 스스로를 '애국 보수'라고 자처하는 보수논객 이봉규는 한 종편 프로그램에서 이렇게 회고한 적이 있다.

> 친한 친구가 7공자였는데, 나도 7공자들과 한번 놀아본 적이 있다. 나보고 그 7공자가 "인천으로 오라."고 하더라. 그때 우리나라에 요트가 없었던 때였는데, 거기에 요트가 있었다. 무려 20명이 들어갈 만한 대형 요트였는데, 바<sup>bar</sup> 시설이 갖춰진 그 요트에서 7공자와 놀았다. 요트에는 가보니 벌써 여자 연예인이 몇 명 와 있더라.

돈 많은 아버지 밑에서 태어나 금수저를 물고 자라난 재벌 2세들이 1970년대 요트에서 여자 연예인을 끼고 놀건 말건, 그것은 우리의 관심사가 아니다. 다만 당시 이 사건이 대부분 신문에서 '1975년을 뒤흔든 10대 뉴스'에 이름을 올렸던 것은, 한국 사회가 7공자로 불렸던 이들의 방탕하고도 거침없는 사생활을 용납하기 어려웠던 탓이었으리라 이해할 뿐이다.

하지만 자기들끼리 모여 요트에서 희희낙락하는 건 자신들 자유인데, 그것이 법을 어기는 수준이 돼서는 곤란하다. 박동명의 거액 외화 반출 사건은 엄연한 현행법 위반이었다.

이후로도 가깝게는 2014년 대한항공 부사장 조현아의 땅콩 회항부터, 2013년 김동원한화그룹 김승연 회장의 차남의 대마초 사건, 2010년 시위 노동자를 두들겨 팬 뒤 2,000만 원을 던져 물의를 일으킨 최철원SK 최태원 회장 사촌동생의 맷값 폭행 사건까지 재벌의 후손들이 일으킨 용납되기 어려운 수준의 사회적 물의는 셀 수 없을 정도다.

도대체 이들은 어떤 사고방식을 가졌기에 이런 삶을 사는 것일까? 우리가 그들의 유흥 방식에 관심을 둘 필요는 전혀 없지만, 그들의 사고방식이 어떠한지에 대해서는 여전히 관심을 가져야 한다. 아직도 한국 사회가 그들이 이끄는 재벌의 영향력에서 벗어나지 못하고 있기 때문이다.

## 스스로 서민 앞으로 걸어 나온 재벌 2세 정몽준

우리가 재벌 2세로서 정주영의 6남 정몽준의 삶을 주목하는 이유는 단 하나다. 사실 재벌 2, 3세들의 삶이나 사고방식은, 그들이 스스로 공개하지 않는 한 일반 대중들은 알 길이 없다. 재벌가의 후손들이 경영적 판단 이외에 다른 것들을 대중에게 공개해야 할 의무가 없기 때문이다.

하지만 정몽준은 스스로 국회의원의 길을 선택했고, 대선 후보를 자처했으며, 서울시장 후보로 선거에 나섰다. 장막에 가려진 재벌 2세의 길을 버리고 국민들 앞에 선 것이다. 한국의 재벌 2세 가운데 정몽준만큼이나 민중들과 가까운 거리까지 접근한 인물은 찾기가 불가능하다고 해도 과언이 아니다. 그래서 우리는 정몽준을 통해, 그들이 도대체 어떤 사고방식을 가지고 있는지 추정해 보려 하는 것이다.

정몽준은 1951년 부산 범일동에서 정주영의 6남으로 태어났다. 부산 출생이지만 정몽준은 대권 도전의 의지를 밝혔던 정치인답게 "태생적 고향은 부산, 정치적 고향은 울산이지만 명예 전북도민, 명예 제주도민, 명예 목포 시민임을 자랑스럽게 생각한다."는 말을 자주 했다. '탈脫 영남, 전국구 정치인'의 이미지를 구축하고자 했던 것이다.

정몽준은 또 "용기 있는 자에게는 모두가 고향이다."라는 말을 자주 했는데, 사실 이 문장은 어법에도 맞지 않고군이 어법에 맞게 쓴다면 '용기 있는 자에게는 어느 곳이나 고향이다.' 정도로 고쳐야 한다 무슨 뜻인지도 다소 모호하다.

어린 시절 그는 아버지 정주영으로부터 각별한 애정을 받았던 것으로 많이 알려져 있다. 국졸이 최종 학력이었던 정주영이 '자력'으로 서울대 경제학과를 졸업한 정몽준의 총명함을 매우 대견해 했다는 소문도 있었다. 실제 정주영은 다른 기업인들을 만났을 때 정몽준에 대해 "서울대를 나온 자식"이라고 자랑하는 일이 종종 있었다고 한다.

정몽준의 이름이 신문지상에 처음으로 등장한 것은 1973년이었다. 그런데 정몽준이 신문에 이름을 올린 사연이 좀 뜻밖이었다.

1973년이면 정몽준이 고작 22세 때였는데, 이 해 대학 스키연맹이 현대건설 사장이었던 정주영을 신임 회장으로 선임한 것이다. 그리고 정주영은 대학 스키연맹의 새 집행부를 구성하면서 대학생이던 아들 정몽준을 스키연맹 학생위원장으로 임명한다. 이런 이유로 정몽준은 회사에 입사하는 방식으로 자신의 첫 존재를 알리는 보통 재벌가 2세들과는 달리 '스포츠 연맹 간부'라는 특이한 방식으로 세상에 자신의 이름을 처음 알린다.

또 정몽준은 1974년 동계유니버시아드 대회를 준비하는 대표 선수단에도 이름을 올리며 일본으로 전지훈련을 떠나기도 했다. 정몽준이 정말로 동계유니버시아드 대회에 나갈만한 국가대표급 스키 실력을 가졌는지는 확인된 바가 없으나, 정몽준이 스키에 몹시 관심이 많았던 것은 분명해 보인다. 정몽준은 자서전에서 대학시절 스키를 즐겼다는 이야기를 잔뜩 늘어놓았는데, 심지어 국가대표 선수를 불러내 진부령 스키장에서 겨울 내내 함께 스키를 탔다는 이야기를 자랑스럽게 적기도 했다.

정몽준은 그로부터 7년 뒤인 1981년, 30세의 나이에 현대중공업 상무로 재계에 입성했다.

이 해 현대그룹은 미국 MIT의 저명한 경영학 교수인 보우먼 박사와 피터 길 박사를 초청해 경영에 관해 조언을 받는 행사를 가졌다. 그런데 이 두 박사를 초청하는 데에 결정적 역할을 한 것이 MIT에서 경영대학원을 졸업한 정몽준이었다.

국졸을 최종 학력으로 '맨주먹 돌파형'으로 평생을 살았던 정주영에게 6남 정몽준이 MIT를 졸업하고 저명 교수들을 초청하는 모습은 매우 신선한 충격으로 다가갔던 모양이다. 이듬해 정주영의 장남 정몽필이 불의의 교통사고로 세상을 떠나자 정주영은 정몽준을 불러 "네가 현대중공업을 맡으라."며 그에게 현대중공업 사장을 맡긴다. 정몽준의 나이 고작 31세 때의 일이었다.

그리고 정몽준의 자서전 『나의 도전, 나의 열정』에 따르면 정주영은 정몽준에게 "니가 쓴 졸업 논문MIT 읽어봤다. 니 말이 다 옳다. 기업 하는 사람은 처음 물건 팔릴 때의 고마움을 잊으면 안 된다. 배운 너야 유식한 말로 썼다마는 그게 다 그 말 아니냐? 그만하면 아버지가 보기엔 노벨상감이다."라고 말했다. 아들이 썼다는 MIT 졸업 논문을 읽고, '배운 너', '유식한 말', '노벨상감' 등등을 언급하는 대목에서 정주영이 '똑똑한 아들' 정몽준에 대해 얼마나 큰 자부심이 있었는지 짐작이 가고도 남음이 있다.

1988년 현대중공업 회장이었던 정몽준은 갑자기 울산에서 국회의원에 출마할 뜻을 내비쳤다. 5공화국 시절 전두환에게 호되게 당했다고 생각했던 정주영이, 학력으로 보나 기질로 보나 가장 그럴싸했던 정몽준을 앞세워 정치권력으로의 접근을 시도한 것이었다.

그런데 이 해 1월 정몽준이 현대중공업의 텃밭인 울산 동구에서 무소속 출마를 선언하자 웃지 못 할 해프닝이 벌어졌다. 정몽준은 "근로자 대표 정몽준을 국회로"라는 슬로건을 내걸었는데, 여기에 당시 현대의 살인적 노동탄압에 악전고투하던 노동자들이 격렬한 반감을 보인 것이다.

울산 노동계는 곧 뜻을 모아 현대중공업노조 수석 부위원장으로 일하다 구속된 김진국을 노동자 대표 후보로 옥중 출마시키며 대립각을 세웠다. 노동자들은 4월 17일 1차 합동연설회에서 "돈몽준, 돈몽준"을 외치며 자칭 '근로자 대표' 정몽준을 야유했다.

여당이었던 민정당은 이 지역에 무명의 고찬수 후보를 내세우면서 정몽준을 정책적으로 밀어주는 태도를 취했는데, 정작 후보인 고찬수의 생각은 달랐던 모양이었다. 고찬수는 노동자 후보가 집회를 하는 곳에 지지자 80여 명을 이끌고 참가를 희망하는가 하면, 정몽준을 "독점재벌 후보"라고 비난하기도 했다. 민정당 후보가 노동자 후보의 입에서나 나올법한 말을 거침없이 내뱉었던 것이다.

이때 정몽준이 유인물에 내세운 10대 공약이 △도서관 건립 △공원 개발과 종합 체육시설 마련 △예술회관 건립 △지방세법 개정에 앞장 △주택 재개발사업 추진 △휴양소 개발 △지역별 사회복지센터 건립 △도로 확장 및 자전거 전용도로 건설 △부녀자를 위한 사업체 유치 △2000년대를 향한 새로운 공업도시 모델 제시 등이었다. 그런데 10개 공약 중 무려 8개가 돈으로 해결할 수 있는 공약이었다.

정몽준은 이런 파격적 공약을 앞세워 민정당 고찬수와 노동후보 김진국의 저항을 물리치고 압도적 표 차이로 국회에 입성했다. 그리고 그는 이후 잘 알려진 대로 정주영이 만든 통일국민당 대변인을 거쳐 2002년 국민통합21을 만들어 대선 후보로 출마했다. 노무현과 후보 단일화를 이룬 뒤 투표 하루 전에 단일화를 파기했다. 정몽준은 2007년 대선을 앞두고 이명박 지지를 선언하며 한나라당에 입당한 뒤 서울 동작 을로 지역구를 옮겨 6선 고지에 올랐다. 2009년 한나라당 당대표를 맡기도 했고 2014년에는 새누리당 서울시장 후보로 출마해 낙선의 고배를 마셨다.

## 서민과 마주해야 했던 재벌 2세 정치인 정몽준

살펴본 것처럼 정몽준은 31세에 현대중공업 사장에 올라 37세에 국회의원이 되면서 '재벌 경영자의 삶'보다 '정치인의 삶'을 더 오래 살았다. 대권에도 도전했고, 서울시장 후보에도 나설 정도였으니 그의 정치적 위상은 결코 작지 않았다.

자본주의 사회에서 기업 오너와 정치인은 하늘과 땅의 차이를 갖는다. 가장 큰 차이를 들자면 재벌 오너는 지분을 유지하는 한 영원히 기업 안에서 제왕의 자리를 지킬 수 있는 반면, 정치인은 몇 년에 한 번씩 투표라는 심판을 받아야 한다는 사실이다. 또 주주총회에서는 주식 많이 가지고 있는 사람이 왕이지만, 투표에서는 재벌이건 비정규직 노동자건 모두 한 표를 행사한다는 점도 경영과 정치의 큰 차이다.

정몽준의 딜레마는 바로 여기에서 시작됐다. 정몽준은 자력으로 서울대를 나온 총명함 덕에 재벌 아버지 정주영에게는 인정을 받을 수 있었다. 하지만 정작 그를 서울시장이나 대통령으로 뽑아줘야 할 서민 대중들은 그를 도무지 인정하지 못했다.

정치인 정몽준은 항상 "서민을 위한 정치인이 되겠다."는 말을 달고 다녔지만, 정작 그의 행동은 서민의 정서와 심하게 동떨어져 있었다. 말로는 서민을 위한다고 해도, 재벌 2세의 태생적 한계는 그를 전혀 서민적으로 만들지 못했던 것이다. 그래서 정몽준은 특히 중요한 선거에서 희대의 코미디를 연출하며 헛발질을 계속했다. 대표적인 예가 2008년 터져 나온 '버스비 70

원 발언'이었다.

당시 정몽준은 한나라당에 입당해 전당대회에서 당권에 도전했는데, 이 중요한 대목에서 그는 후보 간 생방송 토론 도중 본인의 캐릭터를 개그 캐릭터로 만들고 만다.

"서민들이 타고 다니는 버스 기본요금이 얼마인지 아시나요?"라는 공성진 의원의 질문에 "한 번 탈 때 70원 하나요?"라고 답해 세상을 경악케 한 것이다. 물론 정확한 버스 요금을 모를 수는 있다. 하지만 틀려도 적당히 틀려야지 당시 서울 기준 버스 요금은 현금 1,000원, 카드 900원 이었다, 1,000원 하는 요금을 500원이나 700원도 아니고 70원이라고 해 버리니 답이 없었던 것이다. 버스요금 70원은 당시보다 무려 30년 전인 1979년 때의 이야기였다.

공성진이 "1,000원입니다. 1,000원!"이라고 면박을 주자 정몽준은 "버스 종류가 여러 가지 있는 게 아니냐. 많이 배웠다."고 꼬리를 내렸다. 하지만 버스 종류가 아무리 여러 가지여도 2008년 요금이 70원 하는 버스가 있을 리 없었다. 정몽준의 이미지는 삽시간에 "서민 코스프레를 하지만 버스비도 모르는 뼛속 깊은 재벌 2세"로 굳어졌다.

그런데 더 황당한 일이 그 다음에 벌어졌다. 정몽준이 전당대회 자리에서 교통카드를 꺼내들고 "앞으로는 대중교통을 더 많이 이용하겠다."며 이미지 쇄신을 시도했는데, 하필이면 꺼내든 교통카드가 청소년용이었던 것이다. 이 사건으로 정몽준의 서민 코스프레 이미지가 거의 개그 캐릭터로 굳어지자 2014년 서울시장 선거 때 네티즌들은 정몽준에게 "버스비 70원으

한국 재벌 흑역사

로 안 내려 주나요?", "청소년 카드로 어른들도 버스 타게 해 주나요?"라며 그를 조롱하기에 이르렀다.

정몽준은 자신들의 아랫사람에게 과감한 신체적 접촉<sup>당하는 사람들은 폭력이라는 인식이 들 정도의</sup>을 종종 하는 사람으로 알려져 있다. 국민통합21 시절 그를 보필했던 한 인사는 "회의 시간에 반말은 기본이고, 보고를 하러 들어갔을 때 보고 내용이 마음에 안 들면 가슴을 툭툭 치는 일이 자주 있었다."고 증언한다.

이런 그의 성정이 고스란히 드러난 사건이 2008년 총선 때 있었던 여기자 성희롱 사건이다.

당시 서울 동작 을에 출마해 통합민주당 정동영, 진보신당 김종철 등과 맞섰던 정몽준에게 MBC 여기자가 다소 껄끄러울 수 있는 뉴타운 문제에 대해 질문을 던졌다. 그러자 정몽준은 "그런 건 다음에 얘기합시다."라며 말을 끊고 왼쪽 손으로 그 여기자의 오른 쪽 뺨을 짧게 쓰다듬으며 두 번 툭툭 치고 말았다. 여기자가 기가 막힌 표정으로 "이건 성희롱입니다."라고 항의하자 정몽준은 대답 없이 자리를 떠났다.

이후 정몽준은 "유세장에서 인파에 밀려 의도하지 않게 손이 살짝 닿았다."고 발뺌했으나, MBC 노조는 정몽준이 의도적으로 뺨을 쓰다듬고 두 번이나 툭툭 치는 장면이 담긴 화면을 확인했다고 반발했다. 아랫사람 신체는 마음대로 다뤄도 된다는 무의식이 없었다면, 대권을 꿈꾸는 정치인이 결코 벌일 수 없는 일이었다.

2014년 서울시장 선거 때에는 정몽준의 막내아들이 나서 이른바 '팀 킬자기 팀을 죽인다는 뜻의 게임 용어'의 진수를 보여줬다. 세월호 참사로 가뜩이나 여론의 분노가 가시지 않은 판에 막내아들이 페이스북에다 "국민이 미개하다."는 취지의 글을 올린 것이다. 다음은 그 글의 전문이다.

박근혜 대통령 지난번에 칼빵 맞을 뻔한 거 모르냐……경호실에서는 경호 불완전하다고 대통령한테 가지 말라고 제안했는데 대통령이 위험 알면서 방문 강행한 거야. 그리고 국민 정서 언급했는데 비슷한 사건이 일어나도 이성적으로 대응하는 다른 국가 사례랑 달리 우리나라 국민들은 대통령이 가서 최대한 수색 노력하겠다는데도 소리 지르고 욕하고 국무총리한테 물 세례 하잖아. ㅋㅋㅋ 국민 정서 자체가 굉장히 미개한데 대통령만 신적인 존재가 돼서 국민의 모든 니즈를 충족시키길 기대하는 게 말도 안 되는 거지. 국민이 모여서 국가가 되는 건데 국민이 미개하니까 국가도 미개한 것 아니겠냐.

파문은 걷잡을 수 없었다. 한때 박원순 시장을 여론조사에서 역전시키기도 했던 정몽준의 지지율이 바닥을 향해 떨어졌다. 정몽준은 국회에서 "이 모든 것이 아이를 제대로 가르치지 못한 저의 불찰"이라며 고개를 90도로 숙였지만 판세는 뒤집어지지 않았다.

# 왜 그들의 눈에는 한국이 미개해 보일까?

물론 정몽준 막내아들의 발언은 그 내용 자체만으로도 충분히 문제가 될 만한 것이었다. 하지만 이 발언이 선거판, 더 나아가서 정몽준의 정치 인생까지 뒤흔들 정도의 큰 사건으로 번진 데에는 다른 이유가 있었다. 국민들의 눈에는 "한국 국민이 미개하다."는 치기 어린 재수생의 발언이, 재벌 2세 정몽준의 시각으로 보인 것이다.

실제 정몽준 가문이 한국 국민을 미개하다고 생각하는지, 아니면 뛰어난 국민이라고 존중하는지는 중요하지 않다. 정몽준은 다른 재벌 2세들과 달리 서민들의 삶을 존중하는 척이라도 해야 하는 '정치인'이었기 때문이다. 하지만 그는 그 선거판에서 서민들의 삶을 전혀 이해하지 못하는 모습을 보이면서, 중요한 선거마다 실족을 거듭했다. 지역구에서는 돈 들이면 즉각 효과가 나타나는 다양한 공약으로 성공가도를 달릴 수 있었지만, 서울시장이나 대권처럼 거의 모든 서민을 상대해야 하는 선거에서 그는 재벌 2세의 이미지를 떨쳐내지 못한 것이다.

정몽준이라고 왜 노력을 안 했을까? 자신의 귀족적 이미지가 선거에 결코 도움이 안 된다는 사실을 그가 몰랐을 리는 없다. 그렇다면 지금 구축된 정몽준의 이미지는 그가 뼈를 깎는 노력 끝에 얻은 것이라고 인정해 줘야 한다. 쉽게 말하면 최대한 겸손하고 최대한 서민적으로 보이도록 노력한 결과가 바로 이 모양이라는 이야기다.

그는 국회의원 시절이었던 2011년 9월 외교통상부 장관 김성환에게 "그게 상식에 맞는 이야기야?", "그게 무슨 궤변이야!", "초등학생이라도 이건 상식이 안 맞는 짓 아니겠어?" 등의 반말 세례를 날려 물의를 빚었다.

이런 일은 이때가 처음이 아니었다. 2006년 9월에도 정몽준은 상임위 수석 전문위원에게 "내가 지금 너한테 물어봤냐? 물어보지도 않았는데 당신이 대답을 해!"라고 윽박을 질러 구설수에 올랐다. 아무리 겸손하게 보이려 해도 몸에 배인 오만은 어쩔 수가 없는 것이다.

서민처럼 보이기 위해 각고의 노력을 경주했을 것이 분명한 정몽준은 그의 기대와 달리 늘 귀족처럼 보였다.

2014년 서울시장 선거 시절, 정몽준이 고시원을 방문했을 때 찍힌 한 장의 사진은 그의 이미지가 얼마나 귀족적이었는지를 잘 나타내 준다. 고시원 안에 들어선 정몽준은 그야말로 멘탈이 붕괴된 모습이었는데, 그의 표정에는 '어떻게 이런 곳에서 사람이 산단 말인가?' 하는 기색이 역력했다. 사실 그가 방문했던 고시원은 샤워실도 있고 개별 화장실도 있는, 나름대로 고시원 중에서 괜찮은 고시원이었는데 말이다.

정몽준은 정치를 통해 서민 대중들 앞에 가장 가까이 다가선 재벌 2세였다. 하지만 그를 통해 서민들이 짐작할 수 있는 재벌 2세들의 사고방식은 그들이 결코 서민 대중들의 삶을 이해할 수 없을 것이라는 점 뿐이었다.

정몽준은 아버지 정주영이 보고 극찬했다는 MIT경영대학원 석사논문 서문에서 이렇게 한국 재벌들의 커뮤니케이션 능력 부재를 꼬집었다.

테니스볼이 자기 코트에 넘어오면 상대방 코트로 넘겨야 한다. 이
와 같은 커뮤니케이션에 기본적으로 익숙하지 못한 것이 한국 기업
인의 생리인 것 같다.

그의 이 말이 유난히 기억에 남는 이유는, 업무 처리가 마음에 들지 않는
다는 이유로 고속도로에서 "너, 내려!" 한 마디로 비서관을 고속도로에 내
려두고 왔다는 '국회의원 정몽준'의 이야기가 아직도 여의도에서 전설처럼
전해지고 있기 때문이다.

# 정의선에게 현대차를 지배할
# 자격이 있는지 묻는다
### - 2인자 정의선이 3조 원 자산가로 성장한 과정

'1인자 이재용' 덕분에 재벌 3세들이 누리는 혜택

경영학에는 '2인자 전략'이라는 개념이 있다. 시장에서 2위로 평가받는 기업이 굳이 1위를 노리지 않고, 2인자로 남아 이익을 최대화하는 전략이다.

흔히들 경영학에서는 이 2인자 전략을 스포츠 사이클 경주와 자주 비교하곤 한다. 사이클 레이스에서 선수들은 굳이 초반부터 선두로 치고 나가려고 하지 않는다. 맨 앞에 선 선수가 바람의 저항을 다 맞아야 하기 때문이다. 그래서 선수들은 1위가 레이스 초반 바람의 저항으로 고생할 때, 그 뒤에서 2위로 달리며 체력을 비축하고 후반 역전을 노린다. 1위 뒤에 숨는 것이 레이스에 더 유리하다는 이야기다.

기업 경영의 세계에서도 마찬가지다. 사실 세상 어느 경영자가 자신의 기업을 1인자로 만들고 싶은 욕구가 없겠느냐만, 의외로 2인자 전략을 선호하는 경영자들도 적지 않다. 기업 세계에서 2인자는 1인자에 비해 각종 규제와 견제의 역풍으로부터 상대적으로 자유롭다. 거센 규제와 견제의 역풍이 주로 1인자에게 집중되는 탓이다.

1인자가 맨 앞에서 각종 비판과 규제의 저항을 온 몸으로 다 받아주는 동안, 2인자는 유유히 실속을 챙기며 1위를 노린다. 수많은 기업들이 이 2인자 전략을 꽤 유용한 경영 방식으로 선호하는 이유가 바로 이것이다.

2015년 7월 현대차그룹의 광고 전문 계열사인 이노션이 증시에 상장했다. 이 회사의 최대주주 중 한 명이었던 정의선정몽구의 장남은 이노션의 상장 전후 주식을 팔아 4,000억 원의 현금을 챙겼다.

그런데 재미있는 사실은, 이 과정에서 4,000억 원을 챙긴 정의선에 대한 시장의 평가가 비교적 후했다는 점이었다. 대부분 언론은 "상장 가격도 적절했고, 공모가도 부풀지 않았다. 정의선 부회장이 일감 몰아주기를 통해 부富를 축적했다는 세간의 여론을 의식해 무리하지 않는 수준에서 이노션을 상장했다."고 평가했다.

정의선은 이노션 상장으로 4,000억 원을 챙겼다. 4,000만 원도 아니고 4억 원도 아닌, 무려 4,000억 원이다. 그리고 이 돈은 정의선이 땀 한 방울 흘리지 않고 그냥 공짜로 챙긴 돈이다.

2005년 설립된 이노션은 현대차그룹의 광고를 대행해주는 전문 광고 대행사인데 설립 자본금은 고작 30억 원이었다. 그리고 이 30억 원을 모두 정몽구 일가가 댔다. 정몽구가 20%, 정의선이 40%, 정몽구의 맏딸 정성이가 각각 40%씩 출자한 것이다. 즉 정의선과 정성이 남매가 회사 설립 때 낸 돈은 각각 12억 원씩이었다는 이야기다.

그런데 이노션은 이후 현대차그룹의 집중적인 일감 몰아주기로 10년 만에 시가총액 1조2,000억 원짜리 회사로 성장했다. 정의선은 이 과정에서 손가락 하나 까딱하지 않고 12억 원을 4,000억 원으로 불렸다. 10년 투자 수익률이 무려 3만3,233%에 이른다.

그런데도 금융가의 여론은 "정의선 부회장이 욕심을 크게 내지 않고 적절한 가격에 이노션을 상장시켰다."고 말한다. 4,000억 원이라는 거금이, 3만3,233%라는 경이적 수익률이 '욕심 내지 않은 적절한 수준'이라면 도대체 재벌 3세들은 일감 몰아주기로 얼마나 더 큰 돈을 벌어야 비판의 대상이 될 수 있을까?

냉정히 말하면 이것이 바로 지금 한국 사회가 재벌 3세들의 치부를 용인해주는 수준이다. "그래, 4,000억 원 정도는 욕을 할 수준이 아니지 뭐. 그 정도면 괜찮은 거 아냐?"라는 시선이 한국 사회를 지배하고 있는 것이다.

2인자 전략은 이래서 위대하다. 이 계통의 1인자 삼성의 이재용이 20년 누적 수익률 15만%라는 경이적인 실적을 과시한 덕에, 정의선의 10년 수익률 3만3,233%는 '나쁜 짓' 축에도 들지 못한다. 1인자 이재용이 레이스맨 선두에 서서 온갖 여론의 질타를 다 받아 준 덕에, 2인자 그룹은 편안하게 편법으로 부를 챙긴다. 40대 나이에 9조 원 대의 자산가로 성장한 이재용도 용인해 줄 수 있느니 마느니 하는 판국에, 이제 겨우 재산이 3조 원쯤 되는 정의선을 비난할 이유가 당최 무엇이란 말인가?

하지만 우리는 묻지 않을 수 없다. 1인자의 뒤에 숨어 세간의 주목을 받지 않았다고 해서, 40대 나이의 정의선이 한국 2위의 재벌 현대차그룹을 통째로 집어삼킬 정당성을 부여받는 것은 결코 아니다. 정의선이 자신의 호주머니에 챙긴 3조 원이라는 거대한 자산, 이노션과 글로비스 상장으로 얻은 이 막대한 부富를 그는 과연 누릴 자격이 있는가? 정의선에게 시가총액만 100조 원에 육박하는 현대차그룹을 지배할 자격이 과연 있느냐는 말이다.

## 1인자 이재용 뒤에 숨은 정의선

정의선은 이재용과 함께 한국 재벌 3세 승계의 맨 선두그룹에 선 인물이다. 그리고 1970년생인 정의선은 1968년생인 이재용과 신기하리만치 판박이 같은 삶을 살았다.

이재용은 1남 2녀 중 유일한 아들이다. 정의선 역시 1남 3녀 중 하나밖에 없는 아들이다. 태어날 때부터 두 사람은 '3세 승계'의 황태자로 태어난 셈이다. 심지어 두 사람은 두 살 터울로 나이도 비슷해 사석에서 호형호제呼兄呼弟 하는 사이로 알려졌다.

삼성의 이 씨 가문과 현대의 정 씨 가문은 평생을 숙명의 라이벌로 살았다. 하지만 이재용, 정의선 두 사람의 관계는 다소 다르다. 정몽구가 2000년 아버지 정주영의 뜻을 거스르면서 현대자동차그룹을 차지하고 독립한 이후 현대차그룹은 삼성그룹과 별 충돌이 없었다. 전자와 금융을 주축으로 하는 삼성과 자동차를 주축으로 하는 현대차그룹이 시장에서 부딪힐 일이 없었던 덕분이었다.

일찌감치 후계자가 결정된 때문인지 두 사람이 그룹 경영권을 물려받기 위해 걸어온 행보도 비슷하다. 이재용은 1991년 삼성전자에, 정의선은 1994년 현대모비스<sup>당시 현대정공</sup>에 입사했다. 이재용은 2010년 삼성전자 사장에 올랐고 정의선은 그보다 조금 빠른 2005년 기아차 사장을 맡았다. 두 사람이 그룹 부회장 직함을 얻은 것은 정의선<sup>2009년</sup>이 이재용<sup>2013년</sup>보다 다소 빠르다.

아버지의 그룹 지배권이 약하다는 점도 비슷하다. 이건희가 보유한 삼성전자 지분은 고작 3.38%다. 정몽구가 보유한 현대차그룹 핵심 계열사 현대모비스 지분도 6.96%뿐이다.

아들들의 지배력은 그보다 더 약하다. 2015년 기준으로 이재용이 보유한 삼성전자 지분은 고작 0.57%다. 정의선은 그룹 핵심 3사<sup>현대차, 기아차, 모비스</sup> 중 기아차 1.75%와 현대차 1.44%를 들고 있을 뿐이다.

사정이 이렇다보니 3세 승계를 위해 편법을 쓴 것마저 두 사람은 비슷한 행보를 걸었다. 다만 편법을 사용하는 방식에서 두 사람 사이에 미묘한 차이가 발생한다.

1부에서 상술했지만 이재용은 시가총액 300조 원에 이르는 삼성그룹을 삼키기 위해 크게 두 가지 방식을 사용했다. 하나는 비상장기업을 이용한 부의 편법 승계<sup>에버랜드, 삼성SDS</sup> 방식을 이용한 것이다. 이재용은 이 방식으로 60억 원을 증여받아 그 재산을 9조 원으로 불렸다.

하지만 이재용은 이 방식 하나만을 고수하지 않았다. 그리고 그룹 계열사들을 마음대로 찢었다가 붙이는 엽기적인 방식으로 자신의 지배권을 강화했다. 건설 및 무역회사인 삼성물산과 패션 및 엔터테인먼트 회사인 제일모직을 합병한 것이 이재용이 사용한 두 번째 방식이었다.

반면 정의선은 1인자 이재용이 사용한 방식 중 첫 번째 방식, 즉 비상장기업을 이용한 부의 편법 승계에만 오로지 집중했다. 정의선은 현대차그룹의 물류회사인 글로비스를 축으로 자신의 재산을 3조 원 가까이 불렸다. 이 노선을 이용해 벌어들인 4,000억 원은 그 규모가 워낙 '소소'해서, 정의선의 편법 재산 부풀리기 사례에 끼지도 못할 판국이다.


## 정몽구 일가 이외에 접근이 불가능한 지배구조

40대 나이의 정의선을 3조 원 대의 자산가로 성장시킨 1등 공신은 현대차그룹의 물류 전문회사인 글로비스다. 그런데 글로비스를 통해 정의선이 막대한 부를 축적한 과정을 제대로 이해하기 위해서는 먼저 두 가지 전제를 알아둬야 할 필요가 있다.

그 첫 번째가 현대차그룹의 지배구조다. 현대차그룹의 지배구조는 삼각형 모양의 드높은 철옹성과도 같다.

시가총액이 100조 원에 육박하는 이 그룹의 지배자 정몽구의 자산은 고작 4조8,513억 원에 불과하다. 2015년 기준으로 아모레퍼시픽 회장 서경배9조6,170억 원가 보유한 자산의 반밖에 되지 않는다.

하지만 서경배 아니라 서경배 할아버지가 와도 현대차그룹을 정몽구로부터 빼앗아 올 수는 없다. 현대차의 지배구조가 워낙 특이한 삼각형 모양을 하고 있기 때문이다. 이것이 바로 간단하게 그려본 현대차그룹의 지배구조다.

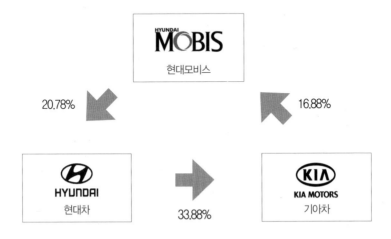

그림에서도 알 수 있듯, 모비스는 20.78%의 지분으로 현대차를, 현대차는 33.88%의 지분율로 기아차를, 기아차는 16.88%의 지분율로 모비스를 지배한다. 그러니까 현대차의 주인은 모비스고, 모비스의 주인은 기아차고, 기아차의 주인은 현대차라는 이야기다.

당연히 이 그림을 보는 사람들은 헷갈릴 수밖에 없다. "그래서 셋 중에 도대체 누가 주인이라는 거야?"라고 물을 수밖에 없는 상황이다. 하지만 현대차그룹은 이 질문에 대해 "셋 중에 누가 주인인 게 뭐가 중요해? 이렇게해 놓으면 어떤 외부인도 함부로 우리 그룹의 주인이 될 수 없다는 점이 중요하지."라고 답을 해 버린다. 과연 그렇다. 셋 중 누가 주인인지는 엄청나게 헷갈리는데, 막상 셋 중 하나에 끼어들어 주인행세를 하려고 하면 그 일이 여간 난감한 게 아니다. 세 회사가 각자 들고 있는 상대방 지분율이 16~33%로 상당히 높은 수준이기 때문이다.

현대차가 만들어 놓은 삼각형 지배구조의 위력은 이래서 막강하다. 정작 정몽구 일가가 들고 있는 지분은 거의 없는데도, 현대차가 기아차를 지배하고, 기아차가 모비스를 지배하고, 모비스가 현대차를 지배하는 덕에 정몽구 일가의 권한은 줄어들지 않는다.

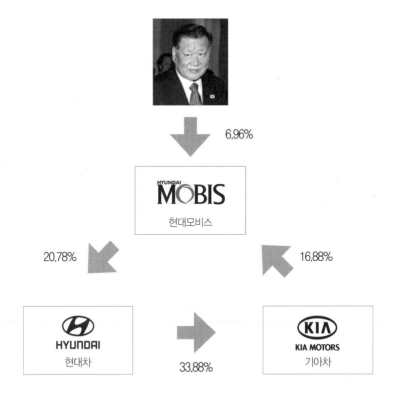

실제로 정몽구가 현대차그룹의 회장 노릇을 하는 이유는 단 하나다. 앞 그림처럼 저 삼각형 지배구조에서 정몽구가 고작 모비스 지분을 6.96% 들고 있다는 것이 그 이유다. 이것이 바로 정몽구 일가가 몇 푼 안 되는 돈으로 거대한 현대차그룹에서 왕 노릇을 하는 핵심 비결이다.

## 글로비스의 1타 2피, 정의선도 키우고 정몽헌도 배척하다

두 번째로 이해해야 할 사실은 '아비도, 형제도 몰라본 가족들의 이전투구'편에서 살펴본 바 있는 현대그룹의 계열 분리다. 전술한 바와 같이 정몽구는 왕자의 난을 거치면서 동생 정몽헌과 최악의 감정 대립 상황에서 현대차그룹을 이끌고 독립했다.

이 와중에 정몽구에게 또 다른 과제가 던져졌다. 독자적으로 그룹을 이끌기 시작한 오너에게 숙명처럼 다가오는 문제, 바로 하나밖에 없는 아들에게 그룹을 어떻게 통째로 물려줄 것인가 하는 상속 문제가 그것이었다.

정몽구는 계열 분리도 완벽하게 해 내고정몽헌과의 인연도 끊고 하나밖에 없는 아들 정의선에게 3세 승계의 기반도 닦아줄 '1타 2피'의 아이디어를 찾아냈다. 그것이 바로 2001년 2월 현대차그룹만을 위한 전문 물류회사 한국로지텍현재의 글로비스의 설립이었다.

2001년 2월이면 정몽헌이 이끌던 현대그룹의 자금난이 그야말로 최악으로 치닫던 때였다. 현대그룹의 모기업 현대건설이 이 해 5월 현대그룹의 품을 떠나 은행 관리에 돌입한 것은 살펴본 바와 같다.

그런데 정몽구는 동생의 그룹이 이렇게 파국을 향해 치달을 때 아예 독자적인 물류 회사를 차려버렸다. 이전까지 현대차그룹이 생산한 자동차의 물류는 대부분 현대상선이 담당했다. 현대상선은 2000년 모두 183만 대의 완성차를 해외에 운송했는데, 이 중 절반가량이 현대-기아차가 생산한 물량이었다.

하지만 정몽구는 이 막대한 운송물량을 현대상선에게서 가차 없이 끊어버렸다. 이미 감정이 틀어질 대로 틀어진 동생에게 통쾌한 복수의 한 방을 날린 셈이었다. 안 그래도 자금난에 허덕이는 동생에게 날린 정몽구의 결정적 한 방, '엎어진 놈 등짝 밟기'라는 말이 실감이 나는 상황이었다.

계열 분리라는 합법적 과정으로 동생 정몽헌에게 통쾌한 한 방을 날린 정몽구는 아들 정의선을 위한 살뜰한 배려도 잊지 않았다.

한국로지텍의 출자 자본금은 고작 12억5,300만 원. 그런데 이 회사는 출범 첫 해 매출 목표를 무려 7,000~8,000억 원으로 잡았다. 현대차그룹에서 발주하는 100만 대에 가까운 노다지 운송 물량을 보장 받았던 덕분이었다. 한국로지텍은 설립 첫 해부터 땅 짚고 헤엄치기 식 영업이 보장된 회사인 셈이었다.

그런데 이 회사의 설립 자본금 12억5,300만 원을 대는 영광은 오로지 정몽구60%와 정의선40% 두 사람에게만 돌아갔다. 정몽구는 아들에게 그룹을 물려 줄 기반을 이때 제공한 것이다. 이후 몇 차례의 유상증자를 통해 정몽구—정의선 부자가 돈을 더 대기는 했는데, 그 총액이 고작 50억 원이었다.

정 씨 부자는 단 돈 50억 원을 대고 글로비스2003년 한국로지텍에서 사명 변경를 2015년 기준 시가총액 9조 원에 가까운 기업으로 키운 것이다.

정의선이 비상장 기업을 이용해 편법으로 부를 증식한 사례는 글로비스 하나에서 그치지 않았다.

앞에서 언급한 이노션을 빼고라도, 정의선은 카 오디오 등을 생산하는 계열사 본텍의 지분을 2001년 말 액면가에 30%나 인수했다. 이 때 정의선이 낸 돈은 고작 15억 원이었다.

그런데 본텍은 현대차그룹의 집중적 지원을 받아 1년 만에 매출 1,250억 원과 순이익 137억 원의 기업으로 성장했다. 그리고 정의선은 이 회사와 모비스를 합병하겠다고 나섰다가 여론의 호된 뭇매를 맞고 결국 없던 일로 포기하고 말았다. 결국 정의선은 이 지분을 3년 뒤인 2005년 장외시장에서 팔았는데, 이때 정의선이 챙긴 돈은 300억 원이 넘는 것으로 알려졌다.

## 2인자의 기쁨, '이재용과 삼성이 베푼 혜택'

하지만 정의선의 이 같은 행보는 여론의 큰 관심을 얻지 못했다. 사실이 밝혀지지 않은 것은 아니었지만, 정의선의 행보가 15만%라는 경이적 수익률을 자랑하는 1인자 이재용의 재테크 행보에 가려졌기 때문이었다. 정의선은 글로비스에서만 1,000억 원 가까운 배당을 이미 챙겼고, 글로비스의 성장으로 3조 원에 육박하는 시세 차익을 누리는 중이다. 9조 원을 집어삼킨 이재용에 비해 작아서 그렇지, 재벌 3세라는 이유만으로 누릴 수 있는 부의 규모로는 가히 천문학적이라 할 만하다.

사람들이 이재용에게는 "당신이 삼성그룹을 지배할 자격이 있느냐?"고 묻지만, 정의선에게는 "당신이 현대차그룹을 지배할 자격이 있느냐?"고 묻지 않는다. 이것은 부의 편법 승계 과정에서 철저히 2인자의 자리를 고수했던 현대차그룹의 전략의 승리였다.

2006년 정몽구 역시 비자금을 조성해 900억 원 이상을 횡령한 혐의로 구속됐지만론두 달 만에 보석으로 풀려나기는 했다, 사람들은 삼성 비자금 사건의 후광이 너무 강했던 탓인지 정몽구가 비자금 혐의로 구속됐던 사실조차 잘 기억하지 못한다. 그래서 정의선은 이노션 상장으로 4,000억 원을 챙기고도 "무리하지 않은 상장"이라는 '뜻밖의 칭찬'을 받는다.

어느덧 한국 재벌의 역사는 이제 2세 시대를 넘어 3세 시대에 이르렀다. 한국의 현대사는 안타깝게도 재벌 1, 2세 시대의 어두운 과거를 제대로 기록하지 못했다.

반면교사라고 했다. 과거의 그 부실했던 역사 기록이 오늘날 우리의 현재를 왜곡하고 있다면, 이제 우리는 '현재'의 문제가 된 재벌 3세의 치부 과정과 그들의 그릇된 세습 경영에 대해 지금이라도 제대로 묻고, 기록할 수 있어야 한다.

그래서 우리는 1인자 이재용에 가려져 상대적으로 별 문제가 없었던 것처럼 살아온 정의선에게 이렇게 묻는다. "당신에게 과연 시가총액 100조 원짜리 현대차그룹을 지배할 자격이 있느냐?"라고 말이다.